내 안의 거대한 나를 찾아서 떠나는 여행

# 지금 이 순간을 살아라

에크하르트 톨레 지음 / 노혜숙·유영일 옮김

어떠한 일도 과거 속에서 일어날 수는 없다. 과거의 일도 지금 속에서 일어난 것이다.

어떠한 일도 미래 속에서 일어날 수는 없다. 미래의 일도 지금 속에서 일어날 것이다.

지금 이 순간을 살아라

The power of now
by
Eckhart Tolle

Copyright ⓒ 1997 by Eckhart Tolle All rights reserved.
No part of this book may be used or reproduced in any manner whatsoever without written permission except in the case of brief quotations embodied in critical articles or reviews.
Korean Translation Copyright ⓒ 2001 by Yang Moon Publishing Co., Ltd.
Korean edition is published by arrangement with Interlicense, Ltd., Mill Valley, California through Imprima Korea Agency

이 책의 한국어판 저작권은 Imprima Korea Agency를 통해 New World Library와의 독점 계약으로 도서출판 양문에 있습니다. 저작권법에 의해 한국 내에서 보호를 받는 저작물이므로 무단 전재와 무단 복제를 금합니다.

당신은 왜 여기에 있는가?

우주의 신성한 의도와 목적을 펼치기 위함이다.

당신이 그토록 소중한 존재인 까닭이

바로 여기에 있다.


- 에크하르트 톨레

# 목차

**소개하는 글** | 지금 이 순간으로의 안내　　11
**독자 여러분께** | 깨달음은 우리 안에 있다　　15

### 제1장　마음은 내가 아니다

깨달음을 막는 가장 큰 장애 • 27　|　당신 자신을 마음으로부터 자유롭게 풀어놓으라 • 38　|　깨달음이란 생각의 사슬에서 벗어나는 것 • 45　|　감정이란 마음에 대한 몸의 반응이다 • 51

### 제2장　고통에서 벗어나기

있는 그대로 받아들이라 • 63　|　과거에 집착하지 말라 • 68　|　마음이 만든 허구에서 벗어나라 • 76　|　두려움은 어디서 오는가 • 78　|　에고는 온전함을 찾아 헤맨다 • 82

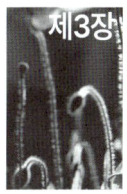

## 제3장 지금 이 순간만이 존재한다

마음속에서 나를 찾지 말라 • 85 ┃ 시간에 미혹되지 말라 • 88 ┃ 지금 이외에는 아무것도 존재하지 않는다 • 91 ┃ 영적인 차원으로 가는 열쇠는 현재에 있다 • 93 ┃ 지금 이 순간의 힘 • 97 ┃ 심리적인 시간에서 놓여나라 • 102 ┃ 심리적인 시간의 광기 • 105 ┃ 부정적 감정과 고통은 시간에 뿌리 내린다 • 107 ┃ 삶 자체에 주목하라 • 111 ┃ 모든 문제는 마음이 만드는 환상이다 • 114 ┃ 무지 혹은 망상에서 벗어나기 • 118 ┃ 당신은 이미 완전한 존재이다 • 120

## 제4장 마음은 지금을 교묘히 회피한다

'지금'의 상실, 그것이 가장 교묘한 속임수다 • 125 ┃ 일상적 무의식과 깊은 무의식 • 128 ┃ 불안이 부작용을 부른다 • 132 ┃ 일상적인 무의식에서 벗어나기 • 134 ┃ 불행으로부터의 자유 • 136 ┃ 지금 여기에 생생하게 깨어 있으라 • 143 ┃ 인생 여정의 내적인 목적 • 152 ┃ 과거는 현존 속에서 살아남을 수 없다 • 155

## 제5장 지금 여기에 깨어 있다는 것

현존이란 무엇인가 • 159 ┃ 기다림의 숨은 의미 • 162 ┃ 아름다움은 현존의 고요함에서 생겨난다 • 164 ┃ 순수 의식의 실현 • 168 ┃ 당신의 신성한 현존에 대한 실재, 그리스도 • 176

## 제6장 몸 안에 뿌리내리기

당신의 가장 깊은 곳에 있는 것 • 181 | 말 자체에 집착하지 말라 • 183 | 보이지 않는 실재로서 자신을 인식하라 • 186 | 내적인 몸과의 만남 • 189 | 몸을 통한 깨달음 • 191 | 내면의 몸을 통해 신과 하나가 되라 • 195 | 안으로 깊숙이 뿌리내리기 • 197 | 몸 안으로 들어가기 전에 먼저 용서하라 • 201 | 보이지 않는 세계와의 연결 • 204 | 노화가 늦추어진다 • 207 | 면역 체계가 강화된다 • 209 | 호흡을 통해 몸 안으로 들어가기 • 212 마음을 창조적으로 사용하기 • 214 듣는 기술 • 215

## 제7장 현시되지 않은 세계로 들어가기

형체 없는 영역에서의 진정한 자유 • 219 | 기의 근원 • 222 | 꿈 없는 잠 • 225 | 또 다른 문 • 227 | 침묵에 귀 기울이라 • 231 | 공간을 인식하라 • 233 | 공간과 시간의 진정한 본질 • 239 | 깨어 있는 죽음 • 243

## 제8장 성숙한 인간 관계

지금 여기로 들어가라 • 247 | 사랑과 증오 • 251 | 중독된 사랑과 완전함에 대한 추구 • 254 | 중독 관계에서 성숙한 관계로 • 259 | 영적 수행자로서의 관계 • 264 | 왜 여자가 깨달음에 더 가까이 있는가 • 275 | 여성의 집단적인 업장 녹이기 • 278 | 당신 자신과의 관계를 버리라 • 287

## 제9장 행복과 불행을 넘어선 곳에 평화가 있다

선악 너머에 있는 지고한 선 • 293 ┃ 삶이라는 드라마의 끝 • 298
인생의 무상함과 순환 • 302 ┃ 부정적 감정은 이용하고 버리라 • 311 ┃
자비의 본질 • 321 ┃ 참된 현실을 향하여 • 326

## 제10장 내맡김의 지혜

'지금'을 받아들이라 • 337 ┃ 마음의 에너지에서 영적 에너지로 • 345
인간 관계에서의 내맡김 • 349 ┃ 질병에서 깨달음으로 • 356 ┃ 재난이
닥쳤을 때 • 360 ┃ 고통에서 평화로 • 363 ┃ 십자가의 길 • 369 ┃
선택의 의미 • 373

**추천의 글 |** 생생한 경험에서 나온 깨달음의 지혜    379

**소개하는 글**
# 지금 이 순간으로의 안내

《지금 이 순간을 살아라》는 10년에 한 번, 아니 한 세대에 한 번 나올까 말까 한 책이다. 그냥 단순한 책이 아니다. 독자들은 이 책을 손에 잡는 순간, 살아 있는 에너지를 느낄 수 있을 것이다. 이 책은 우리 스스로 가진 창조의 힘을 경험하게 해주고 더 나은 삶을 살도록 변화시키는 힘을 갖고 있다.

맨 처음 이 책을 출간한 캐나다의 발행인 코니 켈루는 "독자들이 전화를 걸어 온다. 이 책을 읽고 놀라운 치유와 변화와 기쁨을 경험했다는 사람이 많다"라며 독자들이 경험한 놀라운 변화와 기적 같은 일들에 대해 전해 주었다.

필자는 우리가 살아 있는 매 순간이 기적이라는 사실을 주지시킨다. 그것은 내가 깨달았든 그렇지 않든 간에 진리임에 틀림없다. 이 책은 그 진리를 어떻게 깨달을 수 있는지를 거듭 가르쳐 준다.

우리는 이 책의 첫 페이지를 읽는 순간부터 에크하르트 톨레가 현대의 스승임을 분명히 느낄 수 있다. 그는 어떤 특정 종파나 교리에 동조하지 않는다. 하지만 그의 가르침은 불교, 기독교, 힌두교, 이슬람교, 토속 신앙 등 모든 전통의 핵심과 본질을 포용함과 동시에 어디에도 모순되지 않는다. 그는 모든 위대한 영혼의 스승들이 해왔던 것처럼 길과 진리와 빛이 우리 안에 있다는 것을 간명한 언어로 설파하고 있다.

에크하르트 톨레는 우리에게 자신의 이야기를 간단히 소개하는 것으로 시작한다. 그는 젊은 시절 절망과 우울증에 시달리다가 스물아홉 번째 생일이 지난 어느 날 밤, 극도의 두려움에 사로잡혀 있던 상태에서 불현듯 깨어나는 경험을 한다. 그 경험 이후 지난 20년 간 그는 그 경험을 반추하고 명상하면서 이해를 깊이 해왔다.

지난 10년 동안에는 영적 지도자로서 우리가 '지금 여기서' 깨달음의 상태를 얻을 수 있다는 반가운 메시지를 전 세계에 전해 왔다. 그의 메시지는 그리스도의 가르침이면서 붓다의 가르침이기도 하다. 우리는 고통에서 벗어나 근심 걱정 없이 살 수 있다. 그러자면 고통을 만들어내는 것이 우리 자신이라는 것을, 다른 사람이나 저 바깥 세상이 아닌 우리 자신의 마음이라는 것을 이해해야 한다. 거의 끊임없이 사고가 진행되고 있는 우리 마음은 언제나 과거를 돌아보고 미래에 대해 걱정한다. 우리는 마음과 동화된 상태를 우리 자신이라고 알고 있다. 그러나 사실 우리는 그보다 훨씬 훌륭한 존재이다. 에크하르트 톨레는 '존재'라고 부르는 것과 어떻게 연결될 수 있는지를 우리에게 계속해서 보여준다.

태어나면 죽어야 하는 무수한 형태의 생명체 너머에는 영원한 '오직 하나의 생명'이 자리한다. 그것은 저 너머에 있을 뿐만 아니라 모든 생명체 안에도 깃들어 있다. 우리 각자에게는 눈에 보이지 않고 영원히 부수어지지 않는 '영원한 생명'이 깃들어 있는 것이다. 우리는 지금이라도 당장 가장 깊은 곳에 있는 우리 자신, 우리의 진정한 본질에 접근할 수 있다. 그러나 이를 생각으로 이해하려고 하면 안 된다.

이해하려고 하지 말라. 생각이 정지되었을 때만 그 본질을 알 수 있다. 지금 이 순간에 충만하고 강렬하게 집중하고 있을 때만이 진정한 '존재' 상태를 느낄 수 있다. 마음의 헤아림으로는 그것을 이해할 수 없다. 그러한 '있음'의 상태에 활짝 깨어 있으면서 그 느낌, 그 앎에 머무는 것이 밝은 '깨달음'의 상태라고 할 수 있다.

이 책을 단번에 읽어 내려가는 것은 거의 불가능하다. 필자는 우리에게 간간이 책을 내려놓고 읽은 것을 곱씹으면서 직접 실생활에 적용하도록 요구한다. 이 책은 명상과 깨달음에 관한 완전한 지침서이다. 뿐만 아니라 책을 읽는 것 자체로 완전한 수행 과정이 될 수 있다. 이 책을 다시 찾아 읽을 때마다 그 깊이와 의미가 독자들의 가슴에 새록새록 와 닿을 것이다. 나를 비롯한 많은 사람이 평생을 두고 배워야 할 내용이다.

 애독자가 점점 많아지면서 이 책은 이미 우리 시대의 명작이라고 불리고 있다. 하지만 무엇보다 중요한 것은 이 책이 우리 삶을 변화시키고 우리가 진정 누구인지를 깨닫게 해주는 강력한 힘을 가지고 있다는 점이다.

캘리포니아의 나바토에서 마크 알렌
발행인, 《헛된 일과 헛된 삶》의 저자

**독자 여러분께**
# 깨달음은 우리 안에 있다

나는 지나간 일에 연연하는 사람도 아니고 흘러가버린 과거에 별 가치를 두는 사람도 아닙니다. 하지만 내가 어떻게 해서 오늘에 이르렀고 이 책을 쓰게 되었는지에 대해서 짤막하게나마 밝히고자 합니다.

서른 살 무렵까지도 나는 극심한 우울증에 시달렸습니다. 걱정과 불안 속에서 절망의 나락에 떨어지곤 했습니다. 그때의 나를 생각하면 까마득한 전생의 일처럼 여겨지고, 나 아닌 다른 사람의 인생을 살았던 것처럼 느껴집니다.

스물아홉 번째 생일이 지나고 얼마 되지 않은 어느 날 밤, 나는 절망적인 두려움에 사로잡혀 있었습니다. 그런 느낌 속에서 헤맨 것이 한두 번이 아니었지만, 그날의 두려움은 여느 때보다 강렬했습니다. 밤의 적막 속에서 윤곽만 희부옇게 보이는 방안의 가구들,

먼 곳에서 들려오는 기차 소리, 그 모든 것이 너무나 낯설었습니다. '내가 왜 여기에서 이런 삶을 살아야 한단 말인가?' 모든 것이 아무 의미도 없었고, 삶 자체가 끔찍스럽기만 했습니다. 무엇보다 지긋지긋했던 것은 나 자신이 어떤 식으로든 존재하고 있다는 사실이었습니다. '도대체 왜, 무엇 때문에 이런 고통의 짐을 짊어지고 살아야 한단 말인가? 무엇 때문에 이런 힘겨운 싸움을 벌여야 한단 말인가?' 지상에서 흔적도 없이 사라져버리고 싶은 깊은 갈망이 먹장구름처럼 나를 뒤덮기 시작했습니다.

'이런 식으로는 더 이상 살 수 없어. 도대체 나는 왜 이 모양이지?'

그런 생각이 머릿속에서 계속 맴돌 때 불현듯, 그것이 얼마나 이상한 생각인지를 깨달았습니다.

'나 자신을 못마땅해하는 나는 누구인가? 내가 하나가 아닌 둘이란 말인가? 내가 나 자신을 견딜 수 없다고 느낀다면, 나는 둘이어야 마땅하다. 평소의 내가 있어야 하고, 나를 못마땅하게 여기는 또 하나의 내가 있어야 한다. 그렇다면 어느 쪽이 진짜 나인 것일까?'

갑작스런 이런 깨우침에 머릿속은 일순 모든 작동을 멈추어버렸습니다. 의식은 생생했지만 더 이상 아무 생각도 나지 않았습니다. 그리고는 다음 순간, 알 수 없는 에너지의 소용돌이 속으로 빨려 들어가기 시작했습니다. 처음에는 천천히, 그러다가 점점 속도가 빨라지더군요. 두려움이 몰려왔습니다. 온몸이 떨리기 시작했습니다. 그때 '저항하지 말라'라는 목소리가 가슴속에 울려 퍼졌습니다. 나는 텅 빈 공간 속으로 빨려 들어갔습니다. 그 공간은 바깥의 어딘가에 있는 것이 아니라, 나 자신의 안쪽에 있는 것 같았습니다. 갑자기 모든 두려움이 사라지면서 그냥 아득한 공간 속으로 떨어져 내리는데도 나는 스스로를 방치하고 있었습니다. 그 후 무슨 일이 일어났는지에 대해서는 아무 기억도 나지 않습니다.

나는 창밖에서 새가 지저귀는 소리를 들으며 깨어났습니다. 전에는 한 번도 들어본 적이 없는 소리였습니다. 눈을 감은 채 나는 찬란한 다이아몬드의 영상을 보았습니다.

'그래, 다이아몬드가 소리를 낼 수 있다면 바로 이런 소리가 날 거야.'

나는 눈을 떴습니다. 새벽의 첫 햇살이 커튼을 통해 스며들고 있었습니다. 빛이라는 것은 우리가 아는 것보다 훨씬 더 많은 것을 품고 있다는 것을, 생각이 아닌 느낌으로 알 수 있었습니다. 커튼을 통해 스며드는 부드러운 빛은 사랑 그 자체였습니다. 눈물이 왈칵 솟았습니다. 나는 자리에서 일어나 방안을 서성거렸습니다. 너무나 익숙한 방이었지만, 한 번도 제대로 본 적이 없다는 사실이 떠올랐습니다. 방금 새로 태어난 것처럼 모든 것이 싱싱하고 신선

했습니다. 연필이나 빈 병 따위를 하나씩 집어들고 들여다보며, 그 활기찬 아름다움에 연신 감탄사를 터뜨렸습니다. 그날 나는 시내 곳곳을 헤매고 다녔습니다. 갓 태어난 아기처럼 지상의 삶 전체가 내 눈에는 온통 기적으로 보였습니다.

그 후 5개월 동안은 흔들림 없는 평화와 기쁨 속에서 살았습니다. 하지만 이후로는 차츰 그 강도가 줄어들었습니다. 그런 상태가 너무도 자연스러운 나의 일부가 되었기 때문에 그렇게 느꼈을 수도 있습니다. 어떠한 행동을 하더라도 내가 이미 품고 있는 본래의 성품에 그 무엇도 더할 수 없다는 것을 너무나 잘 알고 있었지만, 나는 여전히 세상에서 나에게 주어진 역할을 계속하고 있었습니다.

나 자신에게 무언가 의미심장한 일이 벌어진 것은 틀림없었습니다. 하지만 그것이 과연 어떤 의미를 지닌 것일까요? 그 의미를 알아챈 것은 여러 해가 지난 후였습니다. 영혼에 대해 다룬 책들을 읽고, 영적인 교사들과 숱한 밤을 함께 지낸 다음에야 비로소 알 수 있었습니다. 모든 사람이 그토록 추구하는 일이 나 자신에게 이미 일어났다는 것을.

그날 밤 고통이 극도에 달하자, 나 자신을 불행과 두려움의 대명사처럼 여겼던 '가짜 나'는 고통의 압력을 견디지 못하고 뒤로 물러난 것입니다. 모두가 마음이 만들어내는 허구라는 것을 알지 못한 채 속아 왔지만, 고통이 심해지자 거짓된 나는 물러서지 않을 수 없었고, 그 순간 지금까지 쌓아 올린 거짓된 성이 일시에 무너져 내린 것입니다. 그제야 비로소 눈에 보이는 내가 나 자신이라고 믿기 이전의 본래 순수한 내가 고스란히 드러난 것입니다.

그 후 나는 애초에 경험했던 공(空)의 상태로, 시간도 없고 죽음도 없는 내면의 세계로 들어가, 깨어 있음으로 해서 충만한 상태에 머무는 법을 배우게 되었습니다. 첫 경험과는 비교도 되지 않는, 말로 표현할 수 없는 기쁨과 신성의 상태에 머물곤 했습니다. 잠시 동안이긴 했지만 한때는 직장도, 집도, 사회적인 신분도, 인간 관계도 남아 있지 않은 적도 있었습니다. 거의 2년 동안은 더할 나위 없는 희열에 잠겨 공원 벤치에서 시간을 보냈습니다.

하지만 아무리 황홀한 경험이라도 올 때가 있으면 갈 때도 있는 법입니다. 그보다 더 중요하고 근본적인 것은 그때 이후 나를 떠난 적이 없는, 마음 밑바닥 어딘가에서 흐르고 있는 평화로움일 것입니다. 그 평화의 흐름은 때로 손으로 만질 수 있을 것처럼 분명하고 강렬해서, 다른 사람들까지도 그것을 느낄 수 있을 정도입니다. 때로는 마치 멀리서 들려오는 음악처럼 삶의 배경 음악이 되어 주기도 합니다.

훗날, 사람들은 나에게 묻곤 했습니다.

"당신이 누리는 평화를 나도 누리고 싶습니다. 어떻게 해야 그걸 얻을 수 있는지 알려 주세요."

그때마다 나는 대답하곤 했습니다.

"당신은 이미 그 비법을 알고 있습니다. 마음이 복잡하고 시끄러워서 느끼지 못하는 것뿐이지요."

그 대답이 자라나서 지금 여러분이 손에 들고 있는 책이 되었습니다. 나는 어느새 대외적인 신분을 다시 갖게 된 셈입니다. 사람들이 나를 영적인 길을 안내하는 '선생'이나 '스승'이라고 부르니까 말이죠.

이 책은 지난 10여 년 동안 유럽과 미국, 캐나다에서 만난 수행자들과 함께 했던 것들을 말로 표현할 수 있는 범위 내에서 옮겨 본 것입니다. 용기와 의지로 내면의 변화를 과감하게 받아들이고, 내적인 의문에 도전하고, 기꺼이 귀 기울여 주었던 그 특별한 분들께 깊은 애정과 감사를 드립니다. 그분들이 없었다면 이 책은 세상에 나오지 못했을 것입니다. 아직은 소수에 지나지 않지만 영적인 세계를 개척하는 사람 수가 점차 늘어가고 있다는 것은 다행스러운 일이 아닐 수 없습니다. 그분들이야말로 인간을 영겁의 고통 속에 묶어 놓았던 마음의 사슬을 끊어버릴 수 있는 지점에 서 있는 사람들입니다.

이 책은 근본적인 내면의 변화를 받아들일 준비가 된 분들에게 지침이 되고 촉매가 되어줄 것입니다. 아직 완전한 삶을 실천할 수 있을 만큼 준비가 되어 있지 않은 분들이라도 이 책을 읽고 나서는 뭔가 깊이 있게 생각해 볼 만한 점이 있다는 것을 느낄 수 있기 바랍니다. 이 책을 통해서 뿌려진 씨앗들이 인간이라면 누구나 품고 있을 깨달음의 씨앗과 만나게 되는 어느 날, 갑자기 싹이 터서 자라나게 될 것입니다.

이 책은 세미나와 명상 수업, 개인 상담을 통해서 나온 질문에 답하는 형식을 취하고 있습니다. 수업이나 상담을 통해서 나 스스로 많은 것을 배우고 얻었습니다. 어떤 질문과 대답은 실제 있었던 내용을 고스란히 옮긴 것들이고, 어떤 것들은 자주 나오는 질문들을 하나로 묶어 답한 것입니다. 때로는 내가 예전에 말로 표현했던 것보다 더 심원하고 현명한, 전혀 새로운 대답이 나올 수도 있을 것입니다.

첫 장에서 마지막 장까지의 대화는 끊임없이 두 차원을 번갈아 오갈 것입니다. 우리가 뛰어넘어야 할 이쪽 차원의 세계는 우리 안에 뿌리를 틀고 있는 '거짓된 세계'입니다. 인간 관계의 갈등에서부터 국가 간의 전쟁에 이르기까지 인간 행태의 본성이 얼마나 거짓된 것인지를 밝히고, 나아가서는 그런 습성이 인간의 무의식에까지 얼마나 깊이 뿌리내리고 있는지를 이야기할 것입니다. 왜 그런 사실을 알아야 할까요? 그것이 진정한 우리 자신의 모습이 아님을 알 때 '거짓을 거짓으로 알아차리지 못하는 한 진정한 변화는 있을 수 없고, 진정한 변화를 경험하지 않고서는 언제나 환상과 고통

속으로 되돌아갈 수밖에 없음'을 깨달을 수 있기 때문입니다.

다른 한편으로는 인간 의식의 심오한 변화에 대해, 머나먼 미래의 일이 아닌 '지금 여기'에서 창조할 수 있는 변화에 대해 이야기할 것입니다. '어떻게 하면 마음의 노예가 되지 않고 우리 자신을 옭아매는 것으로부터 벗어날 수 있을까? 어떻게 하면 나날의 삶 속에서 선연한 깨달음의 상태를 유지할 수 있을까?' 이런 것들을 다루고자 합니다.

또한 이 책은 정보 전달의 차원에만 머물지 않고, 읽어 나가면서 새로워진 의식 속으로 직접 들어갈 수 있도록 유도한 대목이 적지 않을 것입니다. 독자 스스로 시간도 공간도 없는 '지금 여기'에서의 현존 상태에 강하게 집중하도록 함으로써 깨달음의 맛이 어떤지를 직접 맛보도록 하기 위해 애썼음을 밝힙니다. 내가 말하고자 하는 바를 직접 체험하기 전까지는 비슷한 문장이 되풀이되는 듯한 느낌을 가질 수도 있습니다. 하지만 내가 말하는 그 체험이 여러분 안에서도 일어난다면, 여러분은 그 문장들이 강력한 영적 힘을 갖고 있으며, 그것이 이 책에서 가장 값진 부분임을 알게 될 것입니다.

누구나 내면에 깨달음의 씨앗을 품고 있습니다. 때로 나는 여러분의 생각 뒤편에 머물고 있는 영적인 진리를 즉각 알아차리고 거기에 공명하는, 좀더 깊은 곳에 있는 여러분의 진정한 자아를 향해 말을 걸기도 할 것입니다.

가끔씩 만나게 되는 ∫ 표시는 잠시 읽는 것을 멈추고 명상에 들어가기를 바라는 기호입니다. 물론 다른 부분에서도 여러분 스스로 자연스럽게 그렇게 할 수 있습니다. 때로는 단어의 의미가 선명하게 잡히지 않을 수도 있을 것입니다. 때로는 의문이 생길 수도 있고, 반대 의견이 마음속에 일어날 수도 있을 것입니다. 하지만 읽어 나가다 보면 해답이 나중에 나올 수도 있고, 스스로 묻고 답하며 자기 자신 속으로 깊이 들어가는 도중에 저절로 해결될 수도 있을 것입니다.

지적인 헤아림만으로 읽지 마십시오. 내 안에 어떤 느낌이 일어나는지, 그 반응을 면밀하게 지켜보십시오. 내가 말하는 영적 진실을 여러분의 깊은 내면에서는 이미 알고 있습니다. 내가 할 수 있는 일이 있다면, 여러분이 잊고 있는 것을 상기시켜 주는 것뿐입니다. 고대로부터 지금까지 있어 왔지만, 언제나 새롭고 신선한 그 앎이 여러분의 세포 하나하나에서 활성화되고 풀려나서 자유의 노래를 힘차게 부르게 될지도 모릅니다.

이 책에 나오는 용어를 다른 가르침의 용어들과 비교하지 마십시오. 그렇지 않으면 혼동이 일어날 수 있습니다. 내가 사용하는 '마음', '행복', '의식'이라는 말들은 다른 가르침과는 의미가 다를 수도 있습니다. 어떤 말에 너무 집착하지 마십시오. 말이란 가능하면 빨리 건너가야 할 징검다리에 불과합니다.

내가 때로 미국 내에서 가장 대표적인 영성 관련 단체 또는 그 메시지인 '기적 수업'이나 예수와 붓다의 말을 인용하는 것은 비교하기 위해서가 아닙니다. 영적 가르침들은 비록 그 형식이 서로 다르다고 해도 본질적으로는 하나이며 언제나 그래왔다는 사실을 주지시키기 위함입니다. 고대 종교들은 지나치게 외부적인 문제들로 덧칠된 나머지 그 영적 본질이 거의 가려져버렸습니다. 그래서 대부분 가르침이 지닌 심오한 의미는 더 이상 이해되지 않고, 우리를 변화시키는 힘 또한 잃었습니다. 내가 고대 종교나 다른 가르침을 인용하는 것은 그들의 의미를 더욱 깊이 드러내고, 특히 그들 종교나 가르침을 따르는 사람들을 변화시키는 힘을 회복하기 위해서입니다. 나는 사람들에게 진리를 찾아다닐 필요가 없다고 말합니다. 단지 우리가 이미 갖고 있는 것 속으로 좀더 깊이 들어가는 법을 알기만 하면 되기 때문입니다.

가능하면 이 책이 많은 사람에게 다가갈 수 있도록 중립적인 용어를 사용하려고 애썼습니다. 이 책은 하나의 영원한 영적 가르침, 즉 모든 종교의 본질을 우리 시대에 맞게 재현한 것이라고 보면 됩니다. 또한 이 책의 내용은 외부 자료를 이용해 이끌어낸 이론이나 추론이 아니라 내면의 참된 근원으로부터 유래된 것입니다.

우리의 목적은 겹겹이 쌓여 있는 사고의 층을 헤치고, 나와 여러분이 이미 알고 있는 우리 내면의 그곳, 바로 진리를 듣고 알아차리는 그 자리에 도달하는 것입니다. 그 자리에 이르게 되면 가슴이 벅차고 충만한 느낌이 들면서 우리 내면의 누군가가 말하는 소리를 듣게 될 것입니다.
"그래, 맞아. 이것이 진리야!"

에크하르트 톨레

# 제1장
## 마음은 내가 아니다

깨달음이란 생각을 딛고 솟아납니다.

생각과 마음에서 벗어날 때 진정한 존재 상태로 있을 수 있습니다.

무엇에도 비길 수 없는 보물 상자가 우리 내면에 있습니다.

# 깨달음을 막는 가장 큰 장애

진정한 깨달음이란 무엇인가요?

30년 동안 길가에 앉아서 구걸해온 거지가 여느 날과 마찬가지로 "한 푼 줍쇼"라는 말을 나지막이 중얼거리고 있었습니다. 거지가 내밀고 있는 낡은 야구 모자에는 가끔씩 동전이 떨어졌습니다.

지나가던 한 행인이 거지에게 말했습니다.

"난 가진 게 아무것도 없으니 적선도 할 수가 없구려. 그런데 당신이 걸터앉아 있는 그건 뭐요?"

"이거 말이오? 그냥 낡은 상자일 뿐입죠. 난 늘상 이 위에 앉아 있었소. 언제부터인지 모르지만, 어쨌든 쭉 난 이 상자 위에 앉아 있었소만."

행인은 상자를 가리키며 말했습니다.

"한 번이라도 그 안을 들여다본 적이 있소?"

"그건 봐서 뭘 하게요? 안에는 아무것도 없어요."
"안을 한번 들여다보시구려."

행인이 다그쳤습니다. 거지는 마지못해 상자 뚜껑을 들어올렸습니다. 그런데 웬일입니까? 상자 안에는 놀랍게도 황금이 가득 차 있었습니다.

나 또한 여러분에게 줄 것이 아무것도 없습니다. 이야기 속의 행인과 마찬가지로 여러분이 지니고 있는 것들과 그 내부를 들여다보라고 말할 뿐입니다. 하지만 내가 들여다보라고 말하는 것은, 이야기에서처럼 여러분과 분리되어 있는 무엇이 아니라 여러분 자신입니다. 바로 여러분 자신의 내면 말입니다.

누군가는 "난 거지가 아니오"라고 항변할지도 모릅니다. 하지만 아무리 물질적으로 풍족하다고 해도, 존재의 기쁨과 흔들리지 않는 평화라는 참된 재산을 발견하지 못했다면, 그는 아직 이 이야기에 나오는 거지처럼 헤매고 있는 것입니다. 우리는 대체로 충만한 기쁨의 조각들을, 자신의 가치나 안전이나 사랑을 외부에서 찾아 헤매고 있습니다. 하지만 우리는 그 모든 것을, 아니 세상이 제공하는 그 무엇에도 비길 수 없는 보물 상자를 우리 내면에 이미 갖고 있습니다.

깨달음이란 먼 데 있는 것이 아닙니다. 깨달음은 아무리 다가가도 붙잡을 수 없는 초월의 세계가 아닙니다. 깨달음이란 자신의 존재와 하나됨으로써 느끼는 자연스러운 상태일 뿐입니다. 어떠한 힘 앞에서도 부서지지 않는 그 무엇, 겉가죽의 나보다 훨씬 위대한 그 무엇에 연결된 상태입니다. 내 이름과 모습 뒤에 숨어 있는 본래의 나를 발견하는 것입니다. 이러한 연결 상태를 느끼지 못하기 때문에 진정한 나 자신으로부터, 나를 둘러싼 세계로부터 단절된 듯한 착각에 빠지게 되는 것입니다. 자각하든 자각하지 못하든 스스로를 외로운 섬처럼 여기게 되는 것은 그 때문입니다. 그래서 두려움이 엄습하고 안팎으로 갈등이 생겨나는 것입니다.

붓다는 깨달음을 '번뇌의 끝'이라고 했습니다. 나는 그 정의를 좋아합니다. 거기에는 '인간성을 뛰어넘어야만 깨달을 수 있다'라는 어떠한 암시도 없습니다. 그렇습니다! 물론, 그것이 깨달음에 대한 완벽한 정의라고는 할 수 없습니다. 깨달음이란 단지 번뇌가 아니라는 이야기일 뿐이니까요.

그러나 더 이상 번뇌가 없다면 무엇이 남을까요? 붓다는 거기에 대해서 말이 없습니다. 그 침묵에 담긴 알맹이는 우리 스스로 찾아야 합니다. 깨달음이란 우리가 도달할 수 없는 초월적인 목표가 아닙니다. 그것을 우리에게 일러주기 위해 붓다는 그런 표현을 사용한 것입니다. 그렇게 친절을 베풀었음에도 대다수 불자는 깨달음을 붓다만의 영역으로 치부해버렸습니다. 이번 생에서는 이룰 수 없는 일이라고 믿고 있습니다.

진정한 '존재' 상태란 어떤 것인가요?

태어나면 죽어야 하는 무수한 형태의 생명체 너머에는 영원한 '오직 하나의 생명'이 자리합니다. 그것은 저 너머에 있지만 모든 생명체 안에 깃들어 있습니다. 우리 각자에게는, 눈에 보이지 않고 영원히 부수어지지 않는 '영원한 생명'이 깃들어 있는 것입니다. 우리는 지금이라도 당장 가장 깊은 곳에 있는 우리 자신, 우리의 진정한 본질에 접근할 수 있습니다.

그러나 이를 생각으로 이해하려고 하면 안 됩니다. 이해하려고 하지 마십시오. 생각이 정지되었을 때만 그 본질을 알 수 있습니다. 지금 이 순간에 충만하고 강렬하게 집중하고 있을 때만이 진정한 존재 상태를 느낄 수 있습니다. 마음의 헤아림으로는 그것을 이해할 수 없습니다. 그러한 '있음'의 상태에 활짝 깨어 있으면서 그 느낌, 그 앎에 머무는 것이 밝은 '깨달음'의 상태라고 할 수 있습니다.

진정한 존재 상태란 신의 상태가 아닌가요? 그런데 당신은 왜 '신'이라는 말을 사용하지 않나요?

'신'이라는 단어는 수천 년 동안 잘못 사용된 나머지 그 의미가 공허해지고 말았습니다. 나는 그 말을 아끼는 편입니다. 그 말의 뒤편에 광대하게 펼쳐지는 신성한 세계를 흘깃이나마 엿보지도 못한 사람들이 마치 잘 알고 있는 것처럼 태연스럽게 그 말을 사용하곤 합니다. 그들은 자신이 무엇을 부정하고 있는지 알지 못한 채, 신을 부정하기도 합니다. 그 결과는 어떻습니까? '내가 믿는 신만이 유일한 신이고, 당신이 믿는 신은 거짓'이라는 어리석은 주장과 믿음에 빠지게 됩니다. 심지어 니체는 '신은 죽었다'라는 명제를 남겨 유명해지기도 했습니다.

'신'이라는 말 자체가 닫힌 개념이 되어버렸습니다. 그 단어를 입 밖에 내는 순간, 인간적인 어떤 이미지가 창조되고 맙니다. 지성으로는 단순히 흰 수염을 기른 노인이라고 생각하지 않을지라도, 우리 밖에 있는 누군가를 상상하게 되죠. 그리고 그럴 경우에는 대체로 남성적인 누군가를 상상하게 마련입니다.

'신'이라고 하든 '존재'라고 하든, 혹은 다른 단어를 쓰든, 그 말 뒤에 숨은 실재를 정의하거나 설명할 수는 없습니다. 유일하게 중요한 문제가 있다면, 그 말이 품고 있는 바를 우리가 경험하는 것입니다. 때로는 말 자체가 본래의 뜻을 방해하는 경우가 적지 않기 때문입니다. 우리 자신도 의식하지 못하는 사이에 우리 바깥의 누군가를 내세워 우상으로 삼으려는 경향이 있는 것이 사실입니다.

나는 '존재(being)'라는 단어를 자주 사용하는 편입니다. '존재'라는 단어는 '신'이라는 단어처럼 아무것도 설명해 주지 않지만 열린 개념이라는 장점이 있습니다. 적어도 그 단어는 눈에 보이지 않는 무한함을 제한된 것으로 축소하진 않습니다. '존재'라는 말을 듣고 인간적인 이미지를 떠올릴 사람은 없을 것입니다. 배타적으로 독점할 수 있는 무엇이라고 생각할 사람도 없을 것입니다. '존재'야말로 당신 자신의 정수입니다. '존재'라고 하면 무엇보다도 당신 자신의 현존 상태를 우선적으로 느낄 수 있을 겁니다. '나는 이것이다', '나는 저것이다'라고 규정하기 이전의 생생한 '있음' 자체를 가리키는 말인 것입니다. 그러므로 '존재'라는 단어는 당신 자신의 존재를 향해 한 발자국이라도 가까이 다가가게 하는 말입니다.

∫

우리 자신의 진정한 '존재' 상태를 경험하지 못하게 가로막는 가장 큰 장애는 무엇이라고 생각하나요?

우리는 마음이라는 것을 우리 자신과 동일시합니다. 그 때문에 무언가를 생각하지 않으면 안 된다고 스스로를 억압하고 있는 것입니다. 생각을 멈출 수 없다는 것이 사실은 엄청난 고통임에도 우리는 이를 깨닫지 못하고 있습니다. 대부분 사람이 그런 고통을 겪으면서도 그것을 정상적인 것으로 받아들이고 있습니다. 그칠 줄 모르는 생각의 행렬이 소음이 되어, 내면의 고요한 세계를 발견하지 못하도록 가로막고 있는 것입니다.

우리 자신의 진정한 본질은 내면의 고요한 세계와 일치합니다. 갖가지 생각을 헤아리면서 그런 생각들을 '나'라고 착각하기 때문에 거짓된 자아가 만들어지고 두려움과 고통의 그림자가 드리워지는 것입니다. 이 점에 대해서는 나중에 더 자세히 설명하겠습니다.

데카르트는 "나는 생각한다. 그러므로 존재한다"라는 명제를 만들어 놓고, 스스로 가장 근본적인 진리를 발견했다고 믿었습니다. 하지만 그는 사실 가장 기본적인 오류를 범한 셈입니다. 생각을 자기 존재라고 착각한 것이지요. 우리 대부분이 그렇지만, 머릿속 헤아림을 좇아가다 보면 문제와 갈등이 끊임없이 일어납니다. 그 결과 미친 듯이 복잡한 세상에 휩쓸리게 됩니다. 그리고 세상은 조각조각 부서진 우리 마음을 고스란히 반영하고 있습니다.

깨달음이란 만물의 배경을 이루는 '하나'의 상태에 머물러 전체성으로서 살아가는 것이고, 평화로운 상태입니다. 눈에 보이지 않는 가장 깊은 곳의 진정한 자아와 하나될 뿐만 아니라 눈에 보이는 물질화된 세상 속의 생명력과도 하나가 되는 것입니다. 깨달음이란 안팎으로 일어나는 고통과 계속되는 갈등의 끝일 뿐 아니라 멈출 줄 모르는 생각의 끝이기도 합니다. 우리를 노예처럼 구속하는 생각으로부터 벗어난다는 것은 얼마나 멋진 해방입니까!

자신을 마음과 동일시하면 보이지 않는 장막이 생겨나 고정관념에 사로잡히게 되고, 말이나 이미지를 곡해하고 자기 나름의 판단을 내리게 되므로 진정한 관계를 이루지 못하게 됩니다. 그 장막이 당신과 진정한 당신 사이를, 당신과 당신의 동료 사이를, 당신과 자연 사이를, 당신과 신 사이를 가로막고 있습니다. 이런 생각의 장막으로 인해 서로 분리되어 있다는 착각을 하게 되는 것입니다. 그래서 당신은 여기에 있고 당신과는 전적으로 분리된 '다른 것'이 저기에 있다는 환상 속에서 살아가게 되는 것입니다.

눈에 보이는 물리적인 모습들과 형상들의 차원 밑바닥에서 당신은 진실로 만물과 하나입니다. 생각이라는 장막에 가려 그 본질을 잊고 있을 뿐입니다. 망각으로 인해 이런 하나됨의 상태를 자명한 현실로 느낄 수 없는 것입니다. 삼라만상이 하나라는 사실을 믿을 수 있을지는 모르지만, 그것을 경험을 통해서 확연하게 알지는 못하는 것입니다. 믿음이 위안을 줄 수 있을지도 모릅니다. 하지만 직접 체험하지 않고서는 진정한 자유로움을 얻을 수 없습니다.

생각이라는 것은 일종의 질병입니다. 질병은 균형이 무너질 때 생깁니다. 균형이 무너진다는 것은 어떤 의미일까요? 예를 들어, 몸 안의 세포가 분열하고 증식하는 것 자체는 당연하고 자연스러운 상태입니다. 그러나 이 과정이 몸 전체의 질서와 상관없이 계속된다면, 세포들이 급격히 증가해서 병에 걸리게 됩니다.

올바르게 사용하면 마음은 아주 훌륭한 도구이지만, 잘못 사용하면 대단한 파괴력을 갖게 됩니다. 더 정확히 말하자면, 잘못 사용하는 정도가 아니라 마음이 우리를 부리는 상태가 되어버립니다. 마음을 부리지 못하고 부림을 당하는 것이 곧 병입니다. 나를 내 마음이라고 믿는 것은 환상이요 기만입니다. 부림을 당해야 할 도구가 주인의 자리를 점령하고 만 꼴입니다.

전적으로 수긍이 가지는 않는군요. 대부분 사람과 마찬가지로 나 또한 부질없는 생각을 많이 하는 편입니다. 그래도 무엇인가를 얻고 성취하기 위해서는 마음을 사용해야 하는 것 아닌가요? 나는 항상 그렇게 마음을 사용해 왔습니다.

십자말풀이를 하고 원자폭탄을 만들어낼 수 있다고 해서 당신이 마음을 사용하고 있는 것은 아닙니다. 개들이 뼈다귀를 물어뜯기 좋아하는 것처럼, 마음은 늘 문제점을 붙들고 늘어지기를 좋아합니다. 그것이 십자말풀이나 원자폭탄 만들기에 매달리게 된 이유입니다. 진정한 당신 자신은 사실 거기에 대해 아무런 흥미도 없습니다. 이쯤에서 당신에게 묻겠습니다. 당신은 원할 때면 언제나 마음에서 벗어나 자유로울 수 있습니까? 마음을 '꺼버리는' 단추를 갖고 있습니까?

생각을 완전히 멈추는 것 말인가요? 난 그렇게 할 수 없습니다. 순간적으로 생각이 멈추는 경우는 있겠지만.

그렇다면 마음이 당신을 사용하고 있는 것입니다. 당신은 무의식적으로 마음을 자신과 동일시하고 있습니다. 그래서 마음의 노예가 되어 살고 있다는 것조차 알지 못하고 있습니다. 자신도 모르게 마음에 점령당하고, 점령한 실체를 당신 자신이라고 여기고 있는 것입니다.

자유를 향한 첫걸음은 점령한 실체인 '생각하는 자'가 진정한 당신이 아님을 깨닫는 데 있습니다. 이를 알면 당신을 점령하고 있는 실체를 관찰할 수 있게 됩니다. '생각하는 자를 유심히 지켜보기 시작하는 순간', 더 높은 차원의 의식이 활성화되는 겁니다. 당신은 그제야 생각 너머에는 광대한 앎의 영역이 있으며, 생각이란 단지 그러한 앎의 영역의 아주 작은 일부분에 불과하다는 사실을 자각하기 시작할 것입니다. 당신은 또한 깨우치게 되겠죠. 아름다움과 사랑, 창조력과 기쁨, 내면의 평화같이 진정 중요한 것들은 마음 너머에서 온다는 것을. 그럼으로써 망각의 오랜 잠에서 깨어나는 것입니다.

# 당신 자신을 마음으로부터 자유롭게 풀어놓으라

'생각하는 자를 지켜본다'라는 것은 정확히 무슨 뜻인가요?

어떤 사람이 의사에게 머릿속에서 목소리가 들린다고 말하면 의사는 그에게 정신병원에 가보라고 할 겁니다. 하지만 사실은 모든 사람이 머릿속으로 하나 이상의 목소리를 듣고 있습니다. 자기도 모르는 사이에 생각이 저절로 진행되고 있는 것입니다. 그래서 머릿속에서는 독백이나 대화가 그칠 줄 모르고 이어집니다.

거리를 걷다가 혼자서 중얼거리는 미친 사람을 만나는 것은 드문 일이 아닙니다. 하지만 '정상적인' 사람이라도 별다를 것이 없습니다. 단지 입 밖으로 큰 소리를 내지 않을 뿐이지요. 그 목소리는 뭔가 자기 의견을 내놓고, 추측하고, 판단하고, 비교하고, 불평하고, 좋아하고, 싫어합니다. 그때그때의 특정한 상황에 관련된 것이 아닐 수도 있습니다. 가깝거나 먼 과거를 재현할 수도 있고, 미래에 일어날 수 있는 상황을 연습하거나 상상하는 것일 수도 있습니다. 일이 잘못되는 부정적인 결과를 상상하기도 하는데, 이것이 소위 근심 걱정이라는 것입니다. 때로 그 목소리는 시각 이미지나 영상을 동반하기도 합니다.

그 목소리는 가까운 장래에 관한 상황일 때조차 과거에 비추어서 그 상황을 해석합니다. 왜냐하면 그 목소리는 당신의 조건화된 마음에서 나오기 때문입니다. 마음이란 당신이 유산으로 물려받은 집단적인 문화의 소산일 뿐 아니라 당신 자신이 겪은 과거 역사의 산물이기도 합니다. 그래서 과거의 눈을 통해 현재를 보고 판단하면서 완전히 왜곡된 시각을 갖게 되는 것입니다.

그 목소리야말로 당신 자신의 가장 큰 적입니다. 당신의 머릿속에는 대개 자기 자신을 끊임없이 공격하고 처벌하여 활력을 앗아가는 고문 도구가 들어 있는 것입니다. 말할 수 없는 불행과 고통, 질병이 생겨나는 이유가 거기에 있습니다.

그러나 여기 복된 소식이 있습니다. 당신은 당신 자신을 마음으로부터 자유롭게 놓아줄 수 있습니다. 이것이야말로 유일하고도 진정한 해방입니다. 지금이라도 당장 첫걸음을 내디딜 수 있습니다. 가능하면 자주 머릿속에서 들리는 목소리에 귀를 기울이기 시작하십시오. 낡은 축음기를 틀어 놓은 것처럼 오랜 세월 되풀이해서 들려왔던 사고 유형에 특히 주의를 기울이십시오. 이것이 내가 '생각하는 자를 지켜보라'라는 의미입니다. 머릿속에서 들려오는 목소리에 귀 기울이면서 그 자리에 목격자로 머물러 있어야 합니다.

그 목소리에 귀를 기울일 때는 아무런 견해도 갖지 말고 그저 듣기만 하십시오. 아무런 판단도 하지 말고 비난을 퍼붓지도 마십시오. 판단을 하거나 비난을 하면 똑같은 목소리가 뒷문을 통해 다시 들어오는 셈입니다. 목소리가 들리면, '아, 목소리가 들리는구나' 하고 알아차리기만 할 뿐, 거기에 끼어들지 않고 '여기'에 남아 그저 지켜보기만 하는 것입니다. 이것이 생생하게 깨어 있는 것이고, 이것이 자기 자신의 현존을 느끼는 것입니다. 이것은 생각이 아니며 마음을 초월하여 일어나는 현상입니다.

생각에 주의를 기울이면, 당신은 그 생각뿐 아니라 그 생각의 목격자인 자신 또한 의식하게 됩니다. 새로운 차원의 의식이 들어오게 되는 것입니다. 자신의 생각에 주의를 기울임에 따라, 그 생각의 저변이나 뒤안에 있는 더 깊은 곳의 당신 자신을, 그 현존을 느끼게 됩니다. 그때, 당신을 점령하고 있던 생각은 힘을 잃고 재빨리 자리를 피합니다. 왜냐하면 생각을 자신과 동일시함으로써 더 이상 거기에 힘을 부여하지 않기 때문입니다. 이렇게 해서 제멋대로 날뛰는 생각의 횡포를 막을 수 있게 되는 것입니다.

생각이 자리를 비키면 당신은 생각의 흐름이 끊어지는 경험을 하게 될 것입니다. '무심(無心)'의 틈새를 경험하는 것입니다. 이 틈새가 처음에는 몇 초에 지나지 않겠지만 점차 길어질 겁니다. 무심의 틈새를 경험할 때, 당신은 내면의 고요와 평화를 느끼게 됩니다. 평소에는 마음에 의해 가려져 있던 존재와의 자연스러운 합일감이 바로 이것입니다. 연습을 거듭할수록 고요와 평화의 느낌이 점점 깊어질 것입니다. 사실, 그 깊이는 끝이 없습니다. 당신은 또한 깊은 내면에서부터 불가사의한 존재의 기쁨이 번져나오는 것을 느끼게 될 것입니다.

이것은 결코 무아지경의 상태가 아닙니다. 결코 의식을 잃는 것이 아닙니다. 오히려 그 반대죠. 평화를 얻는 대신 의식이 흐려지고, 고요함을 얻는 대신 활력과 예민함이 줄어든다면 무엇 때문에 그걸 얻으려고 애쓰겠습니까? 내면의 연결 상태 속에서 당신 자신을 생각과 동일시했을 때보다 훨씬 더 또렷이 깨어 있게 될 것입니다. 존재의 충만한 상태가 되는 겁니다. 그와 더불어 에너지장(場)의 진동 주파수가 높아져서 몸이 더욱 건강해지고 생명력이 넘치게 될 것입니다.

무심의 영역으로 깊이 들어감에 따라, 소위 순수 의식의 상태를 경험하게 됩니다. 그 상태에서는 현존하는 느낌이 너무나 강렬하고 매혹적이어서 모든 생각과 감정, 육체뿐만 아니라 외부 세상 전체가 상대적으로 무의미해집니다. 순수 의식의 상태는 자기 중심적인 상태가 아니라 자기가 없어지는 상태입니다. 당신은 그제야 '나 자신'에 대한 예전의 생각들을 뛰어넘을 수 있게 됩니다. 그러한 현존이야말로 당신 자신의 진정한 본질이며, 동시에 당신보다 훨씬 더 위대한 무엇입니다. 내가 말하는 바가 역설적이거나 모순된 것처럼 들릴 수도 있을 것입니다. 하지만 나로서는 달리 표현할 길이 없습니다.

∫

생각하는 자를 지켜보는 대신 단순히 지금 이 순간에 주의를 집중하는 것만으로도 마음의 흐름 속에 틈새를 만들어낼 수 있습니다. 단지 지금 이 순간을 확고하게 의식하기만 하면 됩니다. 이는 누구나 쉽게 할 수 있는 수행법입니다. 마음의 움직임으로부터 우리의 의식을 거두어들여서 주의를 집중하고 예민하게 깨어 있음으로써 무심의 틈새를 창조하는 것입니다. 이것이 명상의 핵심입니다.
이는 일상 생활을 계속하면서도 할 수 있는 수행법입니다. 단지 하나의 수단에 불과한 일상적인 활동에 목적을 부여하고 거기에 최대한 주의를 집중함으로써 그 자체가 목적이 되도록 하십시오. 집이나 직장으로 통하는 계단을 오르내릴 때 그 계단 하나하나에, 걸음을 옮겨놓는 동작 하나하나에, 들이쉬고 내쉬는 호흡 하나하나에 주의를 집중하십시오. 온전히 지금 이 순간에만 존재하십시오. 손을 씻을 때도 거기에 수반되는 모든 감각에 주의를 기울여 보십시오. 물이 흐르는 소리와 물이 닿는 느낌, 손의 움직임, 비누의 향기 등을 놓치지 마십시오. 자동차를 탈 때도 문을 닫은 후 잠시 모든 동작을 멈추고 호흡의 흐름을 지켜보십시오. 고요하지만 강렬한 현존의 감각을 느껴보십시오. 그렇다면 이러한 수행이 얼마나 성공적이었는지에 대해서 어떻게 알 수 있을까요? 당신이 어느 정도로 내면의 평화를 느끼는지가 그 기준이 될 수 있을 것입니다.

깨달음을 향한 여정에서 가장 중요한 단계는 마음을 자기 자신과 동일시하지 않는 법을 배우는 것입니다. 마음의 흐름 속에서 어떤 틈새를 만들 때마다 의식의 빛은 점점 더 밝아집니다. 그러던 어느 날, 마치 아이의 재롱을 보면서 미소짓듯이 머릿속에서 들려오는 목소리를 향해 미소를 보내고 있는 자신을 발견할지도 모릅니다. 더 이상 마음에 의존하지 않게 됨으로써 마음이 지어내는 내용물을 심각하지 않게 받아들일 수 있게 되는 것입니다.

# 깨달음이란 생각의 사슬에서 벗어나는 것

이 세상에서 살아남으려면 생각을 하지 않을 수 없지 않은가요?

마음은 도구이며 연장입니다. 마음이란 특별한 과업에 사용되기 위해 거기 존재하는 것입니다. 일이 끝나면 내려놓아도 됩니다. 사실, 대부분 사람이 하는 생각 중에서 80~90%는 반복적이고 부질없는 잡념에 불과합니다. 더구나 부정적인 성질을 품고 있을 때도 적지 않아서, 대부분 생각이 해롭다고 말할 수 있을 정도입니다. 당신 자신의 마음을 잘 관찰해보면 내 말이 사실임을 알게 될 겁니다. 부질없고 해로운 생각들로 인해 소중한 에너지가 새어나가고 있는 것입니다.

꼬리를 물고 이어지는 생각의 행렬이란 사실, 중독이나 다름없습니다. 중독이란 무엇일까요? 간단히 말하자면 내 마음대로 멈출 수 없는 것입니다. 중독이란 나보다 더 강한 것처럼 여겨지는 것입니다. 거짓된 즐거움을, 고통으로 변할 수밖에 없는 즐거움을 제공하는 것입니다.

우리는 왜 생각에 중독될 수밖에 없나요?

자기 자신을 마음과 동일시하기 때문입니다. 마음의 내용물과 활동이 곧 자기 자신이라고 생각하기 때문입니다. 우리는 생각을 멈추면 자신의 존재 또한 끝장날 것이라고 믿고 있습니다. 인간은 성장함에 따라 개인적이고 문화적인 조건에 기초해서 자신이 누구인가에 대한 이미지를 만들어냅니다. 이런 거짓된 자아를 '에고'라고 합니다. 에고는 마음의 활동으로 이루어지며 끊임없는 생각을 통해서만 유지될 수 있습니다. 에고라는 용어는 사람에 따라 의미가 다를 수 있겠지만 내가 그 말을 사용할 때는 무의식적으로 자기 자신을 마음과 동일시함으로써 창조된 거짓된 자아를 뜻합니다.

에고에게는 현재의 순간이 존재하지 않습니다. 과거와 미래만을 중요하게 여길 뿐입니다. 이는 진리를 정면으로 거스르는 일이 아닐 수 없는데, 에고로 존재하는 한 우리의 마음은 부작용을 일으킬 수밖에 없습니다. 에고는 항상 과거에 집착하고 과거를 살아 있게 하려고 합니다. 과거가 없으면 자신이 누구인지를 알 수 없기 때문입니다. 에고는 또한 스스로를 미래에 투사(投射)함으로써 계속적인 생존을 보장받으려 하고 거기에서 어떤 해방이나 만족감을 얻으려고 합니다. 에고는 말합니다.

"언젠가 이런 일이 일어나면 난 행복할 텐데. 저런 일이 생기면 난 평화로워질 텐데."

에고가 현재에 관여하고 있는 듯이 보일 때조차도, 에고가 보고 있는 것은 현재가 아닙니다. 에고는 과거의 눈을 통해서 보기 때문에 현재를 제대로 파악할 수가 없습니다. 마음이 만들어내는 미래의 목적을 위해서 현재를 하나의 수단으로 축소하기 일쑤이지요. 여러분 스스로 마음을 잘 관찰해보면, 실제로 그렇다는 것을 알 수 있을 것입니다.

지금 이 순간이야말로 자유를 향한 열쇠를 쥐고 있습니다. 그러나 마음을 자신과 동일시하는 한 우리는 지금 이 순간을 발견할 수 없습니다.

하지만 나는 분석력과 분별력을 잃어버리고 싶지 않아요. 필요하다면 좀더 집중적으로 좀더 분명하게 생각하는 법을 배울 수는 있겠지만, 마음을 잃어버리고 싶진 않습니다. 생각한다는 것은 우리가 받은 가장 소중한 선물이죠. 그것이 없다면 우리는 다른 동물들과 다름없을 것입니다.

마음이 지배하는 단계는 의식의 진화에 있어서 한 단계에 지나지 않습니다. 우리는 한시라도 빨리 다음 단계로 넘어갈 필요가 있습니다. 그렇지 않으면 그 마음은 괴물로 자라나 우리 자신을 파괴할 것입니다. 여기에 대해서는 나중에 좀더 자세히 이야기하겠습니다. 생각과 의식은 동의어가 아닙니다. 생각은 의식의 작은 일부에 불과합니다. 생각은 의식 없이 존재할 수 없지만, 의식은 생각을 필요로 하지 않습니다.

깨달음이란 생각을 딛고 솟아나는 것입니다. 생각보다 더 낮은 차원으로, 동물이나 식물의 수준으로 되돌아가는 것이 아닙니다. 깨달음의 상태에 있을 때도 필요하다면 언제든지, 생각하는 마음을 사용할 수 있습니다. 예전보다 훨씬 더 집중적이고 효과적인 방식으로 사용할 수 있습니다. 끊임없이 이어지는 내면의 중얼거림에서 벗어나 고요하고 평화롭게, 실제적인 목적을 위해서 마음을 사용할 수 있는 것입니다. 마음을 부릴 수 있게 되고, 무언가 창조적인 해결책이 필요하다면 시계추처럼 생각과 생각 없음 사이를, 유심과 무심 사이를 몇 분 간격으로 오갈 수 있을 것입니다.

무심이란 생각의 헤아림이 없는 의식입니다. 우리는 그런 방식으로만 창조적으로 생각할 수 있습니다. 왜냐하면 생각은 그런 상태에 있을 때만 진정한 힘을 발휘하기 때문이죠. 생각은 자기보다 훨씬 더 광대한 의식 영역에 연결되어 있지 않으면 어느새 힘을 잃고, 혼란에 빠지고, 파괴적이 됩니다.

마음이란 본질적으로 생존을 위한 도구입니다. 다른 마음들과 대적할 때 공격과 방어를 하고, 정보를 얻고, 저장하고, 분석하는 일은 잘하지만 창조적이지는 않습니다. 진정한 예술가들의 창조력은 자신이 알든 모르든 무심의 장소로부터, 고요한 내면으로부터 나옵니다. 마음은 창조적인 충동이나 통찰에 형상을 부여할 뿐입니다.

위대한 과학자들도 생각이 멈춘 순간의 고요한 상태에서 창조적인 돌파구가 열렸다고 말해 왔습니다. 아인슈타인이나 미국의 저명한 수학자들에게 연구 방법을 질의한 결과는 놀라울 정도였습니다. 그들은 '창조적인 활동에 있어서 생각은 부수적인 역할밖에 하지 않는다'라고 입을 모았습니다. 대다수 과학자가 창조적이지 못한 이유는 생각하는 법을 몰라서가 아니라 어떻게 생각을 멈추어야 할지를 모르기 때문인 것입니다.

당신의 생명과 육체라는 기적이 창조되고 유지되는 것은 마음과 생각을 통해서가 아닙니다. 마음보다 훨씬 더 위대한 지성이 작동되고 있음이 분명합니다. 지름이 0.2mm도 안 되는 인간 세포의 DNA가 어떻게 600쪽 분량의 책 100권 정도를 채울 수 있는 지령을 담을 수 있을까요? 우리 몸에 대해 알면 알수록 우리는 그 속에서 작용하는 지성이 얼마나 광대한지, 그리고 우리의 앎이라는 것이 얼마나 보잘것없는지 새삼 실감하게 됩니다. 마음이 그러한 지성과 다시 연결된다면 경이로운 도구가 될 것입니다. 그때에야 비로소 마음은 자기 자신보다 더 위대한 무엇인가를 위해 봉사할 수 있게 되는 것입니다.

# 감정이란 마음에 대한 몸의 반응이다

감정이란 무얼까요? 나는 마음보다는 감정에 사로잡히는 경향이 더 질은 것 같아요.

마음이란 단지 생각만을 일컫는 것은 아닙니다. 마음은 생각뿐 아니라 우리가 느끼는 감정과 무의식적인 반응까지 포함합니다. 감정은 마음과 몸이 만나는 곳에서 일어납니다. 감정이란 생각에 대한 몸의 반응입니다. 몸속에서 일어나는 마음의 반영이라고 말할 수도 있을 것입니다.

공격적이거나 적대적인 생각을 하면, 우리 몸 안에는 분노 에너지가 강화됩니다. 몸이 전투 태세에 들어가는 것이죠. 육체적으로나 심리적으로 위협을 당하고 있다고 생각하면 몸을 움츠리게 되는데, 이것은 우리가 두려움이라고 부르는 몸의 반응입니다. 연구에 따르면, 강렬한 감정은 신체 내부에 생화학적 변화를 일으킨다고 합니다. 이러한 변화가 감정이 가진 육체적·물질적인 면입니다. 대개가 자신의 사고 유형을 모두 다 의식하고 있는 것이 아니어서, 자신의 감정을 지켜봄으로써 비로소 자신의 생각을 알 수 있는 경우도 있습니다.

좋아하고 싫어하는 마음이 생기고, 판단하고 해석하면서 그러한 생각들을 자기 자신이라고 동일시하면 할수록, 다시 말하자면 지켜보는 의식으로서 현존하지 않으면 않을수록 감정적인 에너지 소비가 더 많아집니다. 감정을 느낄 수 없고 감정으로부터 완전히 벗어날 수 있다면, 당신은 감정이라는 것을 순수하게 육체적인 차원에서, 육체의 문제나 증상으로서 경험하게 될 것입니다. 여기에 대해서는 최근 몇 년 동안 많은 책이 쓰인 바 있습니다.

자신도 모르는 강한 무의식적 감정이 우연처럼 보이는 외부적인 사건으로 형상화되어 나타날 수도 있습니다. 엄청난 분노를 품고 있으면서도 이를 알지 못하고, 또 그것을 표출해 보지도 못한 사람들은 분노를 품고 있는 다른 사람들로부터 뚜렷한 이유도 없이 신체적인 공격이나 언어적인 폭력을 당하곤 합니다. 나는 이런 것을 자주 목격해 왔습니다. 그런데 왜 그럴까요? 그것은 자신도 모르게 강한 분노를 발산함으로써, 다른 사람들에게 잠재되어 있는 분노를 자극하는 것입니다.

감정을 느끼는 데 어려움을 겪는다면, 몸 안의 에너지장에 주의를 집중하는 것부터 시작해 보십시오. 몸이 말하는 바에 가만히 귀 기울여 보십시오. 그러면 감정이 말하는 소리가 들릴 것입니다.

∫

당신은 감정이란 몸 안에 반영되는 마음이라고 말했지만, 때로는 감정과 마음 사이에 갈등이 생기기도 하지 않나요? 마음은 아니라고 부정하는데, 감정은 그렇다고 하는 식으로 말이죠.

진정으로 당신 자신의 마음을 알고 싶나요? 그러면 몸을 들여다보십시오. 몸은 항상 마음을 충실하게 반영해서 보여줄 겁니다. 몸 안에 일어나는 감정을 바라보거나 느껴보십시오. 마음과 감정 사이에 갈등이 있는 것이 분명하다면, 마음이 거짓이고 감정이 진실입니다. 당신의 감정 상태가 당신이 진정 누구인지에 대한 궁극적인 진실은 아니지만 그 당시의 마음 상태에 대한 상대적인 진실인 것입니다.

표면적인 생각과 무의식 사이에 일어나는 갈등은 아주 흔한 일입니다. 무의식적인 마음 활동이 아직 생각으로 인식되지 않을 수는 있습니다. 하지만 그 경우에도 무의식은 항상 우리 몸 안에 감정으로 나타나며, 우리는 이를 알아차릴 수 있습니다. 이런 식으로 감정을 지켜보는 것은, 앞서 이야기했던 것처럼 생각을 지켜보거나 귀 기울이는 것과 기본적으로 같습니다. 유일한 차이점이 있다면 생각은 머릿속에서 진행되는 반면, 감정은 물질적인 요소를 강하게 갖고 있어서 주로 몸 안에서 느껴진다는 점입니다. 그로써 감정에 지배당하지 않고, 감정으로 하여금 그 자리에 머물러 있게 할 수 있는 것입니다. 당신은 더 이상 감정 자체가 아닐 수 있습니다. 감정을 지켜보는 자가 되는 것입니다. 이를 연습하면, 당신 안에 있는 무의식적인 모든 것이 의식의 빛 속에 모습을 드러낼 것입니다.

그렇다면 감정을 관찰하는 것이 생각을 관찰하는 것만큼 중요한가요?

그렇습니다. 스스로에게 질문하는 습관을 들이도록 하십시오. '지금 내 안에서 무슨 일이 일어나고 있는가?'라고. 이 질문이 올바른 방향을 가리켜줄 것입니다. 하지만 분석하지 말고 그저 지켜보기만 하십시오. 내면에 주의를 집중하십시오. 감정의 에너지를 느껴보십시오. 만일 아무 감정이 없다면 몸 안의 에너지장을 향해 좀 더 깊이 들어가십시오. 그것이 존재로 들어가는 입구입니다.

감정에는 보통 왕성하고 활발한 생각이 따르게 마련입니다. 그 에너지가 지나치게 압도적인 나머지 처음에는 그냥 지켜보고 있기가 쉽지 않을 것입니다. 감정은 우리를 점령하려 하고, 대개는 그렇게 되고 맙니다. 거기에 휩쓸리게 되면 감정은 일시적이나마 '나'가 되어버립니다. 생각과 감정은 서로를 돌고 도는 못된 습성이 있어서 서로를 부채질합니다. 일련의 생각들은 감정의 형태로 스스로를 확대하고, 감정의 진동 주파수는 애초의 생각들에 계속해서 먹이를 제공합니다. 감정의 원인으로 인식되는 상황이나 사건, 또는 사람에 대해 생각을 거듭할수록 그런 생각들이 감정에 에너지를 불어넣고, 그렇게 에너지를 얻은 감정은 다시 생각에 에너지를 불어넣는 식으로 서로를 키워가는 것입니다.

진정한 우리 자신은 이름과 형상 너머에 있습니다. 모든 감정은 진정한 자신에 대한 인식을 상실함으로써 느끼게 된 애초의 원시적인 감정이 변형된 것입니다. 애초의 그 감정은 성격이 불분명해서 딱히 무어라고 이름짓기 곤란합니다. 그나마 '두려움'이라는 단어가 거기에 가깝다고 할 수 있을 겁니다. 지속적인 위협을 느끼는 것만이 '두려움'은 아닙니다. 자포자기와 자신의 불완전함을 깊이 느끼는 것 또한 두려움입니다. 인간의 밑바닥에 깔려 있는 이런 감정은 그 모습을 선명하게 드러내지 않은 만큼 그냥 '고통'이라고 부르는 편이 적당할지도 모릅니다.

마음이 수행하는 주요한 과업 중 하나는 이런 감정적인 고통에 대항하여 싸우거나 그것을 제거하는 것입니다. 마음이 그토록 분주한 것은 바로 이를 위해서입니다. 하지만 마음은 기껏해야 일시적으로 고통을 덮어두는 정도의 성과밖에 거두지 못합니다. 사실, 마음이 고통을 없애려고 싸우면 싸울수록 고통은 점점 더 심해집니다. 마음은 결코 해결책을 찾을 수 없으며, 당신으로 하여금 해결책을 찾도록 허락하지도 않습니다. 왜냐하면 마음 자체가 문제의 근원이기 때문이죠. 경찰서장이 불을 질러 놓고는 방화범을 찾아 헤매는 것과 마찬가지입니다.

자기 자신을 마음과 동일시하는 일을 그만둘 때까지는 이런 고통에서 결코 자유로울 수 없을 것입니다. 다시 말하자면 에고의 옷을 벗어 던져야만 합니다. 에고라는 거짓된 자아가 권좌에서 물러날 때만이 진정한 자기 자신이 본연의 모습을 드러낼 수 있는 것입니다. 여러분은 이렇게 질문할 것입니다.

사랑이나 기쁨 같은 긍정적인 감정도 설 자리가 없나요?

사랑과 기쁨은 진정한 자신과 연결될 때 자연스럽게 흘러나옵니다. 우리 본연의 상태가 곧 사랑과 기쁨의 상태이기 때문에 그 감정들과 떼려야 뗄 수 없는 것입니다. 생각의 흐름 속에 틈새가 생길 때면 언제라도 사랑과 기쁨을 맛볼 수 있고, 잠시나마 심오한 평화를 경험할 수 있습니다.

하지만 대부분 사람은 그러한 틈새를 경험하는 일이 지극히 드물고, 어쩌다 우연히 경험할 뿐입니다. 지극히 아름다운 상황에 놓여 있을 때, 육체가 극도로 피곤해졌을 때, 혹은 위기일발의 상황에 처했을 때 마음이 '할 말을 잃는' 상태가 되기도 합니다. 갑작스럽게 내적인 고요함을 겪게 되는 것입니다. 그러한 고요함 속에는 미묘하면서도 강렬한 기쁨이 있고, 사랑과 평화가 있습니다.

하지만 그런 순간은 대개 오래 지속되지 않습니다. 마음이 곧 '생각'이라는 시끄러운 활동으로 돌아가기 때문이죠. 사랑과 기쁨과 평화는 생각의 지배로부터 우리 스스로를 해방시키기 전까지는 꽃피울 수 없습니다. 사랑과 기쁨과 평화는 '감정'이라고 부를 수 있는 것이 아닙니다. 감정 너머 훨씬 더 깊은 차원에 존재하는 것입니다. 감정을 완전히 의식하고 느낄 수 있어야만 그 너머의 것들도 느낄 수 있습니다. 감정이란 문자 그대로 '교란'을 의미하는 것입니다(emotion은 '교란하다'라는 뜻의 라틴어 emovere에서 유래된 말이다).

사랑과 기쁨과 평화는 존재의 심오한 상태입니다. 자신의 진정한 존재와 내적으로 연결된 상태입니다. 그런 상태는 마음 너머에서 일어나기 때문에 대립이 없습니다. 반면, 마음의 일부인 감정은 이원성의 법칙에 따릅니다. 간단히 말하자면, 악이 없으면 선도 없습니다. 마음을 자신과 동일시하는, 깨닫지 못한 상태에서 경험하는 '기쁨'이란 고통의 반대편에 있는 쾌락에 지나지 않아서 오래 가지 못합니다. 거기에 사로잡혀서는 쾌락과 고통이라는 극단을 오갈 수 있을 뿐입니다. 쾌락은 항상 외부에서 오지만 기쁨은 내면에서 일어납니다. 오늘 즐거움을 주는 바로 그것이 내일은 고통으로 변할 수 있습니다. 쾌락이 떠난 자리에는 고통이 남게 되는 것입니다.

우리가 흔히 사랑이라고 부르는 것 또한 마찬가지입니다. 잠시 동안은 즐겁고 흥미로울 수 있겠지만, 사랑은 위태롭고 중독적인 집착이기 쉬워서, 스위치를 한번 누르기만 하면 완전히 거꾸로 뒤집히고 맙니다. 수많은 '사랑의 관계'를 보십시오. 처음의 도취 상태가 지나가면, 사랑과 증오가 밀고 당기기를 되풀이할 뿐입니다.

진정한 사랑은 우리에게 고통을 주지 않습니다. 왜 그럴까요? 진정한 사랑은 갑작스럽게 증오로 변하지 않고, 진정한 기쁨 또한 쉽사리 고통으로 변하지 않기 때문입니다. 자신을 마음과 동일시하는 데서 벗어나지 못한 상태에서도 진정한 기쁨과 진정한 사랑을, 내면의 깊은 평화를, 고요하면서도 진정 살아 있다는 감각을 잠시 잠깐 경험할 수는 있습니다. 그런 상태야말로 우리 본연의 모습이지만, 대개는 마음에 의해 흐려져 있기 일쑤입니다.

중독된 사랑의 관계 속에서도 오염되고 부패되지 않은 어떤 순간을 경험할 수는 있습니다. 하지만 그런 순간은 잠시뿐이고, 마음의 방해로 곧 사라져버리고 맙니다. 그러면 매우 소중한 무언가를 잃어버린 듯한 느낌이 들 수도 있을 것입니다. 혹은, 그것은 단지 부질없는 환상이었을 뿐이라는 마음의 속삭임에 설득당할지도 모릅니다. 하지만 그것은 환상이 아닙니다. 그것은 잃으려야 잃을 수도 없는 것입니다. 그것은 우리가 본래 처해 있던 상태의 일부이기 때문에 마음에 의해 가려질 수는 있지만 파괴될 수는 없습니다. 하늘이 잔뜩 흐려 있을 때도 태양은 사라진 것이 아닙니다. 태양은 여전히 구름 뒤편에 존재하고 있습니다.

**붓다는 고통이나 번뇌가 욕망이나 집착에서 생겨나며, 고통에서 벗어나려면 욕망의 사슬을 끊어야 한다고 말했습니다.**

모든 탐욕은 순수한 존재의 기쁨 대신 외부 세상과 미래에서 구원이나 만족을 추구하는 마음입니다. 나와 나의 마음을 동일시하는 한 그러한 탐욕, 욕구, 바람, 애착, 혐오에서 벗어날 수 없지만, 그런 것들과 분리되면 '나'는 존재하지도 않게 됩니다. 단지 어떤 가능성, 어떤 충족되지 못한 잠재력, 아직 뿌려지지 않은 씨앗으로 존재할 뿐입니다. 그런 상태에서는 자유나 깨달음에 대한 바람조차도 미래의 만족이나 완성을 위한 또 다른 집착에 불과합니다.

욕망으로부터 벗어나려고 하지 마십시오. 깨달음을 '성취'하려고 하지 마십시오. 지금 이 순간에 존재하십시오. 마음을 지켜보는 자로서 남아 있어야 합니다. 붓다의 말을 인용하는 대신 붓다가 되십시오. '붓다'라는 말이 의미하는 바대로, '깨어난 자'가 되십시오.

은총의 상태에서 떨어져 나온 인간들은 시간과 마음의 영역에 묶여 충만한 존재의 상태를 잃어버리고, 영겁의 세월 동안 고통의 손아귀에 있었습니다. 스스로 근원과 이어지지 못하고, 서로에게 이어지지 못한 채, 우주를 떠도는 무의미한 조각들로 인식하고 있었습니다.

마음을 자신이라고 여기는 한, 다시 말하자면 영적으로 깨어나지 못하는 한 고통은 피할 수 없습니다. 우선 감정적인 고통을 피할 수 없을 것이고, 감정적인 고통은 육체의 고통과 질병의 원인이 되었을 것입니다. 원망, 증오, 자기 연민, 죄의식, 분노, 우울, 질투, 심지어는 사소한 조바심조차도 모두 고통의 모습들입니다. 쾌락이나 감정적인 도취는 고통의 씨앗을 함께 내포하고 있어서 언젠가는 반대쪽으로 움직이게 되어 있습니다.

예를 들어, 마약을 복용한 직후에는 잠시 고양된 상태에 있지만, 얼마 지나지 않아 나락으로 떨어지게 됩니다. 쾌락은 결국 고통으로 변하게 됩니다. 즐거움의 원천이 되었던 인간 관계 또한 그렇게도 덧없이, 그렇게도 쉽사리 고통의 원인이 되어버립니다. 더 높은 곳에서 내려다보면 부정과 긍정은 동전의 양면에 지나지 않습니다. 어느 쪽이든, 마음을 자신과 동일시하는 에고의 상태로 있는 한 잠재적 고통을 품고 있는 것입니다.

　고통에는 두 종류가 있습니다. 지금 만들어내는 고통과 마음과 육체 속에 아직 살아남아 있는 과거의 고통이 그것입니다. 어떻게 하면 지금 이 순간 고통을 만들어내는 일을 그만둘 수 있을까요? 어떻게 하면 과거의 고통을 녹일 수 있을까요? 이제부터는 그것에 대해 이야기하고자 합니다.

# 제2장
## 고통에서 벗어나기

생각이 있는 사람에게만 시간이 존재합니다.

시간과 마음이 없는 상태에서 지금 이 순간 '있는 그대로'를 받아들이십시오.

그때 비로소 진정한 본성을 유지할 수 있습니다.

# 있는 그대로 받아들이라

누구도 고통과 슬픔에서 온전히 자유로울 수는 없습니다. 그러니 피하려고 애쓰기보다는 더불어 함께 사는 법을 배워야 하는 것 아닌가요?

인간이 겪는 고통의 대부분은 불필요한 것들입니다. 분주히 움직이는 마음을 지켜보지 않는 한 고통은 저절로 만들어집니다. 지금 이 순간에 고통을 만들어내는 것은 '있는 그대로' 받아들이지 않기 때문이거나 '있는 그대로'에 대한 무의식적인 저항이 나타난 것입니다. 그러한 저항은 생각의 차원에서 보면 판단의 형태를 띠고, 감정의 차원에서 보면 부정의 형태를 띱니다.

고통의 강도는 지금 이 순간 저항하는 정도에 달려 있으며, 이것은 다시 자신과 마음을 얼마나 동일시하느냐에 달려 있습니다. 마음은 언제나 '지금 이 순간'을 부정하고, 거기서 탈출하려 합니다.

다시 말하자면, 마음과 자신을 동일시할수록 우리는 더 많은 고통을 받게 됩니다. 이렇게 정리할 수도 있을 것입니다. 지금 이 순간을 있는 그대로 받아들이고 존중할수록 우리는 고통으로부터, 번뇌로부터, 에고의 마음으로부터 자유로워진다고 말입니다.

그렇다면 마음은 어째서 '지금'을 습관적으로 부정하는 걸까요? 왜 '지금'에 저항하는 걸까요? 마음은 과거와 미래라는 시간이 없으면 기능하지 못하고 통제되지 않기 때문입니다. 그래서 시간을 초월해 존재하는 '지금'을 위협적으로 느끼게 됩니다. 사실 시간과 마음은 분리되어 있는 것이 아닙니다.

지구에 사람은 없고 다른 동물과 식물만 살고 있다고 상상해 보십시오. 그래도 여전히 과거와 미래가 있을까요? 그래도 여전히 시간이 가치를 지니게 될까요? 거기에서는 '지금 몇 시야?'라든가 '오늘이 며칠이야?'라는 질문이 아무런 의미도 지니지 못할 것입니다. 그런 질문을 받으면 떡갈나무나 독수리는 어리둥절해 하며 되물을 겁니다.

"시간이라고?"

그리고 답할 것입니다.

"글쎄, 말할 것도 없이 지금이지 뭐. 시간은 지금이야. 달리 뭐가 있겠어?"

그렇습니다. 이 세상에서 살아가자면 마음과 시간이 필요할지도 모르지만, 그것들이 우리의 삶을 점령하게 되면 거기에는 부작용과 고통과 슬픔이 따르게 됩니다. 마음은 자신이 지배자로 남기 위해서 지금 이 순간을 과거와 미래로 덮어버리려고 합니다. 그래서 '지금 이 순간'과 분리될 수 없는, 무한히 창조적인 '존재'의 잠재력과 생명력은 시간에 의해 가려지게 되고, 우리의 진정한 본성은 마음에 의해 흐려지게 됩니다.

인간의 마음속에는 시간의 무거운 짐이 끊임없이 축적되어 왔습니다. 저마다 무거운 짐을 짊어진 채 고통받고 있습니다. 그러면서도 그들은 소중한 '지금 이 순간'을 무시하고 부정합니다. 마음속에만 존재하며 실재하지 않는 미래에 도달하기 위한 수단으로 '지금'을 축소해버리면서 매번 그 짐을 더욱 무겁게 하고 있습니다. 집단이나 개개인의 마음이 만들어내고 쌓을 뿐인 시간 속에는 과거에 기인하는 엄청난 양의 고통이 잔재로 남아 있습니다.

자신과 다른 사람들에게 더 이상 고통을 주고 싶지 않다면, 과거에 받은 고통의 찌꺼기를 당신 안에 차곡차곡 쌓아두고 싶지 않다면 더 이상 시간을 창조하지 마십시오. 실생활에 필요한 경우에만 사용하도록 하십시오.

어떻게 하면 시간을 만들어내지 않을 수 있을까요? 현재의 순간만이 내가 갖고 있는 전부라는 것을 깊이 인식하십시오. '지금 이 순간'을 삶의 구심점으로 삼으십시오. 시간 속에 살면서 잠깐씩만

'지금 이 순간'에 들르는 것이 아니라, '지금 이 순간'에 살면서 실제로 필요한 경우에만 과거와 미래를 잠깐씩 방문하도록 하십시오.

현재의 순간에 항상 '네'라고 말하십시오. 그러한 상황에 저항하는 것보다 무익하고 어리석은 태도가 있을까요? 삶은 항상 '지금'이 있을 뿐인데도, 그러한 삶 자체에 반대하는 것보다 더 미친 짓이 있을까요? 있는 그대로 내맡기십시오. 삶에 '네'라고 말하십시오. 그제야 삶은 당신을 거역하지 않고 당신을 향해 움직이기 시작할 것입니다.

∫

지금 이 순간이 때로는 못마땅하고, 불쾌하고, 끔찍할 수도 있는 것 아닌가요?

그렇다고 생각하면 그런 것입니다. 당신의 마음이 '불쾌하다'라든가 '못마땅하다'라는 이름표를 어떻게 붙이는지 그 과정을 지켜보십시오. 이처럼 이름표를 붙이는 행위가, 그칠 줄 모르고 판단을 계속하는 행위가 고통과 불행을 창조합니다. 그 마음 자리를 지켜보십시오. 마음이 작용하는 것을 지켜봄으로써, 당신은 되풀이되는 마음의 저항 습관에서 빠져 나오게 되고, '현재의 순간이 존재하도록' 허용할 수 있게 됩니다. 그럼으로써, 외부 조건에 얽매이지 않고 진정한 내면의 자유를 맛볼 수 있을 것입니다.

그런 다음 무슨 일이 일어나는지를 살펴보고, 필요한 행동이나 가능한 행동을 취하십시오. 받아들이십시오. 그러고 나서 행동을 취하십시오. 지금의 순간이 담고 있는 것이 무엇이든, 당신이 그것을 선택한 것으로 받아들이십시오. 언제나 '지금 이 순간'과 함께 움직이면서 거기에 저항하지 마십시오. '지금'을 적이 아닌 벗이나 동맹자로 삼으십시오. 당신의 삶 전체가 기적적으로 바뀌게 될 것입니다.

## 과거에 집착하지 말라

'지금'의 힘에 접속되지 않으면, 당신이 경험하는 모든 감정적인 고통은 그 찌꺼기를 남기게 됩니다. 그것은 이미 자리하고 있는 과거에 기인하는 고통과 합쳐져서 마음과 몸속에 자리잡게 됩니다. 물론 이런 고통의 찌꺼기들 속에는 당신이 어린 시절 세상에 대해 무지했기 때문에 당한 고통도 들어 있습니다.

이렇게 축적된 고통은 부정적인 에너지장으로서, 당신의 몸과 마음을 점령하게 됩니다. 당신이 만약 이러한 부정적인 에너지장을 자기 나름대로의 권리를 지닌, 보이지 않는 실체로 바라볼 수 있다면 진실에 아주 가깝게 접근한 것입니다. 감정적인 업장은 활동 상태에 있기도 하지만 잠복된 상태로 남아 있기도 합니다. 대개 시간의 90% 정도는 잠복 상태로 남아 있습니다. 그러나 심한 불행에 빠진 사람에게서는 100%로 활동할 수도 있습니다.

거의 전적으로 업장을 통해 살아가는 사람이 있는가 하면, 배반이나 상실, 버림받음 같은 특정한 상황 속에서만 업장을 경험하는 사람도 있습니다. 업장은 무엇에든지 자극을 받아 다시 살아날 수 있습니다. 과거의 상처를 건드릴 때는 특히 더 그렇습니다. 잠복 단계에서 깨어날 준비가 되어 있을 때, 업장은 문득 떠오르는 생각이나 가까운 누군가가 무심코 하는 말에도 활성화될 수 있습니다.

 어떤 업장은 계속해서 투정을 멈추지 않는 아이처럼, 때로는 불편하지만 별로 해가 되지 않는 경우도 있습니다. 하지만 어떤 경우는 사악하고 파괴적인 괴물이 되고 진짜 악마가 되기도 합니다. 육체적으로 해를 입힐 수도 있지만, 그보다 감정적인 상처를 주는 경우가 더 많습니다. 어떤 경우는 주위 사람들이나 가까운 사람들을 공격하고, 어떤 경우는 나 자신을 공격할 수도 있습니다. 그럴 때 우리가 삶에 대해 갖는 생각과 느낌은 매우 부정적이고 자기 파괴적인 성향을 띠게 됩니다. 질병과 사고는 종종 이런 상태에서 일어납니다. 어떤 업장은 자기 주인을 자살로 몰고 가기도 합니다.

 어떤 사람을 잘 안다고 생각했다가, 갑작스럽게 이질적이고 험악한 모습을 보고는 깜짝 놀라는 경우가 있을 것입니다. 그러나 다른 사람들보다 당신 안에 있는 그런 모습을 관찰하는 것이 더 중요합니다. 당신 자신 안에서 업장을 불러일으킬 수 있는 어떤 증후가 있는지를 잘 살펴보십시오. 불안, 초조, 우울한 기분, 폭력성, 분노, 원망, 좌절, 인간 관계를 복잡하게 만들려는 욕구 등 어떤 형태로든 업장이 잠복 상태에서 깨어나는 순간을 잘 포착하십시오.

업장은 마치 살아 있는 생물처럼 살아남기 위해 애쓰지만, 당신이 무의식적으로 동화되는 동안에만 살아갈 수 있습니다. 그때 업장이 깨어나서 당신을 점령하여 당신이 되고, 당신을 통해서 살아가고, 당신을 통해 '먹이'를 구합니다. 그것은 그 자신과 같은 종류의 에너지와 공명하며, 어떤 식으로든 분노라든가 파괴, 증오, 비탄, 감정적인 사건, 폭력, 질병 등의 고통을 만들어내는 것들을 먹고 살아갑니다. 업장이 우리를 점령했을 때는 당신의 생활 속에 그 자신의 에너지 주파수를 반영하는 상황을 만들어냅니다. 고통은 고통만을 먹고 살아갑니다. 고통이 기쁨을 먹고 살지는 못합니다. 이질적인 것을 먹으면 소화가 안 되는 것은 당연한 거죠.

업장이 일단 당신을 점령하면 당신은 더 많은 고통을 원하게 됩니다. 당신은 그 희생자나 하수인이 되어, 고통을 주거나 스스로 고통받고 싶어하게 됩니다. 두 가지를 모두 원하기도 합니다. 사실, 고통을 주는 것과 고통을 당하는 것은 별 차이가 없습니다. 물론 그것을 의식하지 못하기 때문에 자신은 고통을 원하지 않는다고 극구 부인하려 할 것입니다.

그러나 당신 자신을 자세히 들여다보면, 자신을 향한 것이든 남을 향한 것이든 고통을 계속해서 유지하려는 경향이 있음을 알게 될 겁니다. 그 같은 상태를 분명히 알아차릴 때, 고통은 용해되어버릴 것입니다. 왜냐하면 더 많은 고통을 원하는 것은 미친 짓이며, 아무도 의식적으로는 미쳐 있지 않기 때문입니다.

에고가 드리우는 어두운 그림자인 업장은 의식의 빛을 두려워합니다. 그것은 자신의 정체가 탄로날까봐 겁을 먹고 있습니다. 업장은 우리가 거기에 무의식적으로 동화되어 있어야만 살 수 있습니다. 또한 우리가 고통과 대면하기를 무의식적으로 두려워하고 있을 때만 살 수 있습니다. 따라서 고통을 당당히 마주보지 않는다면, 고통을 향해 의식의 빛을 비추지 않는다면 업장은 계속해서 다시 살아날 수밖에 없습니다. 업장이라고 하면 감히 쳐다볼 수 없는 위험한 괴물처럼 생각할지도 모르지만, 장담하건대 그것은 우리의 현존하는 힘을 견디지 못하는 허약한 환영에 불과합니다.

어떤 영적 가르침들은 모든 고통이 궁극적으로 환상이라고 말하기도 합니다. 그 말은 진리입니다. 문제는 그 말이 우리 자신에게 진리로 적용되고 있느냐 하는 것입니다. 그냥 믿는 것만으로는 안 됩니다. 남은 여생 동안 계속해서 고통을 겪으면서도, 그것이 환상이라고 주장만 할 겁니까? 입으로만 환상이라고 되뇌인다고 해서 고통에서 벗어날 수 있을까요? 우리가 여기에서 다루고자 하는 것은 진리를 깨닫고 실천하는 방법입니다. 직접 체험함으로써 진리를 살아 있게 하는 것입니다.

업장은 우리가 그것을 직접 관찰하면서 '있는 그대로' 보기를 원하지 않습니다. 우리가 그것을 관찰하고, 우리 안의 에너지장을 느끼고, 거기에 주의를 기울이는 순간, 업장과 우리 자신을 동일시했던 의식은 깨지게 됩니다. 더 높은 차원의 의식이 들어오는 것입니다. 나는 그것을 '현존'이라고 부릅니다. 우리는 이제 업장의 목격자, 혹은 증인이 된 것입니다. 다시 말하자면, 업장은 더 이상 나로 가장함으로써 나를 사용할 수 없게 되고, 더 이상 나를 통해 힘을 충전할 수 없게 됩니다. 그럼으로써 진정한 내면의 힘을 발견하게 됩니다. '지금'의 힘에 접속된 것입니다.

우리가 충분히 깨어 있어서 업장과 우리 자신을 동일시하는 의식이 깨지면 업장은 어떻게 될까요?

  무지의 어둠이 업장을 만들어냅니다. 밝은 깨달음은 업장을 본래 상태로 다시 돌려놓습니다. 사도 바울은 이러한 우주의 원리를 아름답게 묘사한 바 있습니다.
  "모든 것은 빛을 받으면 드러나고, 빛을 받아 드러난 것은 빛의 세계에 속하게 된다."
  우리는 어둠과 싸울 수 없는 것처럼 업장과도 싸울 수 없습니다. 싸우려들면 내부 갈등이 일어나서 더 많은 고통이 생깁니다. 지켜보는 것으로 충분합니다. 지켜본다는 것은 그 순간에 '있는 그대로'

를 받아들인다는 뜻입니다.

업장은 우리의 전체 에너지장에서 분리되어 덫에 갇힌 생명 에너지이며, 때가 되면 마음과 동화되는 과정을 통해 일시적이나마 나름의 힘을 지니게 됩니다. 그것은 자신의 꼬리를 삼키려고 하는 동물처럼 제자리를 돌면서 생명을 거슬러 움직입니다. 당신은 우리의 문명이 생명을 파괴하는 쪽으로 흐르는 이유가 어디에 있다고 생각합니까? 생명을 파괴하는 힘 역시 생명 에너지라는 것을 알아야 합니다.

우리가 고통과 동화되지 않고 지켜보는 자가 되면, 업장은 얼마간 작용을 계속하면서 우리를 다시 자신에게 동화시키려고 할 것입니다. 구르고 있는 바퀴를 더 이상 밀지 않아도 얼마 동안은 앞으로 나아가는 것처럼, 고통의 작용 또한 어느 정도의 관성을 지니고 있습니다. 이 단계에서는 몸이 여기저기 아프고 고통스러울 수 있지만 오래 가지는 않을 것입니다.

지금 여기에 있으면서 깨어 있어야 합니다. 내면의 공간을 빈틈없이 수호하십시오. 업장을 직접 지켜보면서 그 에너지를 느끼십시오. 그러면 업장은 더 이상 우리의 생각을 조종하지 못하게 됩니다. 우리의 생각이 업장의 에너지장과 이어지게 되면, 우리는 그 즉시 그것과 하나가 되고, 그것을 먹여 살릴 생각의 에너지를 주게 됩니다.

예를 들어보죠. 분노가 업장의 에너지 진동을 주도하고 있다고 합시다. 당신은 누군가에게 화를 내면서 장차 그자를 어떻게 할 것인지를 곰곰 생각할 겁니다. 그러면 당신은 무지의 어둠에 휩싸이게 되고 업장이 곧 당신이 됩니다. 분노가 있는 자리에는 항상 고통이 밑바닥에 깔려 있게 마련이죠.

우울한 기분이 들면서 마음이 부정적인 색깔로 물들기 시작할 것입니다. 그 결과 자신의 삶을 혐오하는 생각을 하게 되면 어떠한 사태가 벌어지겠습니까? 그 생각이 업장과 동조하게 되고, 무지의 어둠에 휩싸인 나머지 업장의 공격을 받기 쉬워집니다. '무지의 어둠에 휩싸인다'는 것은, 어떤 감정이나 생각에 자신의 모든 것을 다 실어버려서, 더 이상 지켜보는 자로서의 진정한 나 자신이 존재하지 않는 상태를 뜻합니다.

업장이 어떻게 생각에 끼어드는지 그 과정을 지속적으로 지켜보면 변화가 일어납니다. 그때 고통은 연료가 되어 우리의 의식을 밝게 타오르게 합니다. 이것이 바로 고대로부터 은밀히 전해져온 연금술의 진정한 의미입니다. 쇳덩어리가 황금으로 변화하듯, 괴로움이 깨어 있는 의식으로 변화하는 것입니다. 쪼개지고 갈라졌던 내면이 치유되어 다시 흠없이 완전한 우리가 되는 것입니다. 그때 남은 일은 더 이상 고통을 만들지 않는 것입니다.

앞의 과정을 요약해 봅시다. 내면에서 일어나는 느낌에 주의를 기울이십시오. 그것이 업장이라는 것을 알아야 합니다. 그것이 거기 있다는 것을 받아들이십시오. 거기에 대해 생각하지 마십시오. 느낌을 생각으로 바꾸지 말고 판단하거나 분석하지 마십시오. 그것을 당신 자신과 동일시하지 마십시오. 현재에 머물면서 계속해서 자신의 내면에서 일어나는 일을 지켜보십시오. 감정적인 고통이 일어나면 그것이 일어나고 있음을 알아차리고, '지켜보는 자'로, 침묵의 관찰자로 남아 있어야 합니다. 이것이 바로 '지금'의 힘입니다. 생생하게 깨어 있는 의식의 힘입니다. 그러고 나서는 무슨 일이 일어나는지 알아차리십시오.

고통의 몸체라 할 수 있는 업장은 여성의 경우, 월경이 시작되기 직전에 특히 고개를 쳐듭니다. 그 이유에 대해서는 나중에 더 자세히 이야기하기로 하고, 지금 당장은 이것만 말해두겠습니다. 만일 그때 주의를 집중하고 현재에 있을 수 있다면, 거기에 점령되지 않고 내면에서 일어나는 느낌을 지켜볼 수 있다면 그것은 가장 강력한 영적 수행을 할 수 있는 기회가 될 것입니다. 과거의 모든 고통이 빠른 속도로 변화될 것입니다.

# 마음이 만든 허구에서 벗어나라

위에서 말한 방법은 매우 간단하면서도 효과적입니다. 아이들이라도 배울 수 있는 것들입니다. 언젠가는 아이들이 학교에서 이런 것을 우선적으로 배울 수 있게 되기를 바라는 마음이 간절합니다. 일단 우리가 자기 내면에서 일어나는 것을 지켜보거나 체험을 통해 현존하는 기본 원칙을 이해하면, 우리는 가장 강력한 변신의 도구를 손에 쥔 셈입니다.

그렇다고 해서 자기 자신을 고통과 동일시하는 데서 벗어날 때 강력한 내부 저항을 만날 수도 있다는 것을 부정하는 것은 아닙니다. 감정적인 고통을 짊어진 채 그것이 곧 자기 자신이라고 믿어온 사람이라면, 특히 그 저항이 심할 것입니다. 업장의 무게에 눌려 헤매면서도 마음이 만들어낸 허구를 진정한 자신의 모습이라고 믿어온 이들은, 자신의 정체성을 잃어버리는 데 대한 무의식적인 두려움 때문에 강한 저항을 하게 됩니다. 불행한 자신에게 익숙해져서 그런 자신을 잃어버리는 미지의 모험에 뛰어들기보다는 차라리 고통 속에 있고 싶어하고, '괴로움의 몸체'로 남으려고 하는 것입니다.

만일 그렇다면 내면에서 일렁이는 저항을 지켜보십시오. 자신의 고통에 대한 애착을 지켜보십시오. 결코 방심하지 말고 불행에 뿌리를 둔 기이한 쾌감을 지켜보십시오. 그것에 대해 말하고 싶은 충동을 그저 지켜보기만 하십시오. 그것을 의식한 채 깨어 있으면 저항은 멈추게 될 것입니다. 그때 우리는 업장에 주의를 집중함으로써 증인으로 참석할 수 있습니다. 변화는 그렇게 시작됩니다.

이것은 아무도 대신해 줄 수 없습니다. 당신 자신만이 할 수 있는 일입니다. 하지만 다행히도 깨달은 누군가를 만난다면, 그래서 그와 함께 현존의 상태에 있을 수 있다면 도움이 될 것이고, 그 속도는 빨라질 것입니다. 이런 식으로 당신 자신의 빛은 빠르게 밝아질 수 있습니다. 이제 막 불이 붙기 시작한 장작을 활활 타오르는 장작 옆에 놓아두었다가 잠시 후에 꺼내 보면 훨씬 더 강한 불꽃으로 타오르는 것을 볼 수 있습니다. 영적 스승이란 바로 그러한 역할을 하는 사람입니다. 마음의 차원을 넘어서서 강렬한 의식의 현존 상태를 창조하고 유지할 수 있는 사람이라면, 치유사들도 그런 역할을 대신할 수 있을 것입니다.

## 두려움은 어디서 오는가

당신은 두려움이란 우리가 기본적으로 갖고 있는 감정적 고통의 일부라고 말했습니다. 두려움은 어떻게 생길까요? 살아가면서 왜 그렇게도 많은 두려움을 느끼는 걸까요? 어느 정도의 두려움은 건강한 자기보호가 아닐까 생각하는데, 만일 불을 두려워하지 않는다면 불 속에 손을 집어넣어 화상을 입게 될 수도 있지 않겠습니까?

우리가 불 속에 손을 넣지 않는 이유는 두려움 때문이 아닙니다. 화상을 입는다는 것을 알기 때문이죠. 불필요한 위험을 피하기 위해 두려움이 필요한 것은 아닙니다. 단지 최소한의 지능과 상식만 있으면 됩니다. 그러한 실생활의 문제는 과거에서 배운 교훈을 적용하는 것이 도움이 됩니다. 누군가가 불을 지르겠다고 위협할 때, 우리는 일종의 두려움을 느끼게 됩니다. 이는 단지 위험으로부터 본능적으로 움츠러드는 것이지, 여기서 이야기하는 심리적인 두려움은 아닙니다.

　심리적인 두려움은 구체적이고 즉각적인 위험과는 구분됩니다. 그것은 불안, 근심, 초조, 긴장, 공포, 증오 등의 모습으로 찾아옵니다. 이런 심리적인 두려움은 지금 일어나고 있는 일에 대한 것이 아니라, 장차 일어날지도 모를 일에 대한 것이기 십상입니다. 우리는 지금 여기에 있으면서도 마음은 늘 미래에 가 있곤 합니다. 그래서 조바심이 생겨나는 겁니다. 자신을 마음과 동일시하여 '지금'이 지닌 힘과 단순성을 잃어버리고 있는 한, 그러한 조바심은 절친한 친구라도 되는 양 우리를 따라다닐 것입니다. 우리는 지금 이 순간에 대해서는 언제나 대처할 수 있습니다. 하지만 마음이 만들어낸 미래에 대해서는 어떻게도 손을 쓸 수가 없습니다. 그렇지 않습니까!

　게다가 자신을 마음과 동일시하는 한, 앞서 지적한 바와 같이 에고가 우리의 삶을 좌우하게 됩니다. 에고는 원래가 허깨비나 다름없기 때문에 교묘한 방어 전략에도 불구하고, 매우 연약하고 불안하며 스스로 끊임없이 위협을 받고 있다고 느낍니다. 겉보기에 매우 자신감이 넘치는 에고라 할지라도 마찬가지입니다.

　감정이란 마음에 대한 몸의 반응이라는 점을 상기하십시오. 마음에 의해 만들어진 에고가 우리 몸을 향해 끊임없이 내보내는 메시지는 어떤 것일까요? 바로 자신이 위협을 받고 있다는 위기 의식입니다. 이런 메시지를 계속 받다 보면 어떤 감정이 들겠습니까? 그것은 두말할 나위 없이 두려움입니다.

두려움에는 여러 가지 원인이 있는 것처럼 보입니다. 상실에 대한 두려움, 실패에 대한 두려움, 상처받는 것에 대한 두려움······. 하지만 궁극적으로 모든 두려움은 죽음과 소멸에 대한 에고의 두려움입니다. 에고의 한구석에는 언제나 죽음에 대한 두려움이 숨어 있습니다. 마음을 자신과 동일시하는 상태에서는 죽음에 대한 두려움이 삶의 구석구석에 영향을 미칩니다.

누구라도 내가 옳고 남이 그르다고 주장할 수는 있습니다. 그것은 흔한 일입니다. 하지만 겉보기에 지극히 정상적인 이런 일조차, 실은 죽음에 대한 두려움에 뿌리를 두고 있습니다. 자신의 입장일 뿐인데도, 그것이 바로 자기 자신이라고 고집하면 어떤 사태가 벌어질까요? 만약 자기 주장이 그르다면, 마음에 기반을 둔 우리의 자의식은 소멸될 위기를 맞게 됩니다. 그래서 에고로서는 자신의 잘못을 받아들일 수가 없는 것입니다. 에고에는 그것이 자신의 죽음을 뜻하기 때문입니다. 그래서 전쟁이 일어나고, 인간 관계가 깨지는 것입니다.

마음을 우리 자신과 동일시하지 않고, 내가 옳든 그르든 그것이 자의식에 아무런 영향도 미치지 않게 되면, 무의식적으로 자신이 옳아야 한다는, 일종의 폭력이라고도 할 수 있는 강한 욕구는 사라지게 됩니다. 분명하고 확고하게 자신의 느낌이나 생각을 말할 수는 있겠지만, 그렇다고 해서 공격적이거나 방어적으로 변하지는 않을 것입니다. 그때의 자의식은 마음이 아니라 내면의 더 깊고 진정한 곳에 뿌리를 두고 있다고 할 수 있습니다.

어떠한 방어 심리가 내 안에 도사리고 있는지를 잘 살펴보십시오. 당신은 무엇을 방어하고 있습니까? 허구의 자기 자신, 마음속에서 만들어진 이미지, 거짓된 실체가 아닌가요? 그것을 생생하게 지켜봄으로써 매번 이런 식이라는 것을 깨닫게 되면, 더 이상 거기에 휩쓸리지 않게 됩니다. 깨어 있는 의식의 빛 속에서 무지의 어둠은 재빨리 용해될 것입니다. 인간 관계를 좀먹는 모든 파워 게임과 알력은 거기서 막을 내리게 됩니다. 다른 사람을 지배하려는 욕구란 힘을 가장한 연약함입니다. 진정한 힘은 내면에 있으며 우리는 그 힘을 지금 사용할 수 있습니다.

마음과 동화된 채 자신의 진정한 힘, 존재에 깊이 뿌리내린 자기 자신과 연결되지 못한 사람에게는 늘상 두려움이 따라다닙니다. 마음 너머로 가본 적이 있는 사람은 아직도 극소수에 불과합니다. 거의 모든 사람이 두려움의 상태에 있으며, 단지 강도만 다를 뿐입니다. 한쪽 끝에는 조바심과 불안이, 다른 쪽 끝에는 이유를 알 수 없는 불편함과 위기감이 있는 저울을 오락가락하고 있는 것입니다. 대부분 사람은 어느 한쪽으로 심각하게 기울어질 때에야 비로소 자신의 불편한 상황을 알아차리곤 합니다.

## 에고는 온전함을 찾아 헤맨다

에고의 마음에 내재하는 감정적인 고통의 한켠에는 불완전함이나 결핍에 대한 감각이, 온전하지 않다는 감각이 깊이 자리잡고 있습니다. 이를 의식하는 사람들도 있고, 전혀 의식하지 못하는 사람들도 있습니다. 이를 의식하는 이들은 자신이 무가치하다거나 충분치 못하다고 느끼면서 끊임없이 불안해 합니다. 이를 의식하지 못하는 경우에는 간절한 갈망이나 희망, 욕구 등을 통해 간접적으로 느낄 뿐입니다. 어떠한 경우이든, 내면의 허전함을 채우고자 무언가를 자신과 동일시하려는 충동에 빠지거나 에고의 만족을 추구하게 됩니다. 돈과 성공, 권력, 명예, 특별한 인간 관계를 추구하는 이유도 기본적으로는 자신을 대견스러워 하고 자신이 더 완전해진 것 같은 기분을 느끼기 위해서입니다.

그러나 그 모든 것을 얻는다고 해도 얼마 지나지 않아 구멍이 아직도 거기 있다는 것을, 바닥은 여전히 메워지지 않은 채로 있다는 것을 알게 됩니다. 그때에야 진짜 문제가 생깁니다. 왜냐하면 더 이상 자신을 속일 수 없기 때문입니다. 이런저런 시도를 해볼 수는 있겠지만 점점 더 어려워질 것입니다.

에고의 마음이 우리의 삶을 움직이는 한, 우리는 진정으로 편안할 수가 없습니다. 원하던 것을 얻었을 때나 갈구하던 것을 손에 넣었을 때 잠시 동안을 제외하면, 진정한 평화와 만족을 얻을 수 없습니다. 에고는 자아를 느끼려고 하는 마음에서 유래하기 때문에 자신을 외부에 있는 것들과 동일시하려고 합니다. 그것은 끊임없이 방어하고, 무언가로 배를 채워야 합니다. 그래서 물질과 직업, 사회적 지위와 인정, 지식과 교육, 외모, 특별한 능력, 인간 관계, 개인의 경력과 가족의 내력, 믿음 체계 등을 추구하고, 정치·국가·인종·종교 등의 집단에 소속되려고 그렇게도 애쓰는 것입니다. 하지만 그 어느 것도 진정한 우리 자신은 아닙니다.

이런 사실이 놀랍지 않습니까? 이 모든 것을 우리는 버려야 합니다. 아마 아직은 믿기 어려울지도 모릅니다. 여러분이 이해할 수 없는 것을 억지로 믿으라는 것이 아닙니다. 여러분 스스로 그 진실을 알게 될 것입니다. 아무리 늦어도 죽음이 임박해올 무렵이면 그것을 깨닫게 될 것입니다. 죽음은 우리가 아닌 모든 것을 벗겨내고 말 테니까요. 삶의 비밀은 '죽기 전에 죽는' 것입니다. 그래서 죽음이란 존재하지 않는다는 것을 발견하는 것입니다.

# 제3장
## 지금 이 순간만이 존재한다

시간은 빛이 우리에게 당도하는 것을 가로막습니다.
신에게 이르는 데 있어서 시간보다 더 큰 장애물은 없습니다.

# 마음속에서 나를 찾지 말라

완전한 의식이나 영적 깨달음에 도달하기 위해서는 먼저 마음의 작용에 대해 배워야 할 것이 많을 것 같습니다.

아니, 그렇지 않습니다. 마음의 문제는 마음의 차원에서 해결될 수 없습니다. 마음이란 근본적으로 결함을 지닌 것이란 사실만 이해하면, 더 이상 알아야 할 것이 별로 없습니다. 복잡한 마음을 연구함으로써 훌륭한 심리학자가 될 수도 있겠지만, 그렇다고 해서 마음 너머로 갈 수 있는 것은 아닙니다. 광기를 연구한다고 해서 멀쩡한 정신이 되는 것은 아닌 것처럼 말이죠.

당신은 이제, 누구나 다 근본적으로는 무의식 상태에 있다는 것을 알게 되었습니다. 자기도 모르는 사이에 자기 자신을 마음과 동일시하여 거짓된 자아인 에고를 창조하고, 그러한 에고로 하여금 '존재'에 뿌리를 내린 진정한 자아의 대리 역할을 하게 하는 것입니다. 예수가 말했듯이, '포도나무에서 잘려나간 가지'가 되고만 것입니다.

에고의 욕구는 끝이 없습니다. 에고는 쉽게 상처받거나 위협을 느끼기 때문에 두려움과 결핍감 속에서 살아갑니다. 마음이란 근본적으로 잘못 작용하게 마련이라는 사실을 이해하면, 거기서 파생되는 수많은 문제로 고민할 필요가 없어집니다. 그것을 복잡한 개인적인 문제로 삼을 이유도 없습니다. 물론, 에고는 그렇게 하기를 좋아합니다.

에고는 항상 거짓된 자의식을 유지하고 강화하기 위해 뭔가를 필요로 하며, 문제가 있으면 쉽사리 거기에 들러붙습니다. 그 때문에 많은 사람이 자기들의 고민거리를 마치 자기 자신의 일부라도 되는 양 취급하곤 합니다. 일단 문제가 생기면 거기에서 벗어나려고 하지 않습니다. 벗어난다는 것은 자아의 상실을 의미한다고 생각하기 때문이죠. 그리하여 에고는 무지에 휩싸인 채 고통과 괴로움에 많은 것을 투자하는 것입니다.

마음이나 감정을 자기 자신과 동일시하는 것이 우리의 깊은 무의식에서 비롯된 일임을 알아차리게 되면, 우리는 거기에서 벗어나 비로소 '현존'하게 됩니다. 현존하고 있을 때는 마음과 뒤엉키지 않으면서 마음을 있는 그대로 인정할 수 있습니다. 마음 자체가 본질적으로 잘못된 것은 아닙니다. 마음은 훌륭한 도구입니다. 마음이 부작용을 일으키는 것은 자기 자신을 마음 안에서 찾고 그것이 자신의 진정한 모습인 줄로 착각하기 때문입니다. 그러면 그것은 에고의 마음이 되어 우리의 삶 전체를 차지해버리고 맙니다.

# 시간에 미혹되지 말라

우리는 마음속에 완전히 빠져 있습니다. 그래서 '마음이 곧 나'라는 생각에서 빠져나오기란 거의 불가능한 것 같습니다. 물고기에게 어떻게 나는 법을 가르칠 수 있겠습니까?

여기 열쇠가 있습니다. 그것은 바로 시간이라는 망상을 끝장내는 것입니다. 시간과 마음은 불가분의 관계에 있습니다. 마음에서 시간을 제거하면 마음은 멈추어버립니다. 우리가 다시 사용하기로 결정할 때까지는.

마음을 자기 자신과 동일시한다는 것은 시간의 덫에 갇히는 일입니다. 그렇게 되면 기억과 기대감을 통해서만 충동적으로 살아가게 됩니다. 과거와 미래가 자리를 꿰차고 들어앉아서 현재 순간을 존중하고 인정하지 않으며, 현재 순간이 존재할 수 있도록 허락하지도 않는 것입니다. 과거는 우리에게 우리의 정체성을 선물하고,

미래는 어떤 식으로든 구원과 성취를 약속하기 때문입니다. 하지만 그것은 모두 환상입니다.

나는 시간을 매우 소중하게 생각합니다. 시간 감각이 없다면 더 이상 추구할 목표가 없을 것입니다. 내가 누구인지도 모를 것입니다. 차라리 시간을 낭비하지 않고 현명하게 사용하는 법을 배워야 하는 것 아닌가요?

시간은 전혀 귀중한 것이 아닙니다. 시간이란 환상에 불과하기 때문입니다. 당신이 귀중하게 여겨야 할 것은 시간에서 벗어난 한 지점인 '지금'입니다. 그것이 가장 소중합니다. 당신이 과거와 미래에 초점을 맞출수록 당신은 가장 소중한 '지금 여기'를 잃어버리게 됩니다.

그렇다면 왜 '지금'이 가장 중요할까요? 무엇보다 '지금'만이 유일하게 존재하기 때문입니다. '지금'만이 존재하는 모든 것이기 때문입니다. '영원한 현재'야말로 우리의 전체 삶이 펼쳐지는 무대이며, 언제나 우리와 함께 남아 있습니다. 삶은 '지금'입니다. '지금'이 아닌 삶이라는 건 결코 존재한 적이 없으며, 앞으로도 결코 존재할 수 없을 것입니다.

'지금'만이 가장 소중한 두 번째 이유는, '지금'만이 마음이 제한하는 범위 너머로 우리를 데리고 갈 수 있기 때문입니다. '지금'만이 시간도 없고 형태도 없는 '존재'의 영역에 접근할 수 있는 유일한 지점인 것입니다.

# 지금 이외에는 아무것도 존재하지 않는다

과거와 미래는 너무나 실재적이어서 때로는 현재보다 더 진짜처럼 느껴지기도 합니다. 무엇보다도 과거에 의해 내가 누구인지 알 수 있는 것 아닌가요? 우리는 과거에 비추어서 현실을 이해하고, 미래의 목표에 맞추어서 지금의 행동을 결정하는 것 아닌가요?

당신은 생각으로 이해하려고 하기 때문에 내 말의 핵심을 아직 파악하지 못한 것 같군요. 마음은 내 말을 이해할 수 없습니다. 당신만이 할 수 있습니다. 그저 귀 기울여 들으십시오.
당신은 '지금'이 아닌 곳에서 일어나는 어떤 것을 경험하거나 생각하거나 느껴본 적이 있나요? 그런 일이 과연 있을 수 있을까요? '지금'이 아닌 곳에서 무슨 일이 일어날 수 있을까요? 대답은 너무도 분명합니다. 그렇지 않습니까!
어떠한 일도 과거 속에서 일어날 수는 없습니다. 과거의 일도 '지금' 속에서 일어난 것입니다.

　어떠한 일도 미래 속에서 일어날 수는 없습니다. 미래의 일도 '지금' 속에서 일어날 것입니다.

　당신이 과거라고 생각하는 것은 마음속에 저장된 지나간 '지금'에 대한 기억의 흔적입니다. 과거를 기억할 때 당신은 기억의 흔적을 재가동해 '지금'의 것으로 작동시키는 것입니다. 미래는 마음의 투사물로, 상상 속의 '지금'입니다. 미래는 언제나 '지금'으로 올 수밖에 없습니다. 당신이 미래에 대해 생각할 때도, 당신은 그것을 지금 생각하고 있는 것입니다. 과거와 미래는 그 자체로는 분명 실재하지 않습니다. 달이 제 스스로 빛을 내지 못하고 태양 빛을 반사하는 것처럼, 과거와 미래는 영원한 현재가 지닌 빛과 힘을, 그 실재를 희미하게 반사하는 것일 뿐입니다. 과거와 미래의 실재는 '지금'에게서 빌린 것입니다.

　내가 여기서 말하는 내용의 핵심은, 마음으로는 이해될 수 없습니다. 당신이 그것을 깨닫는 순간, 마음으로부터 '존재'로, 시간으로부터 현재로 의식의 전환이 일어날 것입니다. 갑자기 만물이 살아 있음을 느끼게 되고, 존재하는 모든 것에서 에너지가 내뿜어지고 있다는 것을 실감하게 될 것입니다.

# 영적인 차원으로 가는 열쇠는 현재에 있다

생명이 위태로운 긴급 상황을 당하면, 상대적인 시간 개념을 떠나는 의식의 대전환이 자연스럽게 일어나기도 합니다. 과거와 미래를 가진 인격이 극적으로 후퇴하고, 아주 평온하면서 동시에 매우 기민하고 강렬한 현존 의식이 대신 들어서는 것입니다. 그러한 의식 상태에서는 그때그때 필요한 반응이 나오게 됩니다.

위험한 줄 뻔히 알면서도 등산이나 자동차 경주에 뛰어드는 이유는 무엇일까요? 자신들은 모를 수도 있지만, 그런 활동이 그들을 '지금' 속으로 밀어넣기 때문입니다. 그 순간에는 시간으로부터, 인생사의 갖가지 문제로부터, 생각으로부터, 개성의 짐으로부터 벗어나 그 어느 때보다 강렬하게 살아 있게 됩니다. 현재의 순간에서 1초만 비껴나도 죽음으로 이어질 수 있는 것입니다.

하지만 불행하게도 그들은 그런 상태에 있기 위해 특별한 활동에 의존하고 있습니다. 아이거 북벽(스위스 남부와 서알프스를 잇는

베르너 알펜 연봉의 하나)을 기어올라야만 현존을 맛볼 수 있는 것은 아닙니다. '지금' 바로 그 상태로 들어갈 수도 있어야 합니다.

∫

고대의 영적 스승들은 '지금 이 순간'의 충만함이야말로 영적 차원으로 들어가는 열쇠라고 보았습니다. 하지만 그런 가르침이 일반에게 공개되고 있는 것 같지 않습니다. 교회나 사원에서도 그런 것들을 가르치는 것 같지는 않습니다. 하지만 교회에 가면 흔히 들을 수 있는 구절이 있습니다.

"내일 일을 걱정하지 말라. 내일의 걱정은 내일에 맡기라."

"쟁기를 잡고 자꾸만 뒤를 돌아보는 사람은 하느님 나라에 들어갈 자격이 없다."

"들에 피는 백합화가 어떻게 자라는가를 생각해 보라. 수고도 아니하고 길쌈도 아니하느니라. 그러나 솔로몬의 모든 영광도 이 꽃 하나만 같지 못하였느니라. 오늘 있다가 내일 아궁이에 던져지는 들풀도 하느님이 이렇게 입히시거늘 하물며 너희는 어떠하겠느냐."

하지만 이런 가르침이 지닌 깊이와 근본 원리가 제대로 알려지는 것 같지는 않습니다. 그런 가르침을 실천하면 심원한 내면의 변화를 가져올 수 있다는 사실에 대해서는 누구도 깨닫지 못한 것 같습니다.

선(禪)의 핵심은 칼날 위를 걷듯 예리하게 깨어 있는 것으로 '지금 여기'에 현존하는 것입니다. 순수하고 완벽하게 깨어 있음으로써 어떠한 문제도, 어떠한 고통이나 번민도, 진정한 당신이 아닌 것은 그 무엇도 당신 안에 살아남지 못하도록 하는 것입니다. '지금' 속에서, 시간이 없는 차원에서 당신이 지닌 모든 문제는 용해되어 버립니다. 고통이나 번민은 시간을 필요로 합니다. 고통은 '지금' 속에 살아남지 못합니다.

한 선사가 손가락 하나를 치켜세우며 천천히 물었습니다.

"지금 이 순간, 무엇이 부족하단 말인가?"

이런 물음에 제자들이 마음의 차원에서 무언가 대답을 한다면 스승의 가르침과 크게 어긋나게 됩니다. 스승의 행동은 시간 없음의 차원으로 이끌기 위한, '지금 여기'에 깊이 집중하도록 하기 위한 것이기 때문입니다. "지금이 아니라면, 언제란 말인가?"라는 말도 비슷한 맥락에서 나온 것입니다.

이슬람 신비주의 전통인 수피즘도 '지금 여기'에 현존할 것을 가르침의 핵심으로 삼고 있습니다. '수피교도는 현재의 아들'이라는 격언이 전해질 정도입니다. 수피즘의 위대한 시인이자 스승인 루미는 선언했습니다.

"과거와 미래는 우리로 하여금 신을 보지 못하도록 장막을 친다. 과거와 미래일랑 모두 불살라버려라."

13세기의 영적 스승인 에크하르트는 그 모든 것을 다음과 같이 아름답게 갈무리했습니다.

"시간은 빛이 우리에게 당도하는 것을 가로막는다. 신에게 이르는 데 있어서 시간보다 더 큰 장애물은 없다."

# 지금 이 순간의 힘

방금 전 현재만이 영원하며 과거와 미래는 실재하지 않는다는 당신의 이야기를 들으면서, 나는 창밖의 나무를 바라보고 있었습니다. 여러 차례 본 적이 있는 나무였지만 이번에는 뭔가 달랐습니다. 뚜렷이 말로 표현하긴 어렵지만 색채가 더 밝고 선명해진 것 같았습니다. 어떻게 설명해야 할지 모르겠지만 나무의 본질이랄까, 내면의 영혼이랄까 하는 것이 느껴졌습니다. 다시 말하자면, 내가 나무의 일부가 되었던 것 같습니다. 예전에는 단조롭고 생기 없는 나무의 모습 자체만 보았을 뿐, 정말로 나무를 본 적은 없었던 것 같습니다. 그리고 지금 다시 나무를 보고 있지만 아까의 그런 기분을 온전히 되살릴 수는 없는 것 같습니다. 그 경험은 이미 과거 속으로 사라져버린 것입니다. 이런 경험 또한 덧없이 스쳐 지나갈 뿐인가요?

당신은 잠시 시간에서 해방된 것입니다. '지금' 속으로 들어가서,

마음의 스크린을 거치지 않은 채 나무를 인식한 것입니다. 생생한 깨어 있는 상태에서 나무를 받아들인 것입니다. 시간이 없는 차원으로 들어가면, 이제까지와는 사뭇 다른 종류의 깨우침이 일어납니다. 그런 깨우침 속에서는 살아 숨쉬는 만물의 영혼을 느낄 수 있습니다. 생명의 신비 속으로 들어가, 삼라만상에 대한 깊은 사랑과 존경심을 품게 되는 것입니다. 이런 것은 마음의 헤아림으로는 알 길이 없습니다.

마음으로는 그 나무를 알 수 없습니다. 나무에 관한 사실이나 정보를 알 수 있을 뿐이죠. 내 마음은 당신을 알지 못합니다. 단지 겉으로 드러나는 당신을 알 뿐입니다. 깨어 있는 존재만이 직접 아는 것입니다.

마음과 마음속의 앎을 위한 장소는 따로 있습니다. 나날의 삶을 영위하는 실용적인 영역이 그것입니다. 마음이 만약 삶의 전 영역을, 다른 사람들과의 관계나 자연과의 관계까지를 다 지배한다면, 마음은 괴물이나 기생충 같은 존재가 되어버립니다. 그것을 그냥 내버려두면 지구상의 모든 생명을 죽이고, 마침내 자신의 숙주까지 죽이게 될 것입니다.

당신은 '시간 없음'의 상태가 어떻게 당신의 인식을 변화시킬 수 있는지를 잠시나마 경험한 것입니다. 아무리 아름답거나 심오한 것이라도 한 번의 경험으로는 충분치 않습니다. 의식의 대전환이 이루어져야 합니다.

'지금' 속에 머물러 사는 것을 부정하고 저항하는 오랜 습관을 깨뜨려야 합니다. 과거와 미래 속으로 잠겨 들어갈 때마다 그 마음을 거두어들이는 연습을 하십시오. 가능하면 자주 시간의 차원에서 빠져 나오십시오. '지금' 속으로 직접 들어가는 것이 어렵다면, '지금'으로부터 도피하려는 마음의 습성을 관찰하는 것부터 시작하십시오.

당신이 그리는 미래의 모습은 늘 현재와 비교 대상이 되게 마련입니다. 지금보다 더 좋은 미래이거나 나쁜 미래인 것입니다. 더 좋은 미래를 상상할 때는 희망이나 즐거운 기대감에 가슴이 벅차고, 더 나쁜 미래를 상상할 때는 근심과 걱정에 잠기게 됩니다. 하지만 두 경우 모두 신기루 같은 것일 뿐입니다. 자기 관찰을 함으로써 우리는 저절로 삶 속에 현존하게 됩니다. 현존하고 있지 않다고 깨닫는 순간, 현재에 있게 됩니다. 마음을 관찰하고 있을 때는 더 이상 그 함정에 빠지지 않게 됩니다. 마음에 속하는 것이 아닌 무엇인가 다른 요인이 들어와서 자기를 지켜보게 됩니다.

생각과 감정을 지켜보십시오. 여러 상황에 대처하는 당신 자신의 반응을 지켜보십시오. 마음의 감시자가 되십시오. 당신이 반응을 보이는 사람이나 상황에 관심을 갖는 것과 마찬가지로, 당신 자신의 반응에도 관심을 가져야 합니다. 얼마나 자주 과거나 미래에 사로잡히는지 잘 살펴보십시오. 관찰하는 것을 판단하거나 분석하지 마십시오. 생각을 지켜보고, 감정을 느끼고, 반응을 관찰하십시오. 그런 것들을 개인적인 문제로 삼지 마십시오. 그러면 당신이 관찰하고 있는 대상에게서 느꼈던 것보다 강력한 무언가를 느끼게 될 것입니다. 마음의 뒤안에서 고요하게 머물며 지켜보는 자가 되십시오.

∫

자신의 이미지가 구겨질 위기에 처할 때나 일이 꼬여서 잘못 돌아갈 때, 지난 일에 대한 회한에 사로잡힐 때와 같이 격한 감정을 유발하는 상황에 빠질 때일수록 강렬한 현존이 필요합니다. 그런 상황에 빠지게 되면 당신은 쉽게 무지 상태가 되고 말 것입니다. 반응이나 감정이 당신을 점령하면 당신은 그것들 자체가 되어버리고, 그것들을 행동으로 표출하게 될 것입니다. 스스로 정당화하고, 일을 그르치고, 공격하고, 방어하는 그것은 당신 자신이 아닙니다. 당신의 반응일 뿐입니다. 마음의 습관적인 생존 방식일 뿐입니다.

마음을 자신과 동일시하면 마음은 더욱 강해집니다. 하지만 마음을 관찰하는 자가 되면 마음은 힘이 약화됩니다. 마음과 동화되면 더 많은 시간을 만들어내지만, 마음을 관찰하면 '시간 없음'의 차원이 열리게 됩니다. 마음에서부터 물러난 에너지는 현존으로 변화됩니다. 현존하는 것이 무엇인지를 느낄 수 있게 되면, 시간의 차원에서 벗어나서 '지금' 속으로 들어가기가 훨씬 수월합니다. 그렇다고 해서 현실에 집중할 때 과거와 미래의 시간을 사용하는 능력이 손상되는 것은 아닙니다. 마음을 사용하는 능력 또한 손상되지 않고 오히려 향상됩니다. 마음을 사용할 때, 더 날카롭게 집중할 수 있게 되는 것이죠.

# 심리적인 시간에서 놓여나라

　시계가 가리키는 시간을 사용하되, 현실 문제를 해결하는 즉시 다시 지금의 순간으로 돌아오십시오. 그렇게 하면 자신을 과거와 동일시하거나 끊임없이 미래로 투사하는 '심리적인 시간'이 축적되지 않을 것입니다. 시계가 가리키는 시간은 약속이나 여행 계획을 세우는 데만 쓰이는 것이 아닙니다. 그 시간에는 우리로 하여금 같은 실수를 반복해서 저지르지 않게 하는, 과거로부터의 배움이 포함되어 있습니다. 우리는 목표를 정하고 그 목표를 향해 나아갑니다. 과거로부터 배운 물리적·수학적 법칙과 유형으로 미래를 예견하고, 그 예견을 근거로 하여 적절한 행동을 취하게 됩니다.
　그러나 이 부분에서도, 우리가 과거와 미래를 참조하지 않을 수 없는 실생활의 영역 안에서도 현재의 순간은 여전히 핵심적인 위치에 있습니다. 과거로부터의 모든 학습은 '지금'에 관련되고 적용됩니다. 특별한 목표를 정하고 그것을 향해 매진하는 것도 모두 '지금' 이루어지는 것입니다. 깨달음을 얻은 사람은 항상 '지금'에 주목하면서 시간을 주변 장치로 인식합니다. 다시 말하자면, 그들은 시계가 가리키는 시간을 계속 사용하면서도 심리적인 시간에서 자유롭습니다. 시계가 가리키는 시간을 자신도 모르게 심리적인 시간으로 변화시키지 않기 위해서는 예민하게 깨어 있어야 합니다.

예를 들어, 과거에 어떤 잘못을 저지르고 지금 거기에서 뭔가를 배우고 있다면, 당신은 시계가 가리키는 시간을 사용하고 있는 것입니다. 하지만 과거의 잘못을 떠나지 못한 채 자기를 비판하고 저주하면서 죄책감을 느낀다면 당신은 그 실수를 '자기 자신'의 것으로 만들고 있는 것입니다. 그래서 그 잘못을 자기 자신의 일부라고 생각한다면, 그것은 심리적인 시간이 되어서 당신의 거짓된 정체성과 연결될 것입니다. 자신을 용서하지 않음으로써 어쩔 수 없이 심리적 시간의 무거운 짐을 지게 되는 것입니다.

당신이 만약 목표를 세우고 그것을 향해 나아간다면, 당신은 시계가 가리키는 시간을 사용하고 있는 것입니다. 당신은 자신이 가고자 하는 곳을 알고 있지만, 바로 이 순간 내딛는 발걸음을 존중하고 거기에 최대한 집중합니다. 하지만 그때, 목표에 지나치게 초점을 맞추어 미래의 행복이라든가 성취감, 자기 만족을 너무 의식하면, '지금'은 더 이상 중요하지 않게 됩니다. 그 자체로서는 아무 가치가 없는, 단지 미래로 가는 징검다리로 축소되고 맙니다. 그러면 시계가 가리키는 시간은 심리적인 시간으로 변하고 말 것입니다. 삶의 여정이 더 이상 모험이 아니라, 달성하고 해내야 하는 강박적인 욕구에 지나지 않게 되는 것입니다. 그렇게 되면 당신은 더 이상 길가에 피어 있는 꽃을 볼 수도 없고, 그 향기를 맡을 수도 없습니다. '지금 여기'에 존재함으로써 맛보게 될 삶의 기적과 아름다움을 놓치게 되는 것입니다.

∫

현재가 무엇보다 중요하다는 것은 알겠지만, 시간이 완전히 환상이라는 말은 언뜻 수긍이 가지 않습니다.

'시간은 환상'이라고 말할 때, 나는 철학적인 진술을 하는 것이 아닙니다. 나는 단지 여러분에게 하나의 단순한 사실을, 너무나 명백해서 오히려 이해하기 어렵고 무의미하게 느껴질 수도 있는 사실을 상기시켜주고자 하는 것입니다. 하지만 일단 그 사실을 충분히 깨우치면, 마음이 겹겹이 쌓아올린 복잡한 문제들을 단번에 잘라버릴 수 있습니다. 다시 말하지만, 당신이 가진 모든 것은 현재의 순간일 뿐입니다. 당신은 오직 '지금 이 순간'을 살 뿐입니다. 그렇지 않은가요?

# 심리적인 시간의 광기

심리적인 시간이 집단적으로 어떻게 표출되어 왔는가를 살펴본다면, 당신은 그것이 정신적인 질병이라는 것을 의심하지 않을 것입니다. 한 예로 공산주의, 국가사회주의, 국수주의, 경직된 종교적 믿음 체계를 살펴보죠. 그런 주의, 주장은 '최고의 선은 미래에 있다'라고 말하고, '목적을 위해서는 어떠한 수단을 쓰더라도 괜찮다'라고 입을 모읍니다. 그 목적이란 무엇이겠습니까? 마음이 투사한 미래의 언젠가는 행복, 만족, 평등, 자유 따위의 형태로 구원이 이루어질 것이라는 점입니다. 거기에 도달하기 위한 수단으로 노예제도나 고문, 학살이 자행되는 것은 드문 일이 아닙니다.

'더 나은 세상'을 만들기 위해 공산화를 추진하는 과정에서 5,000만 명이 넘는 사람이 러시아와 중국을 비롯한 여러 나라에서 피살된 것으로 추정됩니다. 미래의 천국에 대한 믿음이 현재의 지옥을 만들어내는 무시무시한 실례입니다. 심리적인 시간이 심각하고 위험천만한 정신병으로 나타났다는 것은 의심할 나위가 없습니다.

이러한 마음의 유형이 당신의 삶 속에서는 어떻게 작용하고 있을까요? 당신은 항상 지금 있는 곳이 아닌 다른 어딘가로 가려고 하지 않습니까? 당신이 하는 일의 대부분이 어떤 목적을 이루기 위한 수단에 불과한 것으로 생각하고 있지는 않습니까? 언제나 만족을 추구하면서 섹스, 음식, 술, 마약, 혹은 흥분이나 스릴과 같은 잠시 잠깐의 즐거움에 얽매여 있지는 않나요? 항상 무언가가 되려 하고, 무언가를 성취하려 하고, 어딘가에 도달하기 위해 집중하고 있지는 않습니까? 새로운 스릴이나 즐거움을 좇고 있지는 않습니까? 더 많은 것을 얻으면 좀더 만족스럽고 행복해질 수 있다거나, 심리적으로 완전해질 것이라고 믿고 있지는 않습니까? 당신의 삶에 의미를 가져다줄 남자나 여자를 기다리고 있는 것은 아닙니까?

마음을 자신과 동일시하거나 깨우치지 못한 의식 상태에서는 '지금' 속에 숨어 있는 힘과 무한한 창조 가능성이 심리적 시간에 의해 완전히 가려지게 됩니다. 그렇게 되면 당신의 삶은 활기와 신선함과 경이로움을 잃어버리게 됩니다. 사고, 감정, 행위, 반응, 욕망 등의 낡은 습관이 끝없이 반복되면서 당신의 마음속에 있는 각본이 '지금'의 실재를 왜곡하고 덮어버립니다. 그러면 마음은 불만족스러운 현재로부터 탈출하기 위해 미래에 집착하게 됩니다.

# 부정적 감정과 고통은 시간에 뿌리 내린다

하지만 미래가 현재보다 더 나아질 것이라는 믿음이 항상 환상인 것만은 아닙니다. 현재가 가혹하더라도 미래는 더 나아질 수 있으며, 그렇게 되는 경우가 적지 않습니다.

미래는 대개 과거를 되풀이하게 마련입니다. 피상적인 변화는 가능하지만 진정한 변화는 드뭅니다. 진정한 변화는 '지금'의 힘에 접근하여 과거를 용해시킬 수 있을 만큼 충분히 현존할 수 있어야만 가능합니다. 당신이 미래로 이해하는 것은 당신의 현재 의식 상태 속에 내재되어 있습니다.

만일 당신의 마음이 과거의 무거운 짐을 지고 있다면 같은 경험을 되풀이하게 될 것입니다. 과거는 당신이 현존하지 않음으로써 지속됩니다. 지금 이 순간 당신 의식의 질이 미래의 모양을 결정합니다. 미래 또한 '지금'으로서만 경험될 수 있는 것입니다. 갑자기

떼돈을 버는 일이 생길 수도 있지만, 그런 식의 변화는 피상적일 뿐입니다. 환경이 좀더 나아졌을 뿐 행동은 같은 식으로 계속될 것입니다.

인간들은 원자를 쪼개는 방법을 배웠습니다. 또 몽둥이 대신 단추 하나만 눌러도 수백만 명을 죽일 수 있는 세상이 되었습니다. 그러나 이것이 진정한 변화인가요? 지금 이 순간 당신의 의식 수준이 미래를 결정한다면, 그러한 의식 수준을 결정하는 것은 뭘까요? 그것은 바로 당신이 진정으로 현존하는가에 달려 있습니다. 진정한 변화가 일어날 수 있고, 과거를 용해시킬 수 있는 유일한 상황은 '지금'입니다.

모든 부정적 감정은 심리적인 시간이 축적되고 현재를 부정함으로써 비롯됩니다. 불안, 초조, 긴장, 스트레스, 걱정 따위의 모든 두려움은 미래에 매달리고 현재에 머물지 못하기 때문에 일어납니다. 죄책감, 후회, 원망, 한탄, 슬픔, 비탄 따위도 모두 과거에 집착하고 현재에 있지 못하기 때문에 생겨나는 것들입니다.

대부분 사람은 우리의 의식 상태가 모든 부정성에서 완전히 벗어날 수 있다고는 생각하지 않습니다. 그러나 모든 영적 스승은 그러한 자유로운 상태가 가능하다고 가르칩니다. 그들은 가공의 미래가 아닌 바로 '지금 여기'에서의 구원을 약속합니다.

여러분은 우리가 겪는 고통과 고민거리의 원인이 '시간'이라는 것을 인정하기 힘들지도 모릅니다. 우리는 각자가 처해 있는 특별한 상황 때문에 고통을 당한다고 믿고 있습니다. 전통적인 관점에서 보면 그것은 사실입니다.

그러나 기본적으로 과거와 미래에 집착하고 현재를 부정하며 문제를 만들어내는 마음의 부작용을 해결하기 전에는 문제가 사라지지 않습니다. 어떤 문제나 고통, 불행을 인식하는 원인들을 모두 기적적으로 제거한다고 합시다. 하지만 수행이 부족하다면 얼마 지나지 않아 어디를 가나 그림자가 따라다니는 것처럼, 여전히 같은 문제와 고민거리를 안고 있는 자신을 발견하게 될 것입니다. 결국 문제는 단 한 가지, 시간에 묶여 있는 마음 자체에 있는 것입니다.

내가 완전히 문제에서 벗어나는 지점에 도달할 수 있을까요? 나로서는 믿을 수가 없군요.

그렇습니다. 당신은 그 지점에 도달할 수 없습니다. 왜냐하면 당신은 '지금' 바로 그 지점에 있기 때문입니다. 시간 속에 구원은 없습니다. 당신은 미래에 자유로워질 수 없습니다. 현존이 자유를 향해 다가갈 수 있는 열쇠입니다. 그러니 당신은 오로지 지금 자유로울 수 있을 뿐입니다.

## 삶 자체에 주목하라

나는 지금 어떻게 해야 자유로워질 수 있을지 모르겠습니다. 나는 지금 지독하게 불행합니다. 사실이 그렇습니다. 이렇게 불행한데도 행복하다고 나 자신을 설득하려 한다면, 나를 속이는 것이 될 겁니다. 나는 현재의 순간, 매우 불행하고, 자유롭지 못합니다. 나를 지탱해 주는 것이 있다면, 미래에는 어느 정도 나아지리라는 희망이나 가능성입니다.

당신은 자신이 현재에 관심을 두고 있다고 생각하지만, 사실은 완전히 시간에 사로잡혀 있군요. 불행을 느끼는 동시에 '지금 이 순간'에 완전히 존재할 수는 없는 일입니다.

당신이 '삶'이라고 말하는 것은, 좀더 정확하게 말하자면 '삶의 상황'입니다. 삶의 상황이란 과거와 미래라는 심리적인 시간입니다. 과거에 있었던 어떤 일도 당신이 원하는 방식으로 이루어지지는 않았을 것입니다. 당신은 과거에 일어난 일에 저항하면서, 지금 존재하는 상황에도 저항하고 있습니다.

희망은 당신을 지탱해줍니다. 하지만 희망은 또한 당신으로 하여금 미래에 집중하게 합니다. 그러니 당신은 계속해서 '지금'을 부정할 것이고, 그 결과 계속해서 불행해질 수밖에 없습니다.

내 현재 삶의 상황이 과거에 일어난 일의 결과라는 것은 사실이지만, 그것은 지금 나의 현재 상황이기도 합니다. 그 속에 있음으로써 나는 불행할 수밖에 없습니다.

잠시 삶의 상황에 대해서는 잊어버리고, 삶 자체에 주목해 보십시오.

어떠한 차이가 있습니까?

당신 삶의 상황은 시간 속에 존재합니다. 하지만 당신의 삶은 '지금'입니다. 당신 삶의 상황은 마음이 만든 것입니다. 하지만 당신의 삶은 실재입니다. '삶으로 들어가는 좁은 문'을 찾아야 합니다. 그것은 '지금'입니다. 당신의 삶을 이 순간으로 좁히십시오. 당신 삶의 상황은 대부분 사람이 그렇듯, 고민거리로 가득 차 있을지도 모릅니다. 하지만 지금 이 순간 자신이 어떤 문제를 갖고 있는지 살펴보십시오. 내일이나 10분 후가 아닌 바로 지금 말입니다. 지금 당신은 어떤 문제를 갖고 있습니까? 만일 당신이 완전히 고민에 휩싸여 있다면, 새로운 뭔가가 들어올 여지는 없습니다. 해결을 위한 여지가 없는 것입니다. 그러므로 언제라도 가능할 때 당신 삶의 상황 밑바닥을 흐르는 삶을 찾을 수 있는 여지를, 어떤 공간을 만드십시오.

모든 감각을 깨어 있게 하십시오. 지금 있는 그 자리에 계십시오. 주위를 둘러보십시오. 둘러보기만 하고 해석하지 마십시오. 빛, 형태, 색채, 구조를 보십시오. 저마다 제 자리에 고요히 있도록 하십시오. 저마다가 차지하고 있는 공간을 인지하십시오. 소리에 귀를 기울이십시오. 만지고, 느끼고, 그 존재를 인정하십시오. 호흡의 리듬을 관찰하면서 들이쉬고 내쉬는 공기의 흐름을 느끼십시오. 몸 안의 생명 에너지를 느끼십시오. 모든 것을 안팎에 있는 그대로 두십시오. 모든 것이 그대로 있도록 하십시오. '지금' 속으로 깊이 침잠하십시오.

당신은 추상적이고 죽은 세계, 시간의 세계를 뒤로 한 채 떠나고 있습니다. 당신의 생명 에너지를 고갈시키고, 지구를 천천히 오염시키고 파괴하는 미친 마음에서 벗어나고 있습니다. 시간의 꿈에서 깨어나 현재 속으로 들어가고 있습니다.

# 모든 문제는 마음이 만드는 환상이다

마치 무거운 짐을 내려놓은 것 같습니다. 가벼운 기분을 분명히 느낄 수 있어요. 하지만 내 문제는 여전히 그 자리에서 나를 기다리고 있습니다. 그 문제는 해결되지 않았습니다. 나는 단순히 일시적으로 거기에서 피해 있는 것 아닌가요?

당신이 천국에 간다고 해도, 당신의 마음은 오래지 않아 '좋긴 하지만……' 하고 말할 것입니다. 궁극적으로 이것은 문제를 해결하는 차원이 아닙니다. 당신은 문제가 없다는 것을 깨달아야 합니다. 오직 지금의 상황이 있을 뿐입니다. 문제가 있다면 그냥 내버려두고 그 상황이 변하거나 해결될 때까지 현재 순간, '있음'의 일부로 받아들이면 그뿐입니다. 문제는 마음이 만드는 것입니다. 문제는 살아남기 위해서 시간을 필요로 합니다. '지금' 깨어 있는 상태라면 문제가 존재할 수 없습니다.

'지금'에 모든 주의를 기울이고, 지금 이 순간 당신에게 어떤 문제가 있는지 나에게 말해주십시오.

∫

나는 아무 대답도 듣지 못할 것입니다. 왜냐하면 당신이 '지금'에 집중하고 있을 때는 어떤 문제점을 가진다는 것이 불가능하기 때문입니다. 상황은 늘 두 가지뿐입니다. '네'하고 받아들이거나 어떻게든 요리할 필요가 있는 상황이 그것입니다. 무엇 때문에 그것을 문제 삼습니까? 왜 무언가를 꼭 문제로 만듭니까? 삶은 그렇지 않아도 충분히 힘이 듭니다. 그런데 무엇을 위해 문제를 필요로 합니까? 마음은 무의식적으로 문제 만들기를 좋아합니다. 그래야 자신이 뭔가가 된 듯한 느낌을 가질 수 있기 때문입니다. 이것은 정상적이지만, 동시에 미친 짓이기도 합니다.

문제란 무엇입니까? 지금 당장 행동을 취할 진짜 의도나 가능성도 없으면서, 하나의 상황에 빠져서 자신도 모르게 그것을 자기 자신의 일부로 만들어버리는 것입니다. 그렇게 되면 당신은 그 상황에 짓눌린 나머지 삶의 감각을, 현존의 감각을 잃어버리게 됩니다. 지금 할 수 있는 한 가지 일에 집중하는 대신, 미래에 해야 하거나

하게 될 수많은 일로 마음속에 천근만근 짐을 지고 다니게 되는 것입니다.

　문제를 만드는 것은 고통을 만드는 것입니다. 무슨 일이 일어나든 스스로 더 이상 고통을 만들지 않겠다고 작정하십시오. 그저 그렇게 선택하기만 하면 됩니다. 지극히 단순한 선택이지만, 그것은 다분히 혁명적인 일이기도 합니다. 지긋지긋한 고통을 겪지 않는 한 당신은 그러한 선택을 하려 들지 않을 것입니다. 또한 '지금'의 힘을 알지 못한다면 당신은 그러한 선택을 할 수 없을 것입니다. 당신이 더 이상 당신 자신에게 고통을 주지 않는다면 다른 사람에게도 고통을 주지 않게 됩니다. 당신은 더 이상 아름다운 지구를, 당신의 내면 공간을, 집단적인 인류의 정신을 부정적인 문제로 오염시키지 않을 것입니다.

　목숨이 위태로운 긴급 상황을 경험한 적이 있습니까? 그런 경험을 해보았다면 그것이 하나의 문젯거리가 아니었음을 알 것입니다. 그런 상황에서는 마음이 그것을 문제 삼을 만큼 한가한 시간이 없습니다. 정말 긴급한 사태를 당하면 마음이 정지합니다. '지금' 속에 완전히 현존하게 됩니다. 더 강력한 무언가가 마음을 대신하게 되는 것입니다. 평범한 사람들이, 믿기지 않을 정도로 용감한 행동을 하는 사례들이 있는 것도 그 때문입니다. 긴급 상황에서는 살아남느냐 그렇지 못하느냐가 있을 뿐입니다. 더 이상 문젯거리가 아닙니다.

문제가 있다고 생각하는 것은 환상일 뿐이라고 말하면 어떤 사람들은 화를 냅니다. 그들의 정체성을 내가 위협하기 때문입니다. 그들은 거짓된 자의식에 많은 시간을 투자해왔습니다. 오랜 세월 동안, 자신이 안고 있는 문제점이나 고통을 곧 자기 자신이라고 생각해 온 것입니다. 그런데 그것이 없다고 하니 어떻겠습니까?

사람들의 말과 생각, 행동의 많은 부분은 두려움에 뿌리를 두고 있습니다. 두려움이란, 미래에 초점을 맞추고 살기 때문에 생겨나는 것이고, '지금 여기'에서 벗어나기 때문에 생겨나는 것입니다. '지금' 속에는 아무 문제가 없으므로 두려움 또한 없습니다.

현재 순간에 깨어 있다면 당신은 일어나고 있는 일들에 분명하고 예리하게, 효과적으로 대처할 수 있습니다. 마음이 만들어내는 과거의 조건에 따라 반응하는 것이 아니라, 상황에 따라 직관적으로 대응하는 것입니다. 또한 시간에 묶인 마음이 반응을 보이고 싶은 충동을 일으킬 때라도, 아무 행동도 하지 않고 그냥 '지금'의 한가운데에 머물러 있는 것이 더 효과적이라는 것을 알아차릴 수 있습니다.

# 무지 혹은 망상에서 벗어나기

당신이 묘사하는 '마음과 시간으로부터 자유로운 상태'를 어렴풋이나마 이해할 수 있을 것 같습니다. 하지만 과거와 미래는 너무 압도적으로 강해서 거기서 오래도록 벗어난다는 것은 불가능할 것 같네요.

인간 정신 속에는 의식을 시간에 속박해 왔던 습성이 뿌리 깊이 자리잡고 있습니다. 하지만 집단 의식에는 심오한 변화가 일어나고 있고, 우리 또한 그러한 변화를 경험하고자 여기 있는 것입니다. 인류는 물질, 형태, 분리감이라는 꿈에서부터 깨어나 있습니다. 시간의 막다른 끝에 이르러 있는 것입니다. 우리는 오랜 세월 동안 인간의 삶을 지배해 왔던 마음의 방식을 깨뜨리고 있습니다. 마음은 상상할 수 없을 만큼 엄청난 고통을 창조해 왔습니다. 그것은 '악'이라기보다 '무지'나 '망상'이라고 부르는 편이 더 나을 것입니다.

의식의 낡은 습관이나 무지한 상태에서 벗어나려 우리가 노력해야 하나요, 아니면 필연적으로 그러한 변화가 일어나게 되나요?

보는 관점에 따라 다릅니다. 행위와 일어나는 일은 사실 하나의 단일한 과정 속에 있습니다. 당신은 의식 전체와 하나이기 때문에 당신 입장에서는 그 둘을 분리시킬 수 없습니다. 그리고 어떠한 사람도 그런 일을 해내리라는 보장은 없습니다. 그 과정은 필연적인 것도 아니고, 자동적이지도 않습니다. 다만 당신의 협조가 필수적인 부분입니다. 당신이 그 과정을 어떤 식으로 바라보든, 그것은 의식의 진화에 있어서 양자적인 도약이며, 우리 인류가 한 종족으로서 살아남을 수 있는 유일한 기회입니다.

# 당신은 이미 완전한 존재이다

　심리적 시간에 의해 점령당하지 않기 위해서는 간단한 기준을 사용할 수 있습니다. 당신 자신에게 물어보십시오. 당신이 하고 있는 행동에서 기쁨, 편안함, 가벼움을 느낍니까? 만일 그렇지 않다면 시간이 현재의 순간을 덮고 있어서 삶이 부담스럽고 투쟁적으로 인식되는 것입니다.
　당신이 지금 하는 일에서 기쁨과 편안함과 가벼움을 느낄 수 없다고 해서, 반드시 그 일을 바꾸어야 한다는 의미는 아닙니다. 그 일을 하는 방법을 바꾸는 것으로 충분할 수도 있습니다. '어떻게 하는가'는 항상 '무엇을 하는가'보다 중요합니다. 당신은 그 일을 통해서 달성하고자 하는 결과보다 그 일을 하는 자체에 더 관심을 갖고 있습니까? 지금 이 순간에 주목하십시오. 이는 당신이 현재 상태에 완전히 순응한다는 것을 의미합니다. 왜냐하면 무언가에 완전히 집중하고 있다는 것은, 그것을 거부하고 있지 않다는 증거이기 때문입니다. 당신이 현재의 순간을 존중하면, 모든 불행과 고난이 해결되고, 삶은 기쁨과 편안함으로 충만하기 시작합니다. 현재 순간에 충실하면서 깨어 있으면, 무슨 일을 하든 가장 단순한 움직임 하나에도 고결함과 봉사와 사랑의 의식이 스며들게 됩니다.

∫

행동의 결과에 연연하지 마십시오. 행위 자체에 주의를 기울이십시오. 그 열매는 저절로 열릴 것입니다. 이것이야말로 강력한 영적 수행입니다. 존재에 관한 가장 오래되고 가장 아름다운 영적 가르침 중 하나인 '바가바드 기타'에서는 행위의 결과에 연연하지 않는 것을 '카르마 요가'라 하고, '봉헌의 길'로 묘사했습니다.

'지금'에서 이탈해 쫓기듯이 사는 것을 멈추면, 당신이 하는 모든 일에 존재의 기쁨이 흘러들 것입니다. 주의력을 '지금'에 집중하는 순간, 당신은 고요함과 평화를 느끼게 됩니다. 더 이상 만족과 성취를 미래에 걸거나 미래에서 구원을 기대하지 않는다면, 당신은 그 결과에 연연하지 않게 됩니다. 성공이나 실패는 내면의 존재 상태를 바꿀 수 없습니다. 그리하여 삶의 상황 밑바닥을 흐르는 삶 자체를 발견하게 되는 것입니다.

심리적 시간에서 벗어나게 되면 당신의 자아에 대한 감각은 개인적인 과거가 아닌 '현존' 자체에 뿌리내리게 됩니다. 있는 그대로의 내가 아닌 다른 무언가가 되려고 하는 심리적인 욕구는 사라지게 됩니다. 구체적인 삶의 상황에서 당신은 부자가 되기를, 지식이 많기를, 성공하는 사람이 되기를, 이런저런 일에서 자유로워지기를 바랄지 모릅니다. 하지만 그보다 깊은 존재 차원에서 보면, 당신은 지금 완전하고 온전합니다.

그러한 온전한 상태에서도 외부적인 목표를 추구하거나 추구할 의지를 가질 수 있을까요?

물론입니다. 하지만 미래의 무언가가, 혹은 누군가가 우리를 구원해주거나 행복하게 해줄 것이라는 헛된 기대는 하지 않을 것입니다. 당신이 삶의 상황 속에 놓여 있는 한, 당신에게는 성취해야 할 일이나 필요한 일들이 있을 것입니다. 그것이 눈에 보이는 형상의 세계요, 얻기도 하고 잃어버리기도 하는 세계입니다. 그러나 더 깊은 차원에서 보면 당신은 이미 완전합니다. 당신이 이를 깨닫는다면, 당신이 하는 일의 밑바닥에는 즐거움과 기쁨이 흐를 수 있습니다.

심리적 시간에서 해방되면 당신은 더 이상 두려움이나 분노, 불만족, 혹은 무엇이 되려고 하는 욕구에 아등바등 매달리지 않게 됩니다. 자아의 상실을 의미하는 실패도 두려워하지 않을 것입니다. 여기서 말하는 자아의 상실은 어디까지나 에고의 입장일 뿐입니다.

자아에 대한 깊은 감각이 '존재'에 뿌리내릴 때, 무엇이 되고자 하는 심리적 욕구에서 자유로울 때, 당신의 행복이나 자의식은 더 이상 결과에 의존하지 않게 되고, 따라서 두려움에서 자유로워집니다. 눈에 보이는 형상의 세계, 얻고 잃는 세계, 태어나고 죽는 세계 안에서는 찾을 수 없는 항구성을 더 이상 추구하지 않게 됩니다. 어떤 상황이나 조건, 장소, 또는 사람에 대한 기대가 어긋나면서 겪게 되는 고통도 더 이상은 없습니다.

당신은 이제 그 무엇이든 존중합니다. 문제될 것은 아무것도 없습니다. 눈에 보이는 형상은 태어나고 죽지만, 당신은 그 형상 밑바닥을 흐르는 영원성에 눈을 뜨게 됩니다. 그 무엇도 위협당할 것은 없다는 것을 알게 됩니다. 이와 같은 상태에 존재한다면 어떻게 성공하지 않겠습니까? 당신은 이미 성공한 것이나 다름없습니다.

# 제4장
## 마음은 지금을 교묘히 회피한다

지금 이 순간 생생하게 깨어 있어야 합니다.

불행까지도 생생하게 인식하고 관찰할 때 비로소 그것으로부터 자유로울 수 있습니다.

지금을 잃어버리는 것은 곧 존재를 잃어버리는 것입니다.

# '지금'의 상실, 그것이 가장 교묘한 속임수다

시간이 환상이라는 것을 마침내 완전히 받아들인다고 해도, 우리 삶에 무슨 차이가 있나요? 그래도 우리는 여전히 시간이 지배하는 세상에서 살아야 하지 않나요?

　지적으로 동의한다고 해도 그것은 또 다른 믿음에 불과하며, 당신의 삶에 아무런 변화도 주지 못합니다. 진리를 깨닫기 위해서는 그 진리를 몸으로 체화하며 살아야 합니다. 당신 몸의 모든 세포가 생생하게 살아 있음을 느낄 때, 매 순간 존재의 기쁨을 느낄 때, 그때에야 비로소 당신은 시간으로부터 자유롭다고 말할 수 있을 것입니다.

하지만 나는 내일이면 공과금을 내야 합니다. 나 역시 다른 사람들처럼 살다가 점점 늙어서 죽을 겁니다. 그런데 어떻게 시간에서 자유롭다고 말할 수 있습니까?

문제는 내일 납부해야 할 공과금이나 육체적인 몸의 소멸이 아닙니다. 문제는 '지금'의 상실입니다. 그로 인해 단순한 상황, 사건, 또는 감정이 개인적인 고민과 고통으로 변하는 것입니다. '지금'의 상실은 '존재'의 상실입니다.

시간에서 자유로워진다는 것은, 당신의 정체성 확보를 위한 '과거'와 목적 달성을 위한 '미래'를 필요로 하는 심리적 욕구에서 벗어나는 것입니다. 그것이 당신이 상상할 수 있는 가장 심오한 의식의 변화입니다. 아주 드물게는 그런 의식의 변화가 단번에, 갑작스럽게 일어나기도 합니다. 극심한 고통 한가운데에서 거기에 완전히 순응하는 경우, 그런 변화가 일어날 수 있습니다. 그러나 대부분 경우에는 수행(修行)을 해야 합니다.

당신이 처음으로 시간을 초월한 의식 상태를 경험할 때는, 시간의 차원과 현존 사이를 왔다갔다 할 것입니다. 그때 가장 먼저 인식하는 것은, 자신이 '지금'에 거의 집중하고 있지 않다는 사실입니다. 자신이 현존하고 있지 않다는 것을 아는 것만으로도 아주 큰 수확입니다. 그러한 앎에 눈뜨는 것이 현존입니다. 그러나 처음에는 잠깐 스쳐지나갈 뿐입니다. 그러면서 과거나 미래가 아닌 현재 순간에 점차 의식을 집중하는 일이 잦아지게 되고, 현재를 잃어버렸다고 느낄 때마다 그 속에 들어가서 더욱 오래 머물게 됩니다.

현존 상태에 확고하게 자리잡기 전에는, 다시 말하자면 완전히 깨어 있는 상태가 되기 전에는 의식과 무의식 사이를, 현존과 마음과의 동화 상태 사이를 얼마 동안 왕복하게 됩니다. 현재를 잃어버렸다가 다시 찾기를 계속 반복하게 됩니다. 그러다 결국 현존이 우세한 상태가 되는 것입니다. 대부분 사람은 현존을 전혀 경험하지 못하거나 아주 우연히 자신도 모르는 사이에 잠시 경험합니다. 의식과 무의식 사이를 움직이는 것이 아니라, 단지 정도가 다른 무의식 사이를 움직이는 경우도 적지 않습니다.

# 일상적 무의식과 깊은 무의식

정도가 다른 무의식이란 무슨 뜻인가요?

당신은 잠을 잘 때, 꿈을 꾸지 않는 상태와 꿈꾸는 상태를 번갈아가며 움직입니다. 그와 흡사하게 대부분 사람은 깨어 있을 때조차 일상적인 무의식과 깊은 무의식 사이를 오가고 있습니다. 내가 일상적인 무의식이라고 부르는 것은, 자신의 생각이나 감정, 반응, 욕구, 혐오감 등과 동화되어 있는 상태를 의미합니다. 대부분 사람은 늘 그런 상태로 지냅니다. 그때 사람들은 에고의 마음에 의해 움직이며, '존재'를 인식하지 못합니다.

심한 고통이나 불행보다는 불안감, 불만, 지루함, 초조함 등이 일종의 배경처럼 밑에 깔려 있는 상태입니다. 이런 상태가 일상생활의 일부이기 때문에 대개는 그렇다는 것을 알아채지 못합니다. 에어컨이 웅웅거리는 낮은 잡음이 계속되고 있지만 눈치채지 못하다가, 그 소리가 갑자기 멈추면 편안함을 느끼는 것과 같습니다.

많은 사람은 그러한 기본적인 불안감을 제거하려는 무의식적인 시도로 알코올, 마약, 섹스, 음식, 일, 텔레비전이나 쇼핑과 같은 마취제를 이용합니다. 그러나 적당히 이용하면 아주 즐겁고 잠깐씩이라도 위안을 얻을 수 있지만, 대부분은 그런 것들에 중독되고 맙니다.

세상 일이 잘못 돌아갈 때, 에고가 위협받을 때, 실제로든 상상으로든 큰 시련이나 위험에 처했을 때, 인간관계에서 갈등이 생겼을 때, 우리의 일상적인 무의식적 불안은 더욱 극렬하고 분명한, 깊은 무의식적 고통으로 변하게 됩니다. 그것은 일상적인 무의식이 심화된 형태이며 정도만 다를 뿐 같은 종류입니다.

일상적인 무의식 속에서 있는 그대로의 상태를 거부하거나 부정하는 습성은 불안과 불만을 만들어냅니다. 그러다가 에고가 위협받거나 도전받는 일이 생기면 그러한 저항이 강화되면서 분노, 두려움, 공격성, 절망 등의 강한 부정적 감정을 일으키게 되죠. 깊은 무의식 상태에서는 흔히 업장이 발동해서 우리 자신이 그것과 동화되어버립니다. 신체적인 폭력은 뿌리 깊은 무의식 상태가 아니라면 있을 수 없는 일입니다. 군중이나 국민 전체가 공통적으로 부정적 에너지를 품고 있다면, 언제 어디서나 폭력이 일어날 수 있습니다.

당신의 의식 수준이 어느 정도인지는 삶에 시련이 닥쳤을 때 해결하는 방식을 보면 알 수 있습니다. 그러한 시련을 통해서, 이미 무의식적인 사람은 어둠 속으로 더욱 깊이 들어가게 되고 의식적인 사람은 더 강하게 깨어 있게 됩니다. 시련으로 인해 깨우침을 얻을 수도 있지만, 더 깊은 잠 속에 빠질 수도 있습니다. 그러면 일상적인 무의식의 꿈은 악몽으로 변합니다.

방에 혼자 앉아 있을 때나 숲속을 걷고 있을 때, 혹은 누군가의 말에 귀 기울이고 있을 때처럼 일반적인 상황에서조차 현존할 수 없는 사람이라면, 세상일이 잘못되었을 때, 어려운 사람이나 상황과 마주하게 되었을 때, 뭔가를 잃어버렸거나 잃어버릴 위기에 처했을 때는 더욱 깨어 있을 수 없을 것입니다.

결국 두려움의 형태로 반응하게 되고, 깊은 무지 상태로 끌려 들어갈 것입니다. 그러한 시련을 이용해서 자신을 시험해 보십시오. 오랜 시간 눈을 감고 앉아 있을 수 있다거나 뛰어난 선견지명을 가졌다거나 하는 것과는 상관이 없습니다. 시련이 닥쳤을 때 어떻게 처리하는지를 보면, 그 사람의 의식 수준을 알 수 있습니다.

그러므로 모든 일이 상대적으로 순조로울 때 더욱 깨어 있을 필요가 있습니다. 그러면 현존의 힘이 자라납니다. '지금' 속에 깨어 있게 되면, 우리 내면과 주위에는 고주파수의 에너지장이 형성됩니다. 어둠이 빛 속에서 있을 수 없듯이, 깨어 있는 의식의 영역에는 무지라든가 부정성, 불화, 폭력이 끼어들 자리가 없습니다.

생각과 감정을 지켜보는 법을 배워서 자신의 내면에 일상적인 무의식이 배경처럼 깔려 있다는 것을 처음으로 인식하게 되면, 당신은 깜짝 놀라지 않을 수 없을 것입니다. 그런 무의식 상태에서 한시도 편안할 수 없다는 것은 너무도 당연합니다. 판단하고, 불평하고, '지금'과는 동떨어진 상상을 하는 등 현존에 대한 저항을 곳곳에서 발견할 것입니다. 감정의 차원에서는 또 어떨까요? 불안, 긴장, 권태, 초조함이 저변에 흐르고 있다는 것을 알게 될 것입니다. 그 모두가 마음의 습관적인 저항 방식입니다.

## 불안이 부작용을 부른다

칼 융은 어느 책에선가 미국 원주민 추장과 나눈 이야기를 들려주었습니다. 그 추장은 대부분 백인은 얼굴이 긴장되어 있고, 눈은 노려보는 듯하며, 행동은 거칠기 짝이 없다고 말했다고 합니다. 그는 또 말했습니다.

"그들은 항상 뭔가를 찾고 있어요. 무엇을 찾는 걸까요? 백인들은 항상 뭔가를 원하고 있습니다. 항상 불안하고 초조해 보이죠. 우리는 그들이 뭘 원하는지 이해할 수 없습니다. 우리 눈에는 그들 모두가 미친 사람처럼 보일 뿐입니다."

저변에 흐르는 끊임없는 불안 심리는, 서구의 산업 문화가 일어나기 오래전부터 시작되었습니다. 그러한 경향은 이미 예수 시대에도 있었고, 그보다 600년이나 앞선 붓다의 시대에도 있었죠. 그러나 서구 문명이 동양권을 포함해서 거의 전 세계로 확산되고 있는 지금은 전례 없이 심각한 양상을 드러내고 있습니다. 사람들은 왜 항상 걱정을 할까요?

예수는 제자들에게 물었습니다.

"걱정을 한다고 해서 하루라도 더 삶을 연장할 수 있느냐?"

붓다는 우리의 끊임없는 결핍감과 갈애 속에 고통의 뿌리가 있다고 가르쳤습니다. 우리의 비인간적인 산업 문명은 근본적으로 현존의 상실에서 나온 것이고, '지금'에 저항하는 마음이 집단적으로 부작용을 낳은 결과입니다. 인간의 저변에 깔린 불안의 존재를 인식한 프로이트 역시 《문명 속의 불만》에서 이를 언급했습니다. 하지만 그는 불안의 진짜 뿌리를 이해하지 못했고, 거기에서 벗어나는 것이 불가능하다고 생각했습니다. 이러한 집단 의식의 부작용은 불행하고 폭력적인 문화를 창조했으며, 인간 자신뿐만 아니라 지구상의 모든 생명을 위협하고 있습니다.

# 일상적인 무의식에서 벗어나기

어떻게 하면 그러한 불행으로부터 벗어날 수 있을까요?

불행하다면 그것을 생생하게 의식하십시오. 불필요한 판단이나 있는 그대로에 대한 저항, '지금'에 대한 거부가 당신의 내면에서 어떻게 불안과 불만, 긴장 등을 자아내는가 관찰해야 합니다. 당신이 거기에 의식의 빛을 비추면, 무의식적인 것은 무엇이든 녹아버립니다. 일상적인 무의식을 녹이는 방법을 알면 현존의 빛이 환하게 빛날 것이며, 깊은 무의식이 당신을 끌어내릴 때마다 거기서 벗어나기가 훨씬 쉬워질 것입니다. 그러나 일상적인 무의식은 너무 익숙해서, 처음에는 감지하기 쉽지 않을 수도 있습니다.

자기 관찰을 통해 정신적·감정적 상태를 점검하십시오. '지금 나는 편안한가?'라든가 '지금 이 순간 내 안에서 무슨 일이 일어나고 있는가?'라는 질문을 자주 하십시오. 외부에서 일어나는 일에 관심을 갖는 만큼, 자신의 내면에서 일어나는 일에도 관심을 가지십시오. 내면을 올바로 인식하면 외부도 제자리를 찾을 것입니다. 내면의 현실이 먼저이고, 외부의 현실은 그 다음입니다.

그러나 질문에 즉시 답하지는 마십시오. 내면으로 관심을 돌리십시오. 자신의 내면을 들여다보십시오. 마음이 어떤 생각을 만들고 있나요? 어떤 느낌이 드나요? 몸속으로 주의를 돌리십시오. 어떤 것에 긴장하고 있습니까? 일단 배경에 깔린 고정된 불안감을 감지하고 나면, 그 다음에는 당신이 어떤 식으로 현재를 부정함으로써 삶을 회피하고 저항하고 거부하는지 살펴보십시오. 사람들이 현존의 순간에 대해 무의식적으로 저항하는 방식은 실로 여러 가지입니다. 몇 가지 예를 들어 보죠. 여러분도 연습을 통해 내부 상태를 점검하는 자기 관찰의 힘을 강화할 수 있습니다.

# 불행으로부터의 자유

당신은 지금 하기 싫은 일을 하고 있습니까? 그 일을 하기로 동의는 했지만, 한편으로는 그 일을 하는 것에 불만을 갖고 저항하고 있는 것은 아닌가요? 가까운 사람에 대해 말 못할 원망을 품고 있지는 않습니까? 또한 당신이 발산하는 그런 에너지가 매우 해로운 영향력을 갖고 있어서, 실제로 자기 자신과 주위 사람들을 오염시키고 있다는 것을 알고 있습니까? 내면을 자세히 들여다보십시오. 거기에 눈곱만치라도 원망과 저항이 있지는 않은지 살펴보십시오.

만일 있다면, 정신적·감정적 차원에서 관찰해보십시오. 당신 마음이 이 상황 주변에 어떤 생각을 만들고 있습니까? 감정을 들여다보십시오. 감정은 마음이 만들어내는 생각에 대한 몸의 반응입니다. 그 감정을 느끼십시오. 유쾌합니까, 아니면 불쾌합니까? 당신은 정말 그 에너지를 당신 내부에 갖고 있기로 선택한 겁니까? 당신은 정말 선택권을 갖고 있나요?

당신은 누군가에게 이용당하고 있을 수도 있고, 따분한 일을 하고 있을 수도 있습니다. 당신의 가까운 사람은 정직하지 못하고, 화를 잘 내고, 무감각할 수도 있습니다. 하지만 그런 것들은 모두 상관없습니다. 그 상황에 대한 당신의 생각과 감정이 합당한 것인지 아닌지도 상관없습니다. 문제는 당신이 그 상황에 저항하고 있다는 것입니다.

당신은 현존의 순간을 적으로 만들고 있습니다. 당신은 불행을, 내면과 외부 사이의 갈등을 만들고 있습니다. 당신의 불행은 자신의 내면과 주변 사람들뿐 아니라 당신 자신이 속해 있는 공통적인 인간 정신을 오염시키고 있습니다. 지구의 오염은 자신의 내면 공간에 대해 무책임하고 무의식적인 수많은 사람의 정신적 오염이 외부로 반영된 결과입니다.

지금 하고 있는 일이 마음에 들지 않으면 일손을 멈추고, 관계되는 이들에게 자신의 느낌을 충분히 설명하십시오. 그럴 수 없다면 당신의 마음이 그 상황의 주변에 만들어내는 부정적 감정들을 떨쳐버려야 합니다. 그런 것들은 그릇된 자의식을 강화할 뿐, 아무짝에도 쓸모가 없습니다. 무익함을 깨닫는 것이 중요합니다. 부정적인 감정이나 생각은 결코 어떤 상황을 해결하는 최선의 방법이 될 수 없습니다.

사실, 대부분 사람은 그 안에 처박혀서 진정으로 변화되지 못합니다. 부정적인 에너지에서 나오는 모든 행동은 오염되어 있으며, 시간이 지나면 더 큰 고통과 불행을 가져옵니다. 게다가 부정적인 내면 상태는 전염됩니다. 불행은 육체의 질병보다 더 쉽게 퍼집니다. 거기에 면역이 되지 않는 한, 고도로 의식이 깨어 있지 않는 한, 공명의 법칙에 의해 서로에게 잠재된 부정적 감정을 일깨우고 부채질합니다.

당신은 세상을 오염시키고 있나요, 정화하고 있나요? 당신은 자신의 내면에 대해 책임을 져야 합니다. 다른 어떤 사람도 당신을 대신해주지 않습니다. 마찬가지로, 당신은 지구에 대해서도 책임이 있습니다. 안이 깨끗해야 밖도 깨끗한 법입니다. 내부가 정화된 사람이라면 외부를 오염시키지 않을 것입니다.

어떻게 하면 당신이 말하는 부정적인 감정들을 떨쳐버릴 수 있을까요?

그냥 털어버리면 됩니다. 손에 뜨거운 석탄을 쥐고 있으면서도 방법을 물을 겁니까? 무겁고 쓸모없는 짐을 지고 있으면서도 어떻게 버려야 할지 방법을 찾고 있습니까? 더 이상 고통을 겪거나 부담을 지고 싶지 않다면, 그냥 버리면 됩니다.

사랑하는 사람을 잃었을 때는 뼈저린 고통이나 업장을 느끼게 됩니다. 거기서 벗어나기 위해서는 일단 어두운 의식 상태는 받아들인 다음, 의식의 빛을 이용해 지속적으로 변화시켜야 합니다. 일상적인 무의식의 여러 유형은, 당신이 그것을 원하지 않으며 더 이상 필요로 하지 않는다는 것을 알 때, 그리고 당신이 단지 판에 박힌 반사작용을 하는 무의식의 덩어리가 아니라는 것을 알 때 쉽게 버릴 수 있습니다. 이 모든 것은 당신이 '지금'의 힘에 다가갈 수 있다는 것을 보여줍니다. '지금'의 힘이 없이는 선택권을 가질 수 없습니다.

하지만 어떤 감정을 부정적이라고 말하는 것은, 당신이 앞서 설명한 것처럼 좋거나 나쁘다는 정신의 양극을 만들어내는 것이 아닌가요?

아닙니다. 양극성이란 마음이 현존의 순간을 나쁜 것으로 판단하는 초기 단계에서 창조됩니다. 마음이 만들어내는 판단이 부정적인 감정을 야기하는 것입니다.

어떤 감정을 부정적이라고 하는 것은 그러한 감정들이 거기 있으면 안 되며, 그런 감정을 갖는 것이 좋지 않다고 말하는 것이 아닌가요? 내 생각에는 감정을 나쁘다고 판단하고 부정하기보다는, 어떤 감정이든 그대로 허락해야 할 것 같습니다. 원한이라도 좋습니다. 분노, 짜증, 우울, 아무래도 좋습니다. 그렇지 않으면 우리는 억압, 내부 갈등, 또는 거부감을 느끼게 될 것입니다. 모든 감정은 그대로 허락해야 하는 것 아닌가요?

물론입니다. 일단 마음의 어떤 유형이 어떤 감정을 불러일으키거나 반응하게 되면 그것을 받아들이십시오. 그런 문제들이 생겨나는 것은 우리가 선택할 수 있을 만큼 충분히 깨어 있지 못하기 때문입니다. 내가 부정적이라고 하는 것은, 판단이 아니라 사실을 의미합니다.

만일 당신이 어떤 선택권을 가지고 있다면, 또는 어떤 선택권을 갖고 있다는 것을 깨닫는다면, 고통과 기쁨, 안정과 불안, 평화와 갈등 중에 무엇을 선택하겠습니까? 본연의 행복과 내면적인 삶의 기쁨을 차단하는 생각이나 기분을 선택할 겁니까? 내가 그런 느낌들을 부정적이라고 말하는 것은, 단지 그것이 나쁘다는 의미입니다. '그것을 하지 말았어야 한다'라는 의식이 아니라, 복통을 느끼는 것처럼, 단지 느낌이 나쁘다는 것을 뜻합니다.

20세기에 들어서도 사람에 의해 죽어간 사람이 1억 명이 넘습니다. 어떻게 그런 일이 있을 수 있단 말입니까? 인간이 서로에게 그렇게 엄청난 고통을 가한다는 것은 상상조차 할 수 없는 일입니다.

죽인 것뿐만이 아닙니다. 사람들은 매일같이 서로에게, 지각을 가진 다른 존재들에게 정신적·감정적·육체적인 폭력과 고문, 고통, 학대를 가하고 있습니다.

본연의 상태, 내면적 삶의 기쁨과 접하고 있는 상태에서도 그런 행동을 할 수 있을까요? 물론 아닙니다. 부정적인 상태에 뿌리 깊이 몰입해 있는 사람이나 아주 극악한 감정에 사로잡힌 사람만이 자신이 느끼는 것을 반영하는 현실을 만듭니다. 지금 그런 사람들이 자신들을 지탱해주는 자연과 지구를 파괴하고 있습니다. 믿기지 않는 일이지만 사실입니다. 인간은 매우 광적이고 병이 깊은 종(種)입니다. 이것은 판단이 아닌 사실입니다. 하지만 그 광기 밑에 온전함이 있다는 것도 사실입니다. 그러니 우리는 지금 당장 스스로를 치유하고 회복할 수 있습니다.

원망이나 우울한 분노 따위를 인정하고 나면 더 이상 그런 감정들을 무작정 연출하지 않으며, 다른 사람들에게 그런 감정들을 투영하는 빈도도 줄어든다는 이야기는 물론 맞는 말입니다. 그러나 당신은 스스로를 속이고 있는 것은 아닌지 의심스러울 것입니다.

부정적인 감정을 받아들이는 연습을 얼마 동안 계속하다 보면, 더 이상 부정적인 감정이 만들어지지 않는 단계가 옵니다. 그렇지 않으면 받아들이는 것은 단지 우리의 자아를 계속해서 불행에 빠져 있게 만드는 마음이 되고, 그래서 주변에 있는 다른 사람들뿐 아니라 지금 여기 있는 자신과도 단절감이 강화될 것입니다. 앞서 말했듯이 에고는 분리감에 의해 살아갑니다. 우리가 진정으로 받아들인다면 그런 느낌은 단번에 변화될 것입니다.

그런데 당신이 말한 대로, 정말 모든 것을 있는 그대로 받아들였는데도 여전히 그러한 부정적인 감정을 느낄 수 있을까요? 아닙니다. 판단을 하지 않고 있는 그대로에 저항하지 않으면 그런 감정은 일어나지 않습니다. 당신은 마음속으로 '아무래도 좋다'라는 생각을 갖고 있지만, 좀더 깊이 내려가 보면 정말로 그렇게 믿고 있는 것이 아니며, 오래된 정신적·감정적 저항 유형이 여전히 거기 있을 것입니다. 그것이 당신의 기분을 나빠지게 하는 것입니다.

기분이 나빠도 좋습니다.

당신은 깨어 있지 않을 수 있는 권리, 고통을 받을 권리를 주장하는 건가요? 걱정하지 마십시오. 아무도 그것을 당신에게서 앗아가지 않을 것입니다. 그 음식을 먹으면 병이 든다는 것을 알면서도, 그것을 계속 먹으면서 아파도 좋다고 주장할 겁니까?

# 지금 여기에 생생하게 깨어 있으라

일상적인 무의식의 예를 좀 더 들려주시겠어요?

당신은 말이나 생각으로 자신이 처한 상황에 대해, 다른 사람들이 하는 행동이나 말에 대해, 주변 환경에 대해, 삶의 상황에 대해, 혹은 날씨에 대해 불평하고 있지 않습니까? 불평한다는 것은 있는 그대로를 받아들이지 않는 것입니다. 거기에는 반드시 무의식적인 부정적 감정이 있습니다. 불평을 하면 스스로 희생자가 됩니다. 하지만 자신의 의견을 바깥으로 발산하면 힘을 갖게 됩니다. 그러므로 필요하거나 가능하다면, 행동을 취하거나 이야기를 해서 상황을 변화시키십시오. 아니면 그 상황을 있는 그대로 받아들이십시오. 그 외의 다른 것들은 광기에 불과합니다.

일상적인 무의식은 어떤 식으로든 '지금'을 부정하는 것과 연관됩니다. 물론 '지금'이란 여기를 의미합니다. 당신은 자신의 '지금 여기'에 저항하고 있지 않습니까? 어떤 사람들은 항상 여기를 떠나 다른 곳에 가 있고 싶어합니다. '여기'를 늘 못마땅해 합니다. 당신도 그렇게 살고 있지 않은지 자신을 비추어 보십시오. 어디에 있든 완전하게 그곳에 있어야 합니다. '지금 여기'를 참을 수 없다면 불행해집니다.

우리에게는 세 가지 선택권이 있습니다. 그 상황을 벗어나거나 변화시키거나 전적으로 받아들이는 것입니다. 만일 자신의 삶을 책임지고 싶다면 지금 당장 이 세 가지 중에 선택해야 합니다. 그러고 나서 그 결과를 받아들이십시오. 자신의 내면을 변명, 부정적 감정, 오염된 마음이 없는 깨끗한 공간으로 유지하십시오. 어떤 상황을 떠나거나 변화시키는 행동을 취하기 전에, 우선 모든 부정적인 감정을 떨쳐버리십시오. 통찰력에서 나오는 행동은 부정적인 감정에서 나오는 행동보다 효과가 좋습니다.

행동을 하는 것은 종종 아무런 행동도 하지 않는 것보다 바람직하기도 합니다. 특히 오랫동안 불행한 상황 속에 처박혀 있었다면 말이지요. 실수를 한다고 해도 그 속에서 무언가를 배우게 됩니다. 그 속에 그대로 처박혀 있다면 아무것도 배우지 못합니다.

두려움 때문에 행동을 취하지 못하고 있습니까? 그 두려움을 받아들이고, 거기에 집중하면서 완전히 함께 하십시오. 그렇게 하면 두려움과 생각의 연결이 끊어집니다. 두려움이 마음속에 일어나지 않도록 하십시오. '지금'의 힘을 사용하십시오. 두려움은 그것을 이길 수 없습니다.

만일 '지금 여기'를 변화시킬 수 있는 일이 정말 아무것도 없다면, 그래서 그 상황에서 빠져 나올 수 없다면, 모든 내부 저항을 떨쳐버리고 '지금 여기'를 받아들이십시오. 그러면 불행과 원망과 자기 연민을 사랑하는 거짓 자아는 더 이상 살아갈 수 없습니다. 이것을 '내맡김'이라고 합니다. '내맡김'이란 연약한 것이 아닙니다. 그 속에는 위대한 힘이 있습니다. 내맡기는 사람만이 영적인 힘을 가질 수 있습니다. '내맡김'을 통해 우리는 그 상황에서 내면적으로 자유로워집니다. 그러고 나면 노력하지 않아도 상황이 변화될 것입니다. 결국 우리는 자유로워질 것입니다.

당신은 해야 할 일을 하지 않고 있습니까? 일어나서 지금 당장 그 일을 하십시오. 또는 그런 상황을 스스로 선택했다면, 지금 이 순간 자신이 무기력하고 게으르고 수동적이라는 사실을 완전히 받아들이십시오. 그 속으로 완전히 들어가십시오. 그것을 즐기십시오. 최대한 게을러지거나 무기력해지십시오. 만일 그 속으로 완전하게, 그리고 의식적으로 들어간다면 곧 거기서 나올 수 있을 것입니다. 아니면 그 속에 머물러 있을 수도 있을 것입니다. 어느 쪽에 서든 내부 갈등, 저항, 부정적 감정은 느끼지 않을 것입니다.

스트레스를 받고 있습니까? 당신은 현재를 미래로 향해 가기 위한 수단으로만 축소하고 있지 않습니까? 스트레스는 '여기' 있으면서 '거기' 있기를 바라기 때문에 생깁니다. 혹은 현재에 있으면서 미래에 있기를 바라기 때문에 생깁니다. 그래서 내부적으로 '나'라는 존재가 둘로 갈라지는 것입니다. 이런 식으로 내부를 분열시키고 그것을 견디면서 사는 것은 정상이 아닙니다. 다른 사람들이 다 그렇다고 해도 정상은 아닙니다.

미래를 기대하지 않고 현재에 저항하지 않으면서도 얼마든지 부지런히 움직이고 일하고 뛸 수 있습니다. 움직이고 일하고 뛰면서 그것을 완전하게 하십시오. 그 순간의 높은 에너지 흐름을 즐기십시오. 그러면 더 이상 스트레스를 받지 않으며, 더 이상 자신을 둘로 분리하지 않게 될 것입니다. 움직이고 뛰고 일하면서 동시에 그것을 즐기게 됩니다. 아니면 모든 것을 제쳐두고 공원 벤치에 앉아 있을 수도 있습니다. 그러나 자신의 마음을 지켜보십시오. 마음은 말할 것입니다.

'당신은 일해야 한다. 당신은 시간을 낭비하고 있다.'

그 마음을 관찰하십시오. 거기에 미소를 보내십시오.

자꾸만 과거에 매달리게 됩니까? 부정적이든 긍정적이든 과거에 대해 자주 이야기하고 생각합니까? 과거의 공적이나 모험이나 경험, 또는 자신이 피해당한 일, 당신이 다른 사람에게 피해를 준 일, 당신에게 두려움을 주는 일들에 대해 생각하거나 이야기합니까?

죄의식, 자부심, 원망, 분노, 후회, 자기 연민 등을 만들어내는 생각을 하고 있습니까? 그러면서 당신은 그릇된 자의식을 강화하고 있을 뿐 아니라 마음속에 과거를 축적함으로써 신체의 노화를 재촉하고 있는 것입니다. 내 말을 확인하고 싶으면 과거에 집착하는 주변 사람들을 눈여겨보십시오.

매일 과거를 떠나십시오. 과거는 필요하지 않습니다. 단지 현재에 관련해서 꼭 필요할 때만 과거를 참조하십시오. 지금 이 순간의 힘과 완전한 존재를 느끼십시오. 당신의 현존을 느끼십시오.

∫

뭔가를 걱정하고 있습니까? '만일 그렇게 되면 어쩌나' 하는 생각을 하고 있나요? 그렇다면 당신은 미래 상황을 상상하면서 두려움을 만들어내는 마음과 동화되어 있는 것입니다. 그러한 미래 상황과 맞서 싸울 방법은 없습니다. 왜냐하면 그것은 존재하지 않기 때문입니다. 그것은 마음의 환영에 불과합니다.

현존의 순간을 받아들인다면 건강을 해치고 삶을 좀먹는 그와 같은 광기를 간단하게 멈출 수 있습니다. 지금 당신의 호흡을 인식하십시오. 들이쉬고 내쉬는 공기의 흐름을 느끼십시오. 당신이 현실에서 해결해야 하고 대처해야 하는 것은 바로 '이 순간'입니다.

내년이 아니고 내일도 아니고 지금으로부터 5분 후가 아닌 지금 이 순간 당신이 갖고 있는 문제가 무엇인지 스스로 물어보십시오. 이 순간 뭐가 잘못되었습니까? 우리는 언제나 현재에 대처할 수는 있지만 미래에 대처할 수는 없으며 그래야 할 필요도 없습니다. 필요한 대답, 힘, 적절한 행동과 자원은 이전도 아니고 이후도 아닌 당신이 원할 때 언제나 거기 있을 것입니다.

당신은 말할지도 모릅니다. 언젠가는 그것을 해내겠다고. 당신은 목표에 지나치게 전념하고 있지는 않습니까? 현재의 순간을 목적을 위한 수단으로 축소하고 있지 않나요? 그러느라고 지금 당신이 하고 있는 일에서 기쁨을 느끼지 못하는 것은 아닌가요? 어떤 미래를 기다리고 있습니까? 만일 그러한 마음의 유형을 발전시킨다면 당신은 무엇을 얻거나 달성하더라도 현재가 충분히 만족스러울리 없습니다. 미래가 항상 더 좋아 보이기 때문입니다. 그러니 영원히 불만스럽고 부족할 수밖에 없을 것입니다.

습관적으로 뭔가를 기다리곤 합니까? 당신은 여태까지 무언가를 기다리느라고 삶을 얼마나 낭비했습니까? 당신은 우체국에서, 혼잡한 거리에서, 공항에서 누군가를 기다려 왔습니다. 무슨 일이 끝나기를 기다리고, 다음 휴가를 기다리고, 더 나은 직장을 기다리고, 아이들이 다 자랄 때를 기다리고, 진정한 인간 관계를 기다리고, 성공하고 부자가 되고 중요한 인물이 되기를 기다리고, 깨닫는

날을 기다려 왔습니다. 그러나 작은 기다림이든 큰 기다림이든 모두가 다 낭비일 뿐입니다. 정말 잘 살아보겠다고 평생을 낭비하는 사람들도 흔합니다.

기다림이란 마음의 상태입니다. 그것은 근본적으로 현재를 원하지 않고 미래를 원한다는 의미입니다. 자신이 갖고 있는 것을 원하지 않으며 갖지 못한 것을 원하는 것입니다. 모든 종류의 기다림은 우리가 원하지 않는 '지금 여기'와 기대를 걸고 있는 미래 사이에 무의식적인 갈등을 만들어냅니다. 그 결과, 현재를 잃어버리고 삶의 질이 크게 떨어지게 됩니다.

삶의 상황을 개선하고자 노력하는 것은 잘못이 아닙니다. 우리는 삶의 상황을 개선할 수 있습니다. 하지만 삶을 개선할 수는 없습니다. 삶은 근원적입니다. 삶은 우리의 가장 깊은 내면에 존재합니다. 그것은 이미 완전하고 완벽합니다. 삶의 상황은 우리의 환경과 경험을 포함합니다. 목표를 세우고 노력하는 것이 잘못은 아닙니다. 잘못은 그것을 존재의 대용물로 여긴다는 것입니다. 존재에 접근하는 유일한 지점은 '지금'입니다. 그런데도 우리는 건축가가 기초 공사를 소홀히 하고 건물을 올리는 일에만 시간을 할애하는 것처럼 목표에만 치중하고 있습니다.

많은 사람이 행복을 기다립니다. 그러나 행복은 미래에 올 수 없습니다. 어디서 무슨 일을 하든 그 일을 존중하고 인정하고 충분히 받아들이십시오. 지금 가진 것을 완전히 받아들이십시오. 그러면 가진 것에 대해, 있는 그대로에 대해, 존재하는 것에 대해 감사하게 됩니다. 현재의 순간에 대해 감사하면서 지금 충만한 삶을 사는 것이야말로 더없는 행복입니다. 그것은 미래에 오는 것이 아닙니다. 그리고 나면 언젠가 행복이 여러 가지 모습으로 우리 앞에 드러날 것입니다.

당신은 지금 가진 것에 만족하지 못하고 부족한 현실 때문에 좌절하거나 화가 나서 부자가 되기로 마음 먹고 많은 돈을 벌 수도 있을 것입니다. 하지만 여전히 내면적으로는 부족함을 느낄 것입니다. 돈으로 살 수 있는 여러 가지 흥미로운 경험을 할 수 있겠지만, 그 순간이 지나면 다시 허전함을 느끼고, 그래서 더 많은 육체적·심리적 만족을 추구하게 될 겁니다. 그러나 그렇게 되면 현재에 살면서 충만한 삶을 구가하는 진정한 행복은 누릴 수 없을 것입니다.

그러니 기다림이라는 마음 상태를 버리십시오. 기다림 속에 빠져드는 자신의 모습이 포착되면 거기서 자신을 끌어내십시오. 현존의 순간으로 들어가서 거기 있으면서 존재를 즐기십시오. 현존의 순간에 있으면 무언가를 기다릴 필요가 없습니다. 다음에 누군가가 "기다리게 해서 미안하다"라고 말하면, 당신은 이렇게 대답할 수 있을 것입니다. "괜찮다. 나는 기다리지 않았다. 그냥 여기 서서 나 자신을 즐기고 있었다. 내 안의 기쁨을 느끼고 있었다"라고 말입니다.

 현존의 순간을 부정하려는 마음의 유형은 일상적인 무의식의 일부입니다. 그것은 일상 생활의 배경에 영원한 불만으로 고정되어 있기 때문에 흔히 간과해버리기 쉽습니다. 그러나 내면의 정신적·감정적 상태를 점검하는 연습을 계속하면 우리 자신이 무의식적으로 과거나 미래의 덫에 걸려 있었다는 것을 알게 될 것이며, 시간의 꿈에서 깨어나 현존의 순간으로 들어가게 될 것입니다.

 불행한 거짓 자아는 마음과 동화된 채 시간에 의해 살아갑니다. 거짓된 자아는 현존의 순간이 자신의 죽음이라는 것을 알고는 매우 위협적으로 느낍니다. 그래서 우리를 시간에 붙들어두려고 안간힘을 쓸 것입니다.

# 인생 여정의 내적인 목적

당신이 하는 이야기가 맞다는 것은 알겠지만, 그래도 인생에 목적이 없다면 우리는 방향을 잃고 표류하게 될 겁니다. 목적은 미래를 의미합니다. 그것을 현존하는 삶과 어떻게 조화시킬 수 있을까요?

당신이 여행하고 있을 때, 목적지나 방향을 아는 것은 확실히 도움이 됩니다. 그러나 잊지 말아야 할 것이 있습니다. 여행에서 궁극적으로 가장 중요한 것은 당신이 지금 내딛고 있는 걸음이라는 것을. 그것이 전부입니다.

삶의 여정에는 외부적인 목적과 내면적인 목적이 있습니다. 외부적인 목적은 목표나 목적에 도달하고, 계획한 것을 달성하고, 이런 저런 일을 성취하는 것으로, 말할 나위도 없이 이는 미래를 암시합니다. 그러나 미래에 너무 전념한 나머지 지금 내딛는 걸음보다 목적지가 더 중요해진다면, 우리는 내면적인 목적을 잃어버리게 됩니다.

여행의 내면적인 목적은 우리가 어디로 가는지, 무엇을 하는지 와는 관계 없습니다. 어떻게 하는지가 중요합니다. 그것은 미래가 아닌 지금 순간의 의식 수준과 관계가 있습니다. 외부적인 목적은 공간과 시간의 수평적인 차원에 속해 있습니다.

내면적인 목적은 영원한 현재의 수직적인 차원으로 깊이 들어가는 것입니다. 외부의 여행은 수많은 발걸음을 포함합니다. 내면의 여행은 오로지 하나, 지금 내딛는 걸음뿐입니다. 그 걸음을 좀더 깊이 인식하면, 거기에 이미 목적지뿐 아니라 다른 모든 발걸음까지 포함되어 있다는 것을 깨닫게 됩니다. 그러면 그 한 걸음이 아름답고 훌륭한 행위로 변화되고 완벽해집니다. 그것은 우리를 현존 속으로 데려가고, 현존의 빛이 그것을 통해 비쳐나올 것입니다. 이것이 우리의 내면 여행, 자기 자신 속으로의 여행의 목적이자 완성입니다.

**외부적인 목적을 달성하느냐 마느냐, 세속적으로 성공하느냐 실패하느냐가 중요하지 않다는 말인가요?**

내면의 목적을 깨닫기 전까지는 중요할 것입니다. 내면의 목적을 깨닫고 나면 외부적인 목적은 단지 우리가 그것을 즐기기 때문에 계속하는 게임에 불과하다는 것을 알게 됩니다. 또한 외부 세계에서는 완전히 실패했지만 내면적인 목적에서는 완전한 성공을 거두는 것도 가능합니다. 오히려 겉은 부자이면서 내면이 가난하다거나, 예수가 말한 대로 '세상을 얻고 영혼을 잃는' 일이 실제로는 더 흔합니다. 물론 궁극적으로 모든 외부적 목적은 조만간 실패할 수밖에 없습니다. 왜냐하면 만물은 소멸할 수밖에 없기 때문이죠. 외부적인 목적이 우리에게 영구적인 만족을 주지 못한다는 사실을 빨리 깨달을수록 좋습니다. 외부적인 목적의 한계를 알게 될 때, 그것이 우리를 행복하게 해주리라는 비현실적인 기대감을 포기하고 내면적인 목적을 우선시하게 되기 때문입니다.

## 과거는 현존 속에서 살아남을 수 없다

당신은 쓸데없이 과거에 대해 생각하거나 이야기하는 것이 현재를 피하는 것이라고 했습니다. 하지만 우리가 기억하고 동일시하는 과거와는 별도로 우리 안에는 훨씬 더 깊이 자리잡은 또 다른 차원의 과거가 있지 않나요? 어린 시절의 경험이나 전생의 경험을 통해서 우리의 삶을 통제하는 무의식적인 과거가 있을 겁니다. 그리고 또 우리가 살고 있는 역사적인 시기나 지리적인 장소와 관계 있는 문화적 조건도 있습니다. 이 모든 것이 우리가 세상을 보는 방식과 무엇엔가 반응하고 생각하는 방식, 그리고 어떤 인간 관계를 맺고 어떻게 살아가는지를 결정합니다. 어떻게 하면 그 모든 것을 의식하고 거기서 벗어날 수 있을까요? 그때까지는 얼마나 오랜 시간이 걸릴까요? 그리고 만일 그렇게 되었을 때 그 자리에는 무엇이 남을까요?

환상에서 벗어나면 무엇이 남습니까?

지금 이 순간, 무의식적인 과거가 사고나 감정, 욕망, 반응, 어떤 외부적인 사건 등으로 나타나지 않는 한, 우리는 거기에 대해 연구할 필요가 없습니다. 우리 안에 있는 무의식적인 과거에 대해 알 필요가 있다면, 현재의 시련이 그것을 드러낼 것입니다. 과거를 깊이 파고드는 것은 아무리 파도 끝이 없는, 바닥 없는 구덩이를 파는 것과 같습니다.

과거를 이해하거나 거기서 벗어나기 위해 시간이 좀더 필요하다고 생각할지도 모릅니다. 미래가 결국 과거에서 우리를 자유롭게 해줄 것이라고 말이죠. 그러나 그것은 망상에 불과합니다. 오로지 현존하는 것만이 우리를 과거에서 자유롭게 할 수 있습니다. 시간이 지난다고 해서 시간에서 자유로워질 수는 없습니다. '지금'의 힘에 다가가십시오. 그것이 열쇠입니다.

'지금'의 힘이란 무엇인가요?

현존하는 힘, 모든 생각의 형태에서 해방된 의식의 힘을 말합니다. 그러므로 현존의 차원에서 과거를 해결하십시오. 과거에 주목할수록 우리는 거기에 힘을 부여하고, 그것을 자기 자신이라고 오해하게 됩니다. 주의 깊게 집중하는 것이 필수적이지만, 과거에 주목하라는 것은 아닙니다. 현존하는 순간에 주의를 집중하십시오.

현재에 일어나는 자신의 행동, 반응, 기분, 사고, 감정, 두려움, 욕망에 깨어 있어야 합니다.

과거는 우리 안에 있습니다. 만일 우리가 비판하지 않고, 분석하지 않고, 아무 판단도 하지 않고 그 모든 것을 지켜볼 수 있을 만큼 충분히 현존할 수 있다면, 현존의 힘을 통해 과거를 해결하고 용해시키게 될 것입니다. 과거 속에서는 우리 자신을 발견할 수 없습니다. 현존의 순간으로 들어가야 합니다.

**과거를 이해하면 현재의 우리를 이해하는 데 도움되지 않을까요?**

지금의 현실에 좀더 깨어 있게 되면, 당신에게만 조건 지어져 있는 특별한 방식들에 대해 불현듯 통찰력을 얻을 수 있을 것입니다. 인간 관계에서 왜 똑같은 일들이 반복되는지, 그 이유에 대한 통찰력이 생기면서 과거에 일어났던 일들을 기억할 수도 있을 것입니다.

그러나 이처럼 긍정적으로 도움이 될 수도 있지만 반드시 필요한 것은 아닙니다. 중요한 것은 깨어 있는 현존입니다. 깨어 있는 현존은 과거를 용해시킵니다. 그것이 변화의 힘입니다. 과거를 이해하려고 하지 말고 최대한 현존하십시오. 과거는 현존 속에서 살아남지 못합니다. 과거는 오로지 우리가 현재에 없을 때만 살아남을 수 있습니다.

# 제5장
## 지금 여기에 깨어 있다는 것

아름다움이 있는 곳에는 언제나 내면의 본질이 있습니다.
그것은 우리가 현존하고 있을 때에만 모습을 드러냅니다.
그 불가해한 본질과 당신의 현존은 하나이며 같은 것입니다.
당신 없이는 그것들도 거기에 없습니다.

# 현존이란 무엇인가

당신은 계속 현존하는 상태의 중요성에 대해 이야기합니다. 머리로는 이해한 것 같지만, 내가 정말 그것을 체험했는지는 잘 모르겠습니다. 그것은 내가 생각하는 그런 것일까요, 아니면 전혀 다른 것일까요?

현존은 당신이 생각하는 그런 것이 아닙니다! 우리는 현존에 대해 생각할 수 없으며, 마음으로는 그것을 이해할 수 없습니다. 현존을 이해한다는 것은 현존하는 상태에 있는 것입니다. 작은 실험을 해보겠습니다. 눈을 감고 자신에게 말하십시오. '다음에는 내가 무슨 생각을 하게 될까?' 그런 후 주의력을 집중하고, 다음에 올 생각을 기다리십시오. 쥐구멍을 지켜보는 고양이처럼, 그곳에서 어떤 생각이 나오는지 지켜보십시오. 지금 해보십시오.

어떻습니까?

한참을 기다린 후에야 어떤 생각을 하게 되었습니다.

바로 그렇습니다. 강한 현존 상태에 있는 한 우리는 생각에서 벗어나 있게 됩니다. 당신은 고요한 상태에서 예민하게 깨어 있었습니다. 그러다가 당신의 의식적인 주의력이 어떤 수준 밑으로 내려가는 순간, 생각이 밀려든 것입니다. 잡념이 돌아오고 고요함이 사라진 것입니다. 당신은 다시 시간 속으로 돌아왔습니다.

현존의 정도를 시험하기 위해 어떤 선사들은 제자들의 뒤로 살금살금 다가가서 갑자기 몽둥이로 내려치는 방법을 씁니다. 얼마나 놀라겠습니까. 만일 그 제자가 예수의 비유에서처럼 깨어 있는 상태에서 '준비를 하고 램프불을 켜고' 있었다면, 스승이 뒤에서 다가오는 것을 눈치채고 몽둥이를 막거나 옆으로 피했을 것입니다. 하지만 스승의 몽둥이에 얻어맞았다면, 그것은 그가 생각에 빠져서 방심한 채 무의식 상태로 있었다는 의미입니다.

일상 생활 속에 현존하기 위해서는, 우리 자신 속에 깊게 뿌리를 내려야 합니다. 그렇지 않으면 엄청난 타성을 지닌 마음의 급류에 휩쓸리게 됩니다.

'자기 자신 속에 뿌리내린다'라는 말의 의미는 무엇인가요?

그 말은 우리 자신의 몸에 충분히 거주하는 것을 의미합니다. 항상 의식의 일부를 몸 안의 에너지장에 집중하고 있는 것을 말합니다. 말하자면 안으로부터 몸을 느끼는 것입니다. 몸을 의식하면 현존 상태를 유지할 수 있습니다. 우리를 '지금'에 붙들어둘 수 있게 되는 것이죠(제6장 참조).

# 기다림의 숨은 의미

어떤 의미에서 현존 상태는 기다림에 비교될 수 있습니다. 예수는 몇 가지 우화로 기다림을 비유했습니다. 그것은 현존 상태를 부정하고, 늘 지루해 하고 초조해 하는 기다림이 아닙니다. 미래의 어느 지점을 바라보면서, 우리가 원하는 것을 얻지 못하게 방해하는 장애물로서 현재를 인식하는 기다림이 아닙니다. 그것은 우리의 완전한 의식을 필요로 하는 질적으로 다른 종류의 기다림입니다. 언제 일어날지 모르는 일에 대비해서 절대적으로 고요한 상태에 있는 기다림입니다. 이것이 예수가 말한 기다림입니다. 그런 상태에서는 모든 신경이 '지금'에 집중됩니다.

백일몽, 사고, 기억, 기대를 위한 자리는 없습니다. 그 속에는 긴장감도 두려움도 없으며 단지 활발한 현존만이 있습니다. 우리는 완전한 존재로 몸 구석구석까지 현존하게 됩니다. 그런 상태에서는 과거와 미래, 그리고 어떤 인격을 가진 '나'가 더 이상 존재하지 않습니다. 그렇지만 가장 소중한 것은 사라지지 않습니다. 우리는 여전히 본질적으로 우리 자신입니다. 사실, 그 어느 때보다 완전하게 자기 자신이 됩니다. 우리가 진정으로 자신이 되는 것은 오로지 '지금'뿐입니다.

예수는 "주인이 돌아오기를 기다리는 하인처럼 되라"라고 말했습니다. 하인은 주인이 몇 시에 돌아올지 모릅니다. 그래서 방심하지 않고 주인이 도착하기를 기다리며 침착하고 고요하게 깨어 있습니다. 어떤 비유에서 예수는 다섯 명의 부주의한(무의식적인) 여인이 등불(현존)을 켤 수 있는 충분한 기름(의식)을 준비하지 않았다가 신랑(현재)을 놓치고 결혼 피로연(깨달음)에 참석하지 못하는 이야기를 합니다. 예수는 그들 다섯 명을 충분한 기름(의식)을 준비한 다섯 명의 현명한 여인과 비교했습니다.

복음을 기록한 사람들조차 이러한 비유들의 의미를 이해하지 못하는 것을 보면 그것은 처음부터 잘못 해석되고 왜곡된 것입니다. 그리고 오해가 점점 더 커지면서 그 진정한 의미는 완전히 사라졌습니다. 그 비유들은 세상의 종말이 아니라 심리적 시간의 종말을 이야기하는 것으로, 우리가 자아의 마음을 초월해서 완전히 새로운 의식 상태에서 살 수 있는 가능성을 시사하는 것입니다.

# 아름다움은 현존의 고요함에서 생겨난다

나는 당신이 방금 묘사한 것을 가끔씩 혼자 있을 때나 자연에 둘러싸여 있을 때 순간적으로 경험하곤 합니다.

그렇습니다. 선사들은 그러한 통찰의 순간을 '삼매'라고 합니다. 그것은 완전히 현존하는 무심의 순간입니다. 삼매는 영속적인 변화는 아니지만 반가운 일입니다. 그 순간 우리는 깨달음을 맛보게 됩니다. 우리는 그것이 무엇인지도 모르고 그 중요성을 깨닫지 못하면서도 여러 번 경험했을 수 있습니다. 자연의 아름다움, 웅장함, 신성함을 인식하기 위해서는 현존이 필요합니다.

맑게 갠 밤하늘의 무한한 공간을 응시하면서, 그 완전한 평온함과 불가해한 광활함에 위압당해 본 적이 있습니까? 숲 속에서 계곡의 물소리를 들으며 진정으로 그 소리에 귀 기울여 본 적이 있습니까? 고요한 여름 저녁 해질 무렵에 이름 모를 새가 지저귀는 소리를 들어 본 적이 있습니까? 그런 것들을 의식하기 위해서는 마음을 정지해야 합니다. 잠시 개인적인 고민거리를 털어버리고, 과거와 미래, 그리고 알고 있는 모든 지식을 내려놓아야 합니다. 그렇지 않으면 보고 있어도 보지 못하고, 들어도 듣지 못합니다. 바로 완전한 현존이 요구되는 것입니다.

외부적인 형상의 아름다움 너머에는 이름을 부를 수도 없고, 말로 표현할 수 없는 무언가 깊은 내면의 성스러운 본질이 있습니다. 아름다움이 있는 곳에는 언제나 그러한 내면의 본질이 언뜻언뜻 비치게 됩니다. 그것은 우리가 현존하고 있을 때만 모습을 드러냅니다. 그 불가해한 본질과 당신의 현존은 하나이며 같은 것이 아닐까요? 당신이 없어도 그것이 거기에 있을까요? 그 속으로 깊이 들어가 보십시오. 거기서 당신 자신을 찾아 보십시오.

우리는 그러한 현존의 순간을 경험하면서도 자신이 잠깐 무심의 상태 속에 있었다는 것을 쉽게 깨닫지 못합니다. 그 이유는 그 상태와 생각의 유입 사이에 간극이 너무 짧기 때문입니다. 삼매는 마음이 들어오기 전에 단 몇 초 동안 지속되었을 뿐이지만, 여하튼 거기 있었습니다. 그렇지 않았다면 우리는 그 아름다움을 경험하지 못했을 것입니다.

마음은 아름다움을 인지할 수도 창조할 수도 없습니다. 잠시에 불과했지만 당신이 완전히 현존하고 있는 동안, 그 아름다움과 신성함은 거기 있었습니다. 그 틈새가 너무 짧고 당신이 충분히 각성하고 경계하지 못하기 때문에, 아름다움을 인식하는 무심과 그것을 생각으로 분별하고 해석하는 마음과의 기본적인 차이점을 알지 못했을 뿐입니다. 그 시간의 틈새가 너무 짧아서 하나의 과정으로만 느껴졌을 것입니다. 그러나 다음 순간 생각이 들어와서 당신에게는 기억으로밖에 남지 않은 것입니다.

지각과 생각 사이의 틈새가 넓어질수록 깨어 있는 상태를 더욱 깊이 지속시킬 수 있는 사람이 될 수 있습니다. 마음속에 갇혀 있는 많은 사람에게 자연의 아름다움은 실제로 존재하지 않습니다. 그들은 "꽃이 정말 예쁘다"라고 말하지만, 그것은 단지 자동적인 정의에 불과합니다. 왜냐하면 그런 사람들은 고요하지 않고 현존하지도 않으므로 꽃을 보고도 그 본질과 신성함을 진정으로 느끼지 못하기 때문입니다. 마찬가지로 그들은 자신을 모르고 있으며, 그들 자신의 본질과 신성함을 느끼지 못합니다.

우리는 마음이 지배하는 문화 속에서 살고 있습니다. 현대의 미술, 건축, 음악, 문학 등에서 아름다움과 내면의 본질을 찾아보기 어려운 것은 그 때문입니다. 그러한 것들을 창조하는 사람들이 마음으로부터 잠시도 벗어나지 못하기 때문입니다. 그들은 진정한 창조성과 아름다움이 생겨나는 내면의 장소와 만나지 못합니다. 그들의 마음이 제멋대로 괴물을 창조해내는 것입니다. 그것은 화랑에서만 볼 수 있는 것이 아닙니다. 산업화의 과정에서 폐허가 되어버린 도시의 풍경을 돌아보십시오. 일찍이 어떤 문명도 이렇게 흉악한 몰골을 드러낸 적은 없었습니다.

# 순수 의식의 실현

깨어 있다는 것은 현존하는 것과 같습니까?

우리가 존재를 의식할 때는 사실, 존재가 스스로를 의식하는 것입니다. 존재가 자신을 의식하게 되면 그것이 현존입니다. 존재, 의식, 삶은 동의어이기 때문에 현존이란 자신을 의식하는 의식이라고 말할 수 있습니다. 혹은 생명이 자의식을 획득하는 것이라고 말할 수도 있을 것입니다. 그러나 단어에 집착하지 마십시오. 이해하려고 노력하지 마십시오. 현존하기 전에는 아무것도 이해할 필요가 없습니다.

방금 당신이 한 이야기는 현존, 즉 궁극적인 초월적 실재는 아직 완전하지 않으며, 지금도 발전 과정을 겪고 있다는 의미를 함축하고 있는 듯합니다. 신은 개인적 성숙을 위한 시간을 필요로 할까요?

그렇습니다. 물질화된 세상의 제한된 시각으로 보자면 그렇다고 말할 수 있습니다. 성경에서 하느님은 선언합니다.

"나는 알파요 오메가이다. 나는 살아 있는 유일자이다."

시간을 초월한 신이 거주하는 왕국이자 우리의 집이기도 한 그곳에서는 시작과 끝, 알파와 오메가가 하나입니다. 만물의 본질은 일찍이 인간의 마음으로는 결코 상상할 수도 이해할 수도 없는 온전하고 완벽한 상태로 물질화되지 않은 채 존재해 왔으며 영원히 존재할 것입니다.

그러나 서로가 분리되어 있다고 느끼는 우리에게 시간을 초월한 완전함이란 불가해한 개념입니다. 영원한 근원으로부터 발산되는 의식이 하나의 발전 과정에 속하는 것처럼 보이는 것도 모두 우리의 이해가 부족하기 때문입니다. 그럼에도 불구하고 잠시 이 세상 안에서 일어나는 의식의 진화에 대해 이야기하고자 합니다.

만물은 '존재'를, 신의 본질을, 어느 정도의 의식을 갖고 있습니다. 돌멩이조차도 미미한 정도나마 의식을 갖고 있습니다. 그렇지 않으면 존재할 수 없으며, 원자와 분자로 흩어질 것입니다. 모든 것은 살아 있습니다. 태양, 지구, 행성, 동물, 인간 등 만물은 다양한 의식의 표현이요, 모습을 갖고 물질화된 의식의 표현입니다.

세상은 의식이 사고 형태와 물질적 형태를 취하면서 생겨납니다. 이 지구상의 수많은 생명체를 보십시오. 바다 속에서, 땅 위에서,

대기 중에서, 생명체가 오랜 세월 동안 되풀이해서 만들어지고 있습니다. 도대체 그 목적이 뭘까요? 누군가가, 혹은 무언가가 형태를 갖고 게임을 하는 것 아닐까요? 고대 인도의 선지자들은 스스로에게 그런 질문들을 했습니다. 그들은, 세상살이란 신이 벌이는 신성한 게임 같은 것(릴라 lila)이라고 보았습니다.

그 게임에서 개별적인 생명체들은 그다지 중요하지 않은 게 분명합니다. 바다 속에서는 대부분 생명체가 태어난 지 몇 분도 되지 않아서 죽고 맙니다. 인간의 형태 역시 꽤 빠른 속도로 먼지로 변하며 언제 존재했느냐는 듯이 사라집니다. 이것이 비극적이거나 잔인한 것일까요? 우리가 스스로 분리된 개체라고 느끼는 한 그것은 진실입니다. 저마다의 의식이란 신의 본질이 형상 속에 스스로를 표현하고 있는 것임을 잊고 지내는 한, 인생은 분명 비극입니다. 그럼에도 당신이 당신 자신 안에 있는 순수 의식으로서의 신의 본질을 깨닫기 전에는 진정으로 그것을 알 수 없습니다.

당신의 수족관에서 물고기 한 마리가 태어났다고 합시다. 당신은 그 물고기를 '존'이라고 부르고, 출생증명서를 작성하고 족보를 만듭니다. 그리고 나서 2분쯤 후에 그 물고기가 다른 물고기에게 잡아 먹힌다면 그것은 비극입니다. 그것이 비극인 이유는 당신이 '물고기에게 분리된 자아가 있다'라고 생각했기 때문입니다. 당신은 역동적인 과정에 있는 하나의 단편, 하나의 분자가 추는 춤을 보고 거기에서 분리된 개체를 만들어낸 것입니다.

　의식은 형상들 안에서 자기 자신을 완전하게 잃어버릴 만큼의 복잡성에 이를 때까지 여러 가지 형태로 변장합니다. 오늘날의 인간들에게 의식은 그렇게 변장된 형태의 것과 동일시되었습니다. 자신을 오로지 모습으로만 알고 있으므로, 육체적이고 심리적인 모습이 소멸될까봐 두려워하면서 살고 있습니다. 이것이 에고의 마음이며, 그로 인해 심각한 부작용이 일어납니다. 마치 진화 과정에서 무언가가 심각하게 잘못된 것이 아닌가 싶을 정도입니다.

　그러나 이것 역시 신이 하는 게임의 일부입니다. 결국 이렇듯 명백한 부작용에 의해 만들어지는 고통의 중압감으로 말미암아, 의식은 모습과의 동일시에서 벗어나게 될 것이고, 자신이 형상일 뿐이라는 꿈에서 깨어나게 될 것입니다. 결국은 자의식을 다시 찾게 되지만, 그 자의식은 그것을 잃어버릴 때보다 훨씬 차원이 깊어질 것입니다.

　예수는 이러한 과정을 '돌아온 탕자'라는 비유를 들어 설명합니다. 아버지의 집을 떠났던 아들이 재산을 탕진하고 빈털터리가 되어 집에 돌아옵니다. 그가 돌아왔을 때 아버지는 아들을 전보다 더 사랑합니다. 아들의 상태는 예전과 같으면서도 같지 않습니다. 한결 깊어진 것입니다. 이 비유는 완벽한 무지의 상태에서 시작되어 세속적인 불완전함과 악을 거쳐, 완전한 깨어 있음으로 가는 여정을 그리고 있습니다.

당신은 이제, 마음을 지켜보는 자가 되어 현존하라는 말의 더 깊고 넓은 의미를 알아차렸을지도 모릅니다. 마음을 지켜볼 때마다 당신의 의식은 마음이 지어내는 형상으로부터 후퇴합니다. 그때 당신은 감시자나 목격자가 되는 것입니다. 지켜보는 자로서의 의식이 점점 강해지면서 형상 뒤에 있는 순수 의식이 되어가고 마음의 구조는 허물어집니다.

마음을 지켜보는 자가 되는 것에 대한 이야기는 사실 우주적 의미를 담고 있습니다. 의식은 당신을 통해 눈에 보이는 모습을 자신과 동일시하던 환상에서 깨어나 형상으로부터 후퇴합니다. 이 과정은 언젠가 먼 미래에 연대기적인 시간이 정지할 것임을 예시하는 것이며, 이미 그 사건의 일부를 보여주고 있는 것입니다. 그 사건은 바로 '세상의 종말'입니다.

∫

의식이 육체와 마음이 지어내는 형상에서 벗어나 자유롭게 되면, 순수 의식이나 깨어 있는 의식, 혹은 현존이 됩니다. 이런 일은 이미 몇몇 사람에게서 일어났으며, 머지않아 훨씬 많은 사람에게도 일어날 것으로 보입니다. 대부분 사람은 여전히 마음을 자신과 동일시하고 마음에 의해 움직이는 에고에 사로잡혀 있습니다. 그런 사람들은 마음으로부터 벗어나 자유롭게 되지 않으면, 조만간 그것에 의해 멸망하게 될 것입니다. 혼란, 갈등, 폭력, 질병, 절망, 광기가 점점 더 심해질 것입니다.

에고의 마음은 침몰하는 배와도 같아서, 거기에서 내리지 않으면 배와 함께 가라앉게 됩니다. 집단적인 에고는 이 지구상에 일찍이 없었던 가장 위험하고 파괴적인 실체입니다. 인간의 의식이 변하지 않는다면, 이 지구상에 어떤 일이 일어나리라고 생각하십니까? 대부분 사람에게 있어서 쉴 수 있는 유일한 출구가 있다면, 가끔씩 생각을 멈추고 그 아래에 있는 의식 차원으로 돌아가는 것입니다. 모든 사람이 잠을 자면서 매일 그렇게 하고 있습니다.

어떤 사람들은 섹스, 알코올, 마약을 통해 과다한 마음의 활동을 진정시키기도 합니다. 대량으로 소비되고 있는 알코올, 안정제, 항우울제, 불법적인 약물이 없다면 어떻게 될까요? 마음의 광기는 지금보다 훨씬 더 두드러질 것입니다. 그런 약들을 빼앗아버린다면 인류의 상당 부분이 자신과 다른 사람들에게 위험한 존재가 될 것입니다.

그러나 약물이란 사람을 단지 무기력 속에서 허우적거리게 할 뿐입니다. 그런 약들이 널리 확산되어 사용된다면, 낡은 마음의 구조가 붕괴되는 일을, 그래서 더 높은 차원의 의식이 출현하는 것을 지연시킬 뿐입니다. 그런 약을 사용하는 사람들은 자기 마음에 의해 가해지는 나날의 고통으로부터 약간의 위안을 얻을 수는 있겠지만, 생각을 넘어서서 생생하게 깨어 있음으로써 진정 자유로워지는 길을 스스로 가로막고 있는 셈입니다.

먼 옛날 우리의 조상이나 동식물들처럼 마음 아래쪽에 있는 생각 이전의 의식 차원으로 떨어지는 것은 우리가 선택할 사항이 아닙니다. 되돌아가는 길은 없습니다. 인류가 살아남기 위해서는 다음 단계로 넘어가야만 합니다.

의식의 진화는 헤아릴 수 없이 많은 형태로 우주 전체에서 일어나고 있습니다. 그러니 우리 인간이 진화하지 않는다고 해도 우주적인 규모에서 보면 전혀 문제될 것이 없습니다. 의식 안에서는 전혀 잃을 것이 없으며, 스스로를 다른 형태를 통해 표현하면 그뿐입니다. 그러나 내가 여기에서 이런 이야기를 하고 있고, 여러분이 이 책을 읽고 있다는 바로 이 사실이 지구상에 새로운 의식의 발판이 마련되고 있다는 분명한 증거입니다.

이것은 개인적인 일이 아닙니다. 나는 여러분을 가르치는 것이 아닙니다. 여러분 자신의 의식이며, 여러분 자신에게 귀를 기울이고 있는 것입니다. 동양에는 '스승과 제자가 함께 배움을 창조한다'라는 속담이 있습니다. 어떠한 경우이든 말 자체는 중요하지 않습니다. 말은 진리가 아니며 진리를 가리킬 뿐입니다. 내가 현존하면서 이야기하면, 여러분은 현존 상태에서 나와 만나게 됩니다. 내가 사용하는 단어는 모든 언어가 그렇듯, 예전부터 사용되어왔고 저마다 쓰임새가 있지만, 단어로서 전달하는 의미와는 별도로 현존의 고주파 에너지를 전달합니다.

침묵은 현존을 전달하는 훨씬 더 강력한 도구입니다. 내가 말하는 것을 듣거나 읽으면서 단어 사이에, 혹은 그 밑바닥을 흐르고 있는 침묵을 인식하십시오. 그 틈새를 인식하십시오. 침묵에 귀 기울이면 언제 어디서든 직접적으로 쉽게 현존할 수 있게 됩니다. 잡음이 있다고 해도 소리와 소리 사이, 혹은 그 밑바닥에는 언제나 침묵이 있습니다. 침묵에 귀 기울이자마자, 여러분 안에는 즉각 고요함이 창조됩니다. 여러분의 내면이 고요해야만 외부의 침묵을 인식할 수 있습니다. 이러한 고요함이란 현존이 아니고 무엇이겠습니까? 생각의 형태에서 자유로운 의식이 아니고 무엇이겠습니까? 우리가 지금껏 이야기해 온 생생한 깨달음 또한 그것과 다르지 않을 것입니다.

# 당신의 신성한 현존에 대한 실재, 그리스도

 어떤 단어에 얽매이지 마십시오. 자신에게 더 적합하다고 생각 된다면, 현존 대신 '그리스도'로 대체할 수도 있습니다. 그리스도는 당신 안에 깃든 신성이요, 참 자아입니다. 그리스도와 현존의 차이 라면, 그리스도는 당신이 의식하든 안 하든 관계없이 당신 안에 내 재하는 신성을 일컫는 반면, 현존은 '깨어 있는' 당신의 신성이나 신의 본질을 의미한다는 것입니다.
 그리스도 안에는 과거나 미래가 없습니다. 그것을 안다면 그리 스도에 대한 많은 오해와 잘못된 믿음이 해소될 것입니다. 그리스 도가 '있었다'거나 '있을 것'이라고 하는 표현에는 모순이 있습니다. 예수는 '있었던' 것이 분명합니다. 그는 2,000년 전에 살았으며 신 성한 현존, 자신의 진정한 본성을 실현한 사람이었습니다. 그는 "나 는 아브라함이 태어나기 전에 이미 존재했다"라고 하지 않고, "아브 라함이 있기 전에 내가 있다"라고 말했습니다. 아브라함이 태어나기 전에 이미 존재했다고 말했다면, 그는 시간과 형태의 차원에 있었다는 의미가 될 것입니다.

시제가 과거인 문장에서 '내가 있다'라는 말은 시간을 뛰어넘는 불연속성의 혁명적인 의미를 지니고 있습니다. 그 말은 선(禪)만큼이나 심오합니다. 예수는 논리적인 생각을 통하지 않고, 현존의 의미를 직접 전달하고자 한 것입니다. 그는 시간에 의해 지배되는 의식의 차원을 넘어서서 시간이 존재하지 않는 영역으로 들어갔습니다. 그리하여 영원의 차원이 이 세상 속으로 들어온 것입니다. 영원이란 물론 끝이 없는 시간을 의미하는 것이 아니라, 시간이 없음을 의미합니다. 그리하여 예수라는 사람은 그리스도가 된 것입니다. 순수 의식을 위한 매체가 된 것입니다.

성경 속에서 하느님은 어떻게 자신을 정의하고 있을까요? "나는 언제나 있었고, 언제나 있을 것"이라고 했던가요? 물론 아닙니다. 그 말은 과거와 미래가 실재한다는 것을 나타냅니다. 하느님은 "나는 있음 자체이다"라고 말했습니다. 이 말에는 시간이 없으며, 오로지 현존이 있을 뿐입니다.

그리스도의 재림은 어떤 남자나 여자가 여기에 왔다는 의미가 아닙니다. 인간 의식의 대전환입니다. 시간으로부터 현존으로 가고, 생각에서 순수 의식으로 가는 대이동입니다. 만일 그리스도가 구체적인 외형의 모습을 띠고 내일 돌아온다고 할지라도 그나 그녀가 다음과 같은 말 이외의 다른 말을 과연 할 수 있을까요?
"나는 진리이다. 나는 신성한 현존이다. 나는 영원한 삶이다. 나는 네 안에 있다. 나는 여기에 있다. 나는 '지금'이다."

∫

그리스도를 인격화하지 마십시오. 그리스도에게 어떤 형태를 띤 정체성을 부여하지 마십시오. 영원의 스승들, 신성한 어머니들, 깨달은 마스터들은 매우 보기 드물지만 실재하며 보통 사람들과 전혀 다르지 않습니다. 격려하고 방어하고 만족시켜야 할 거짓 자아가 없는 그들은 보통의 남자들이나 여자들보다 오히려 더 단순하고 평범합니다. 에고가 강한 사람은 그들을 보잘것없이 여기거나 그들을 보고도 전혀 알아보지 못합니다.

만일 당신이 깨달은 스승에게 이끌린다면, 그것은 당신이 이미 다른 사람의 현존을 인지할 수 있을 만큼 충분히 현존하고 있기 때문일 것입니다. 예수나 붓다를 알아보지 못한 사람은 많았습니다. 그릇된 스승에게 이끌린 사람은 많았고 지금도 있습니다. 에고는 더 큰 에고에게 이끌리는 법입니다.

어둠은 빛을 알아보지 못합니다. 오로지 빛만이 빛을 알아볼 수 있습니다. 그러므로 빛이 우리 바깥에 있다거나 어떤 특별한 형식을 통해서만 들어올 수 있다고 생각하지 마십시오. 만일 당신이 믿는 주님만이 신의 화신이라면 당신은 누구입니까? 배타적인 것들은 그것이 무엇이든 모두 눈에 보이는 형상에 동화되어 있는 것이며, 형상에 정체성을 부여하는 것은 아무리 그럴듯하게 위장을 해도 결국은 에고를 의미합니다.

이름과 모습을 초월하여, 스승의 현존을 '나 자신은 진정 누구인가'를 비추는 거울로 이용하십시오. 스스로 더 강하게 현존할 수 있게 하십시오. 현존 안에는 '내 것', '네 것'이 없다는 것을 당신도 곧 알게 될 것입니다. 현존은 '하나의 상태'입니다.

함께 모여서 수행하는 것 역시 현존의 빛을 강화하는 데 도움을 줍니다. 함께 모여서 현존 상태로 들어가면 매우 강력한 집단 에너지장이 형성됩니다. 구성원 각자의 현존하는 수준을 높여줄 뿐 아니라, 집단 의식을 마음이 지배하는 상태로부터 해방해줄 것입니다. 그래서 각자가 현존 상태에 좀더 쉽게 접근할 수 있게 됩니다.

그러나 에고가 쉽사리 다시 고개를 쳐들지 못하게 하고, 다른 사람들을 방해하지 않도록 하기 위해서는 적어도 구성원 중에 한 사람은 이미 현존 속에 확고히 자리잡고 그 상태의 에너지 주파수를 유지할 수 있어야 합니다. 현존의 의미를 배우고 연습하는 때를 제외하고는 스승이나 지도자에게만 의존해서도 안 될 것입니다.

# 제6장
## 몸 안에 뿌리내리기

당신이 내면의 몸과 의식적인 접촉을 하고 있는 한
당신은 땅속 깊이 뿌리내린 나무요 기초가 튼튼한 건물이 됩니다.

# 당신의 가장 깊은 곳에 있는 것

앞서 당신은 몸 안에 깊이 뿌리내리는 것이 중요하다고 했습니다. 그것이 무슨 의미인가요?

우리 몸은 '존재'의 영역으로 접근하는 입구가 될 수 있습니다. 지금 몸 안으로 좀더 깊이 들어가십시오.

아직도 당신이 말하는 '존재'가 무슨 의미인지 이해가 잘 안 됩니다.

"물이라고? 그게 무슨 말이지? 난 도통 모르겠어."
물고기가 인간의 마음을 가졌다면 이렇게 말할 것입니다. '존재'를 이해하려고 하지 마십시오. 당신은 이미 '존재'를 어느 정도 감지하고 있는데도, 마음은 항상 그것을 움켜잡아서 작은 상자에 넣고 그 위에 이름표를 붙이려고 할 것입니다. 하지만 그렇게 할 수는 없습니다. 그것은 지식의 대상이 될 수 없기 때문입니다. '존재' 속에서는 주체와 객체가 하나로 합쳐져 있습니다.

'존재'는 이름과 모습을 초월하여 영원히 '내가 있다'라는 것을 느낄 수 있게 합니다. 당신이 '있다'라는 것을 알고, 거기에 깊이 뿌리내린 상태로 머무는 것이 바로 깨달음입니다. 예수는 진리가 당신을 자유롭게 해줄 것이라고 말했습니다.

무엇으로부터의 자유입니까?

당신 자신이 물질적인 몸과 마음으로 이루어진 존재에 불과하다는 망상으로부터의 자유입니다. 붓다가 말한 대로 '자신에 대한 망상'이야말로 핵심적인 잘못입니다. 그러한 망상이 필연적으로 빚어내는, 헤아릴 수 없이 많은 형태로 위장한 두려움으로부터 자유롭게 되는 것입니다. 그 두려움은 당신이 무상하고 취약한 형상으로부터 자의식을 이끌어내는 한 끊임없이 당신을 괴롭힐 것입니다. 또한 망상에 의한 자의식이 당신의 생각과 말과 행동을 지배하는 한, 당신은 자기 자신과 다른 사람들에게 무의식적으로 고통을 가하는 '죄'를 범하게 됩니다. 진리만이 거기에서부터 당신을 자유롭게 해줄 수 있습니다.

# 말 자체에 집착하지 말라

나는 죄라는 말을 좋아하지 않습니다. 그 말을 들으면 잘못을 저질러 심판을 받고 있는 듯한 기분이 듭니다.

무슨 말인지 이해가 갑니다. 죄라는 말은 수세기에 걸쳐 잘못 해석되어 왔습니다. 무지와 오해, 통제하려는 욕구 때문에 그런 잘못이 축적되어 온 것입니다. 하지만 내가 하는 말 너머의 것을 보십시오. 만일 말 너머를 바라볼 수 없다면, 그래서 그 단어가 가리키는 실재를 인식할 수 없다면 그 단어를 사용하지 말아야 합니다.

언어에 구애되지 마십시오. 말은 목적을 위한 수단에 불과합니다. 말은 추상입니다. 그것은 표지판처럼 그 너머를 가리킵니다. 꿀이라는 단어는 꿀이 아닙니다. 당신이 원한다면 꿀에 대해 연구하고 이야기할 수는 있겠지만, 맛을 보기 전에는 그것을 정말로 알지는 못합니다. 그것을 맛보고 나면 그 말은 덜 중요해집니다. 더 이상 말 자체에 집착하지 않게 되는 것입니다. 마찬가지로 당신은 여생 동안 신에 대해 끊임없이 이야기하거나 생각할 수 있습니다. 하지만 그런다고 해서 그 말이 가리키는 실재를 어렴풋이나마 알거나 볼 수 있을까요? 그것은 사실 지나치게 표지판에 집착하는 오류를 범하는 것입니다.

그 반대도 마찬가지입니다. 만일 어떤 이유로 당신이 꿀이라는 단어를 싫어한다면, 그것이 나중에는 꿀을 맛보는 데 장애가 될 수도 있습니다. 만일 당신이 신이라는 단어에 집착하는 대신 강한 혐오감을 갖고 있다면, 그 단어뿐 아니라 그것이 가리키는 실재까지 부정할 수 있습니다. 실재를 경험할 수 있는 가능성을 스스로 차단하는 것입니다. 그 모든 것의 근본적인 원인은 물론 당신이 마음과 동화되어 있기 때문입니다.

그러므로 어떤 단어가 당신에게 더 이상 맞지 않으면 그것을 버리고 적당한 단어를 대신 사용하십시오. 만일 '죄'라는 단어가 싫다면 무의식이나 광기라고 불러도 됩니다. 그러면 죄라는 말처럼 오랫동안 잘못 사용된 단어보다 단어 뒤에 숨은 실재나 진실에 좀 더 가까이 다가갈 수 있고, 그 말 때문에 죄의식을 느낄 필요도 없을 것입니다.

무의식이나 광기 같은 말도 싫습니다. 역시 무언가 내게 잘못이 있어서 비판받고 있는 듯합니다.

두말할 나위 없이 당신에게는 뭔가 잘못된 것이 있습니다. 그렇다고 해서 당신이 심판받고 있는 것은 아닙니다. 당신의 기분을 상하게 하려는 것은 아니지만, 당신 역시 20세기에 들어서만도 같은 인간을 1억 명 이상 살해한 인류에 속해 있지 않습니까.

공범이라는 말인가요?

이것은 범죄의 문제가 아닙니다. 그러나 당신이 에고에 의해 움직이는 한 집단적인 광기에 한몫하고 있는 것입니다. 아마도 당신은 에고에 의해 지배되는 인간 조건을 아주 깊이 들여다본 적이 없을 것입니다. 눈을 뜨십시오. 그리고 만연해 있는 두려움, 절망, 탐욕, 폭력을 보십시오. 인간들이 서로에게, 지구상의 다른 생명체에게 저질러 왔고 지금도 계속하고 있는 극악무도한 잔인함과 엄청난 고통을 보십시오. 비난할 필요는 없습니다. 그저 관찰하십시오. 그것이 죄입니다. 그것이 광기입니다. 그것이 무의식입니다. 무엇보다 당신 자신의 마음을 지켜보는 것을 잊지 마십시오. 거기에서 광기의 뿌리를 찾아내십시오.

# 보이지 않는 실재로서 자신을 인식하라

당신은 자신을 물질적 형태와 동일시하는 것이 망상의 일부라고 말했습니다. 그렇다면 물질적 형태인 몸이 어떻게 '존재'의 깨달음으로 우리를 데려갈 수 있을까요?

당신이 보고 만질 수 있는 몸은 당신을 '존재'로 이끌어가지 못합니다. 당신이 볼 수 있고 만질 수 있는 몸은 겉껍데기에 불과하며, 기껏해야 좀더 깊은 실재를 제한하고 왜곡해서 지각할 뿐입니다. 그러나 당신이 '존재'와 연결되어 있는 본연의 상태에서는 보이지 않는 몸 안에서 활기찬 내면의 현존으로 매 순간 좀더 깊은 실재를 느낄 수 있습니다. 그러므로 '몸 안에 들어간다'라는 것은 안으로부터 몸을 느끼는 것이며, 몸 안의 생명을 느끼고 그로써 당신이 외적 형태를 초월해 있음을 알게 되는 것입니다.

그러나 이것은 내면 여행의 시작에 불과합니다. 당신은 더없이 고요하고 평화로운 영역으로, 힘과 활기에 넘치는 삶의 영역으로 좀더 깊이 들어가야 합니다. 처음에는 잠시 스쳐 지나갈 뿐이지만, 그런 순간들을 통해 당신은 깨닫기 시작할 것입니다. 당신이라는 존재는 단지 낯선 우주에서 탄생과 죽음 사이를 얼마 동안 부유하다가 소멸할 수밖에 없는 하찮은 단편에 불과하지 않다는 것을.

눈에 보이는 형상 너머로 당신은 아주 광대하고 헤아릴 수 없는 신성한 무언가와 연결되어 있습니다. 이해하거나 말로 표현할 수 없지만 지금 나는 그것에 대해 이야기하고 있습니다. 나는 당신에게 무언가를 믿게 하려는 것이 아닙니다. 당신 스스로 그것을 알 수 있는 방법을 보여 주려는 것입니다.

당신이 온통 마음에 사로잡혀 있을 때는 '존재'로부터 차단되어 있습니다. 대부분 사람이 항상 그렇듯이, 그때 당신은 자신의 몸 안에 있지 못합니다. 마음이 당신의 모든 의식을 빼앗고 흡수합니다. 그래서 생각을 멈출 수 없습니다. 끊임없는 생각은 일종의 집단적인 병입니다. 그때 당신의 정체성은 완전히 마음의 활동으로부터 유래됩니다.

'존재'에 뿌리를 내리지 못하는 당신은 허약하고 끊임없이 갈망하는 마음으로 존재하며, 그로 인해 두려움이 가장 주도적인 기본 감정이 됩니다. 당신의 삶에는 정말 중요한 한 가지가 빠져 있습니다. 그것은 보이지 않고 파괴되지 않는 실재로서의 당신 자신을 인식하는 일입니다.

'존재'를 의식하기 위해서는 마음으로부터 의식을 되찾아야 합니다. 이것이 영적 여행에서 해야 할 가장 핵심적인 일입니다. 부질없고 편집적인 생각에 갇혀 있는 엄청난 양의 의식을 해방해야 합니다. 그렇게 하기 위한 가장 효과적인 방법 중 하나가 주의력의 초점을 생각으로부터 몸 안으로 향하게 하는 것입니다. 그럼으로써 당신은 무엇보다 먼저, 당신이 물질적인 육체라고 인식하는 것에 생명을 불어넣는 에너지장을 느낄 수 있습니다.

# 내적인 몸과의 만남

지금 해보십시오. 이 수행은 눈을 감고 하는 것이 좋습니다. 그러다가 '몸 안에 머무는 것'이 자연스럽고 쉬워지면 더 이상 눈을 감을 필요가 없습니다. 주의력을 몸 안으로 돌리십시오. 안으로부터 몸을 느끼십시오. 살아 있습니까? 손, 팔, 다리, 발, 당신의 배와 가슴속에서 생명을 느껴보십시오. 몸 전체에 퍼져서 모든 기관과 모든 세포에 활기를 주는 미묘한 에너지장을 느껴보십시오. 신체의 모든 부분을 아우르는 하나의 에너지장을 느껴보십시오. 잠시 동안 내적인 몸에 집중하면서 느껴보십시오. 그 느낌에 대해 생각을 만들지는 마십시오. 그냥 느끼면 됩니다.

주의를 집중할수록 느낌이 좀더 분명하고 강해질 것입니다. 마치 몸의 구석구석까지 활기차게 살아나는 듯 느껴질 것입니다. 만일 시각적인 감각이 강하다면 자신의 몸이 빛나기 시작하는 것을 상상할 수 있을 것입니다. 그 이미지는 일시적으로 도움이 될 수도 있습니다. 그러나 어떤 영상보다는 느낌에 더 주의를 기울이십시오. 영상은 아무리 아름답고 강력하다고 해도 이미 형상화된 것이므로, 더 깊이 침투할 수 있는 여지를 줄여버립니다.

내적인 몸에 대한 느낌은 형태도 없고 한계도 없고 깊이를 헤아릴 수도 없습니다. 당신은 계속해서 더 깊이 들어갈 수 있습니다. 만일 이 단계에서 별다른 느낌이 없다면, 무엇이든 당신이 느낄 수 있는 것에 집중하십시오. 손이나 발이 약간 따끔거릴 수도 있습니다. 당장은 그 정도로 충분합니다. 그 느낌에만 초점을 맞추십시오. 당신의 몸이 살아나고 있습니다.
이제 눈을 뜨고 방안을 둘러봐도 됩니다. 하지만 몸 안의 내적인 에너지장에는 계속해서 주의를 기울이십시오. 당신의 내적인 몸은 당신의 모습과 진정한 본질 사이에 놓인 문지방입니다. 그것과 접촉하는 것을 잊지 마십시오.

# 몸을 통한 깨달음

대부분 종교는 왜 육체를 비난하고 부정하는 걸까요? 영적인 구도자들은 항상 육체를 장애물이나 죄악으로 여겼던 것 같은데요.

깨달음을 얻는 구도자가 그토록 드문 이유가 무엇이겠습니까? 육체적 차원에서 보면 인간은 다른 동물과 매우 가깝습니다. 모든 기본적인 신체 기능, 즉 쾌감, 고통, 호흡, 먹고 마시고 배설하고 잠을 자고 짝을 찾아 자손을 출산하려는 욕망, 탄생과 죽음에 이르기까지 우리는 다른 동물과 별로 다를 것이 없습니다. 은총과 합일의 상태에서 벗어나 망상 속으로 떨어지고 난 얼마 후, 인간은 갑자기 자신의 몸이 다른 동물과 같다는 것을 깨닫고 매우 혼란스러웠습니다.

'너 자신을 속이지 마. 넌 결국 하나의 동물에 불과한 거야.'

이것이 진실인 것 같았습니다. 그러나 너무 당혹스러운 진실이어서 받아들이기 힘들었습니다.

아담과 이브는 자신들이 벌거벗은 것을 알고 두려워졌습니다. 그들은 무의식적으로 동물적인 본성을 재빨리 부정했습니다. 강력한 본능적 욕구에 의해 점령당할 것만 같은, 캄캄한 무지의 어둠 속으로 되돌아갈 것만 같은 위협을 생생하게 느꼈습니다. 신체의 특정 부분과 기능, 특히 성욕에 대한 수치심과 금기가 생겨났습니다.

자신들의 동물적 본성과 친숙하게 지내면서도, 있는 그대로를 허용하고 즐길 수 있을 만큼 그들의 의식의 빛은 강하지 못했습니다. 더군다나 내면으로 깊이 들어가서 그 안에 숨어 있는 신성, 환상 속의 실재를 발견한다는 것은 꿈도 꾸지 못했을 것입니다. 그들이 자신을 육체로부터 분리하기 시작한 것은 당연한 반응이었습니다. 이제 그들은 자신이 몸으로 존재하는 것이 아니라 몸을 갖고 있다고 보았습니다.

종교가 생기자 이런 분리감은 '나는 나의 육체가 아니다'라는 믿음으로 더욱 굳어졌습니다. 남녀노소를 불문하고 동서양의 수많은 사람이 육체의 부정을 통해 신과 구원과 깨달음을 얻으려고 애써 왔습니다. 특히 감각적인 즐거움과 성욕을 부정하는 금욕과 금식, 갖가지 고행을 시도했습니다. 육체를 죄악시했기 때문에 육체에 고통을 가하고 처벌하기까지 했습니다. 기독교에서는 이를 '육신의 고행'이라고 불렀습니다.

어떤 사람들은 초월 상태에 들어가거나 혼이 자기 몸을 떠나는 경험을 통해 육체로부터 달아나려고 시도했습니다. 그런 사람은 지금도 여전히 많습니다. 붓다도 6년 동안이나 금식과 극단적인 고행을 통해 육신을 부정했던 것으로 알려져 있습니다. 하지만 그는 그런 식의 수행을 포기한 후에야 깨달음을 얻었습니다.

육체를 부정하거나 혹사하거나 이탈하는 경험을 통해 깨달음을 얻은 사람은 아무도 없습니다. 그러한 경험이 매혹적일 수도 있고, 물질적인 형태로부터 잠시나마 해방해줄 수는 있을 것입니다. 하지만 결국에는 항상 본질적인 변화 과정이 일어나는 몸으로 돌아와야 합니다. 변화는 외부에서 오는 것이 아니라 몸을 통해서 일어납니다. 그래서 진정한 스승은 육체를 혹사하거나 이탈하기를 권하지 않았던 것입니다.

육체에 관련된 고대의 가르침은 몇몇 단편적인 구절로만 전해지고 있습니다. "너의 몸 전체가 빛으로 가득 찰 것"이라는 예수의 말도 그중 하나입니다. 예수가 육신을 버리지 않고 육신을 입은 상태에서 '승천'했다는 전설도 있습니다. 오늘날까지 그러한 단편들이나 신화의 숨겨진 의미를 이해하는 사람은 거의 없었습니다. '나는 나의 몸이 아니'라는 믿음이 전반적으로 우세했던 것이 사실이고, 그러한 믿음은 육체를 부정하고 이탈하려는 시도로 이어져 왔습니다. 그로 인해 수많은 구도자가 영적 깨달음을 얻지 못했던 것입니다.

몸이 갖는 의미에 대해 잃어버린 가르침을 회복할 가능성이나 기존의 단편들로부터 그 의미를 재구성할 가능성은 없나요?

그럴 필요는 없습니다. 모든 영적 가르침은 동일한 '근원'에서 비롯됩니다. 그런 의미에서 언제나 스승은 단 한 사람뿐이었고 지금도 그렇습니다. 모습은 수없이 다를지라도 말입니다. 내가 그 스승이며 여러분이 그 스승입니다. 일단 내면의 '근원'에 도달할 수만 있다면 말이지요. 그곳으로 가기 위해서는 내적인 몸을 통과해야 합니다. 모든 영적 가르침은 동일한 '근원'에서 비롯되지만, 일단 말과 글로 표현되면 단어의 집합에 불과합니다. 그리고 말이란 앞서 말했듯이 표지판에 불과합니다. 결국 모든 가르침은 '근원'으로 돌아가는 길을 가리키는 표지판입니다.

나는 이미 여러분의 몸 안에 숨어 있는 '진리'에 대해 이야기한 바 있지만, 다시 한 번 우리가 잃어버린 스승들의 가르침을 요약해서 설명해 보겠습니다. 그것은 또 다른 표지판인 셈입니다. 내 이야기를 읽거나 들으면서 내면의 몸을 느껴보십시오.

# 내면의 몸을 통해 신과 하나가 되라

　병들고 늙어서 죽을 수밖에 없으며 조밀한 물질 구조로 이루어져 있다고 인식하는 당신의 몸은 궁극적으로 실재가 아니며 당신이 아닙니다. 몸을 자기 자신이라고 믿는 것은 탄생과 죽음 너머에 있는 본질적인 실재를 잘못 지각하고 있는 것이며, 마음이 지어내는 한계에 불과합니다. '존재'와의 접촉을 상실한 당신의 마음은 당신이 분리되어 있다는 증거로 몸을 만들어내고, 그 자신의 두려움을 합리화합니다.

　그렇다고 해서 몸에서 등을 돌리면 안 됩니다. 마음은 무상하고 유한하며 죽음의 상징인 몸이라는 환상을 만들어냈지만, 그 몸 안에 당신 자신의 본질적이며 영구적인 실재가 숨어 있습니다. 진리를 찾기 위해 다른 곳을 둘러볼 필요는 없습니다. 여러분 내면의 몸이 아니면 어디에서도 진리를 발견할 수 없습니다.

　몸에 저항해서 싸우지 마십시오. 그러면 당신 자신의 실재에 대항해서 싸우는 셈이 됩니다. 당신은 당신의 몸입니다. 당신이 보고 만질 수 있는 몸은 얇은 환상의 베일에 지나지 않습니다. 그 밑에는 보이지 않는 내면의 몸, 현시되지 않은 세계로 들어가는 입구가 놓여 있습니다. 내면의 몸을 통해서 당신은 그러한 현시되지 않은 세계, 탄생도 죽음도 없으며 영원히 현존하는 삶과 단절되지 않고 연결되어 있는 것입니다. 내면의 몸을 통해 당신은 신과 영원히 하나인 것입니다.

# 안으로 깊숙이 뿌리내리기

열쇠는 내면의 몸과 영원히 연결된 상태로 있는 것입니다. 언제나 내면의 몸을 느끼십시오. 그러면 어느새 당신의 삶에 깊이가 더해지면서 변화가 일어날 것입니다. 스위치를 올려 전기의 흐름을 증가시키면 빛이 점점 더 밝아지는 것처럼 내면의 몸에 집중할수록 의식의 주파수가 점점 높아집니다. 높은 에너지 차원에서는 부정적인 사고나 감정이 더 이상 당신에게 해를 끼칠 수 없습니다. 또한 높은 주파수를 반영하는 새로운 환경을 끌어들이게 됩니다.

당신이 최대한 내면의 몸에 계속 집중한다면 '지금'에 닻을 내리게 될 것입니다. 외부 세계 속에서 자신을 잃어버리지 않을 것이며, 마음속에서 당신 자신을 잃어버리지 않을 것입니다. 사고와 감정, 욕망, 두려움은 어느 정도까지는 거기 그대로 있을지 모르지만 당신을 점령하지는 못합니다.

지금 이 순간 당신의 주의력을 점검하십시오. 당신은 내 말을 듣고 있거나 이 책을 읽고 있습니다. 당신의 주의는 거기에 초점이 맞춰져 있습니다. 또한 주변과 다른 사람들을 대충 인식하고 있을 것입니다.

당신이 듣고 있거나 읽고 있는 것에 대해 마음이 간섭하고 있을지도 모릅니다. 아직은 어느 한 가지에 주의력을 완전히 집중할 필요는 없습니다. 어느 정도 내면으로 시선을 돌리고 있으면 됩니다. 주의력이 밖으로 흘러나가지 않도록만 하십시오. 당신의 몸 전체를 하나의 에너지장으로 느껴보십시오. 그러면 몸 전체로 듣거나 읽고 있는 것이 됩니다. 앞으로 며칠에서 몇 주일 동안은 이 수행을 해 보십시오.

주의력을 온통 마음과 외부 세계에 빼앗기지 마십시오. 지금 당신이 하고 있는 일에 집중하면서 가능할 때마다 내면의 몸을 느껴보십시오. 내면에 뿌리를 내리십시오. 그리고 나서 당신의 의식 상태와 당신이 하고 있는 일이 질적으로 어떻게 변화되는지를 지켜보십시오. 언제라도 좋으니 무엇인가를 기다리는 일이 있을 때면 그 시간을 이용해서 내면의 몸을 느껴보십시오. 그러면 차가 막힐 때나 줄을 설 때도 매우 즐거워질 수 있습니다.

'지금'과 동떨어진 생각을 하지 말고, 내면의 몸으로 더 깊이 들어감으로써 '지금'에 침잠하십시오. 내면의 몸을 인식하는 기술은 당신의 삶을 전혀 새로운 삶, '존재'와 영원히 연결된 상태로 발전시킬 것이며, 전에 느껴보지 못했던 삶의 깊이를 더해줄 것입니다.

당신이 당신의 몸 안에 깊이 뿌리를 내리고 있을 때는 마음을 지켜보는 자로서 현존하기가 쉽습니다. 외부 세계에서 일어나는 일이 더 이상 당신을 동요시킬 수 없게 됩니다. 몸에 거주하는 것은 언제나 현존의 본질적인 일부입니다. 당신이 현존하지 않는다면 계속해서 마음에 의해 움직이게 될 것입니다. 마음이 낡은 각본에 따라 당신의 사고와 행동을 지시할 것입니다. 가끔은 거기서 벗어날 때도 있겠지만 잠시뿐입니다. 세상 일이 '잘못'되거나 상실감과 분노가 일어날 때는 특히 더 그렇습니다. 그러면 마음과 동화된 의식 상태 밑에 깔려 있는 기본적인 감정인 두려움에 의해 무의식적이고 자동적인 반응을 하게 됩니다.

어려운 일이 닥칠 때마다 즉시 내면으로 들어가서 몸 안의 에너지장에 최대한 집중하는 습관을 들이십시오. 이것은 오래 걸리지 않으며 단 몇 초만으로도 충분합니다. 그러나 도전받는 그 순간에 해야 합니다. 조금만 늦으면 정신적·감정적 반응이 일어나면서 당신을 점령할 것입니다. 당신이 내면에 주의를 집중하고 내면의 몸을 느끼면, 의식이 마음으로부터 물러나 즉시 고요해지면서 현존하게 됩니다. 만일 그 상황에서 어떤 대응책이 필요하다면 좀더 깊은 차원에서 행동할 수 있을 것입니다. 태양이 촛불과 비교할 수 없이 밝은 것처럼 당신의 마음보다는 '존재' 안에 훨씬 무한한 지성이 있습니다.

당신이 내면의 몸과 의식적인 접촉을 하고 있는 한 당신은 땅속에 깊이 뿌리내린 나무요 기초가 튼튼한 건물이 됩니다. 예수는 두 사람이 집을 짓는 비유를 들려줍니다. 한 사람은 기초 공사도 하지 않고 모래 위에 집을 지었기 때문에 폭풍우가 오자 홍수에 떠내려 갑니다. 다른 한 사람은 바위가 나올 때까지 땅을 깊이 파고 집을 지었는데, 그 집은 홍수에 휩쓸려가는 일이 없었습니다.

# 몸 안으로 들어가기 전에 먼저 용서하라

내면의 몸에 주의력을 집중하려고 했을 때 아주 불편한 느낌이 들었습니다. 불안하면서 다소 어지러운 느낌도 있었습니다. 그래서 당신이 말하는 것을 경험할 수 없었습니다.

당신에게는 내면의 몸에 집중하기 전까지는 인식하지 못했던 감정의 찌꺼기가 남아 있었던 것 같습니다. 먼저 거기에 주목하십시오. 그 감정은 당신이 그 아래쪽에 놓여 있는 내면의 몸에 접근하는 것을 방해할 것입니다. 주의를 기울이라는 것은 거기에 대해 생각하라는 것이 아닙니다. 단지 감정을 지켜보고, 그것을 충분히 느끼면서 있는 그대로를 받아들이라는 것입니다. 분노, 두려움, 슬픔 등의 감정은 쉽게 정체가 드러납니다.

하지만 이름을 붙이기 어려운 감정들도 있습니다. 막연하게 불안하고 무겁고 위축되어 있거나 감정도 아니고 신체적인 감각도 아닌 어중간한 느낌도 있습니다. 어떤 경우든 중요한 것은 그 느낌을 정의하는 것이 아니라 최대한 인식하는 것입니다. 주의력은 변화의 열쇠입니다. 그리고 완전한 집중은 부정하거나 거부하지 않고 받아들이는 것을 의미합니다. 주의력은 한 줄기 빛과도 같습니다. 완전히 집중된 의식의 힘은 모든 것을 그 자체로 환원시킵니다.

제 기능을 충분히 발휘하는 유기체 안에서는 감정이 오래 버틸 수 없습니다. 감정은 존재의 표면 위에 순간적으로 일어나는 물결이나 파문과 같습니다. 그러나 당신이 몸 안에 있지 않을 때는 어떤 감정이 며칠이고 몇 주일이고 당신 안에서 살아남을 수 있습니다. 비슷한 주파수를 가진 다른 감정들과 만나 함께 섞여서 업장이 되고, 기생충처럼 오랜 세월 동안 당신 안에 살면서 에너지를 파괴하고, 육체적으로 질병을 일으키고, 당신의 삶을 불행하게 만들 수 있습니다.

그러므로 주의를 기울여 그 감정을 느끼면서 스스로를 지켜보십시오. 비난이나 자기 연민, 원망과 같은 불만스러운 마음의 유형에 매달려 있지 않은지 점검하십시오. 만일 그렇다면 당신은 용서하지 않은 것입니다. 자기 자신이나 다른 사람을 용서하지 않은 것입니다. 당신의 마음이 받아들이기를 거부하는 과거, 현재, 미래의 어떤 상황이나 조건을 용서하지 않았을 수도 있습니다. 그렇습니다. 미래에 대해서도 용서하지 않을 수 있습니다. 마음이 미래를 통제할 수 없다는 불확실성을 인정하지 않는 것입니다. 용서란 불만을 버리고 슬픔을 떠나보내는 것입니다. 일단 당신의 불만이 거짓 자의식을 강화할 뿐 아무 소용이 없다는 것을 깨닫기만 하면 자연스레 그렇게 됩니다. 용서는 삶에 저항하지 않고 삶이 당신을 통해 살도록 허락하는 것입니다. 그렇지 않으면 고통과 괴로움을 느끼고, 삶의 에너지 흐름이 극도로 제한되며, 그 결과 육체적인 질병이 생기곤 합니다.

당신이 진정으로 용서하는 순간, 마음으로부터 힘을 되찾게 됩니다. 용서하지 않는 것은 마음의 본성이며, 마음이 만들어내는 거짓 자아는 투쟁과 갈등이 없으면 살아가지 못합니다. 마음은 용서할 수 없습니다. 오로지 당신만이 할 수 있습니다. 지금 이 순간에 존재하십시오. 몸 안으로 들어가서 '존재'로부터 발산되는 활기찬 평화와 고요를 느끼십시오. 예수가 "제단에 예물을 바치기 전에 먼저 용서하라"라고 했던 말의 의미가 바로 그것입니다.

# 보이지 않는 세계와의 연결

현존과 내면의 몸은 어떤 관계가 있나요?

현존은 순수 의식입니다. 마음으로부터, 눈에 보이는 형태의 세계로부터 의식을 되찾는 것입니다. 내면의 몸은 당신을 '현시되지 않은 세계'와 연결해줍니다. 빛이 태양으로부터 나오듯이 현시되지 않은 근원으로부터 의식이 방사됩니다. 내면의 몸에 대한 인식은 의식으로 하여금 그 기원을 기억하게 하고 '근원'으로 돌아가게 합니다.

현시되지 않은 세계란 '존재'와 같은 것인가요?

그렇습니다. '현시되지 않은'이라는 부정형의 용어는 말하거나 생각하거나 상상할 수 없다는 것을 표현합니다. 그 말은 부정형이지만, '존재'를 긍정하고 있습니다. 반면, '존재'는 긍정적인 표현입니다. 이런 말들에 대해 집착하지도 말고 믿지도 마십시오. 언어는 표지판에 불과합니다.

**당신은 현존이 마음으로부터 의식을 되찾는 것이라고 말했습니다. 누가 되찾는다는 것인가요?**

당신이 되찾는 것입니다. 그러나 당신은 본질적으로 의식이므로 눈에 보이는 형상의 꿈으로부터 의식을 깨우는 것이라고도 말할 수 있습니다. 그렇다고 해서 빛을 비추는 즉시 당신의 형상이 사라진다는 의미는 아닙니다. 당신은 현재의 형상을 계속 갖고 있으면서도 당신 안에 내재하는 형태도 없고 죽음도 없는 존재를 인식할 수 있습니다.

**나는 아직 완벽하게 이해하지 못하고 있다는 것을 인정합니다. 하지만 당신이 말하는 것을 좀더 깊이 알게 된 것 같습니다. 그러나 어떤 느낌에 불과합니다. 내가 아는 척하고 있는 건가요?**

아니오. 아는 척하는 것이 아닙니다. 느낌은 생각보다 더 정확합니다. 당신이 깊은 내면에서 아직 모르고 있는 어떤 것을 내가 이야기해줄 수는 없습니다. 내면의 연결 상태에 어느 정도 도달하게 되면, 진리의 말을 들었을 때 그것이 진리임을 알아차리게 됩니다. 만일 아직 그 단계에 이르지 못했다면 몸을 인식하는 수행을 함으로써 필요한 깊이를 얻게 될 것입니다.

# 노화가 늦추어진다

내면의 몸을 의식하게 되면 육체적인 측면에서도 혜택이 있습니다. 그중 하나가 육체의 노화가 상당히 늦추어진다는 것입니다. 겉가죽의 몸은 늙어가고 시들어가게 마련이지만 내면의 몸은 시간이 흘러도 변하지 않습니다. 당신은 그러한 내면의 몸을 점점 더 깊이 느끼고 더 완전하게 그것과 하나가 될 수 있습니다. 당신이 지금 스무 살이라면 여든 살이 되어도 내면의 몸의 에너지장은 지금 상태와 변함이 없을 것입니다. 내면의 몸은 변함없이 활기찰 것입니다.

평소 마음에 갇혀 있는 상태였던 당신이 몸 안에 머물면서 '지금'에 현존하는 습관을 가지게 되면, 당신의 물리적인 몸은 즉시 가벼워지고, 투명해지고, 더 활기차집니다. 몸 안의 의식이 증가하면 몸의 분자 구조가 실제로 덜 조밀해집니다. 의식이 증가한다는 것은 물질성에 대한 망상이 줄어든다는 의미입니다.

당신이 시간이 존재하지 않는 내면의 몸과 동화되고, 현존이 당신의 일상적인 의식이 되어 과거와 미래의 지배를 받지 않으면 당신의 정신과 육체 속에는 더 이상 시간이 축적되지 않습니다. 심리적인 부담을 주는 과거와 미래라는 시간의 축적은 신체 세포의 회생 능력을 크게 손상시킵니다. 만일 당신이 내면의 몸 안에 거주한다면 외형적인 몸도 따라서 훨씬 더 천천히 노화될 것입니다. 노화가 되더라도 우리의 영원한 본질이 외부로 빛을 발산하기 때문에 늙은이처럼 보이지 않을 것입니다.

과학적인 근거가 있나요?

직접 해보면 당신이 그 증거가 될 것입니다.

# 면역 체계가 강화된다

당신이 내면의 몸에 거주할 때 물리적인 영역에서 받을 수 있는 또 하나의 혜택은 면역 체계가 크게 강화된다는 것입니다. 몸에 대해 의식할수록 면역 체계도 강해집니다. 마치 모든 세포가 깨어나서 즐거워하는 것 같습니다. 몸은 관심받는 것을 좋아합니다. 이것은 효과적인 자기치유법이 될 수도 있습니다. 대부분 질병은 당신이 몸 안에 현존하지 않을 때 침투해 들어옵니다. 주인이 집에 없으면 온갖 수상한 사람들이 기웃거리는 것과 같습니다. 당신이 몸 안에 거주하면 불청객이 들어오기 어려울 것입니다.

강화되는 것은 육체적인 면역 체계만이 아닙니다. 정신적인 면역 체계 역시 크게 향상됩니다. 정신적인 면역 체계는 다른 사람들로부터 전염되기 쉬운 부정적인 정신적·감정적 세력권으로부터 당신을 보호합니다. 몸 안에 거주하는 것은 방패막을 형성해줄 뿐 아니라 당신의 전체 에너지장의 주파수를 높여서 당신을 보호합니다.

그리하여 두려움, 분노, 우울 따위의 주파수가 낮은 감정들은 예전과는 다른 질서의 현실 속에 있게 됩니다. 그런 것들은 더 이상 의식 영역에 들어오지 못하거나 만일 들어온다고 해도 그냥 통과해 버리기 때문에 당신이 거기에 저항할 필요가 없어지는 것입니다.

내가 말하는 것을 그냥 수긍하거나 부정만 하지 마십시오. 직접 시험해 보십시오. 면역 체계를 증강시킬 필요를 느낄 때마다 당신이 할 수 있는 간단하지만 강력한 자기 치유 명상이 있습니다. 특히 병이 날 것 같은 징후를 느낄 때 사용하면 효과가 좋고, 이미 병에 걸렸다고 해도 일정한 간격으로 확실하게 집중해서 사용하면 역시 효과가 있습니다. 어떤 형태의 부정적 감정이나 생각에 의해 당신의 에너지장이 붕괴되는 것 또한 막아줄 것입니다. 그러나 매 순간 몸 안으로 들어가는 연습도 게을리하지 마십시오. 그렇게 하지 않으면 일시적인 효과로 그치고 말 것입니다. 그 명상법은 다음과 같습니다.

잠시 아무 할 일이 없을 때, 그리고 특히 밤에 잠들기 전이나 아침에 잠자리에서 일어나자마자 당신의 몸에 의식을 흐르게 하십시오. 등을 바닥에 대고 똑바로 누워 눈을 감으십시오. 처음에 잠시 동안 주의력을 집중할 신체 부위를 선택하십시오. 손, 다리, 팔, 발, 배, 가슴, 머리 등 아무 곳이나 좋습니다. 최대한 강렬하게 그러한 부위들 안에서 생명력을 느끼십시오. 각 부분에 15초 정도씩

주의를 집중하십시오. 그러고 나서 몇 차례 파도치듯이 온몸에 의식이 흐르게 하십시오. 발끝에서 머리까지, 그리고 다시 거꾸로 돌아가십시오. 1분 정도만 그렇게 하면 됩니다. 그런 다음 몸 안 전체를 하나의 에너지장으로 느끼십시오. 그 느낌을 몇 분간 유지하십시오. 그동안 몸 구석구석까지 확고하게 현존하십시오. 때로 마음이 당신의 주의력을 몸에서 끌어내서 어떤 생각 속에 빠지게 한다고 해도 걱정하지 마십시오. 그런 일이 일어났다는 것을 감지하는 순간, 다시 몸 안쪽으로 주의력을 돌리면 됩니다.

# 호흡을 통해 몸 안으로 들어가기

때로 마음이 매우 활발하게 움직이고 있을 때는 강한 타성이 생기기 때문에 주의력을 돌려서 내면의 몸을 느끼기 어렵습니다. 특히 걱정스럽거나 불안할 때 그렇습니다. 어떻게 하면 좋을까요?

내면의 몸과 접촉하기가 어려울 때는 호흡에 먼저 집중하는 것이 더 쉬울 것입니다. 그 자체로 효과적인 명상이 될 수 있는 의식적인 호흡은 당신을 점차적으로 몸과 만나게 해줍니다. 숨을 들이쉬고 내쉬면서 호흡에 주의를 기울이십시오. 몸속으로 숨을 들이마시고 내쉴 때마다 복부가 약간씩 팽창하고 수축하는 것을 느끼십시오. 만일 그것이 눈에 보인다면 눈을 감고 자신이 의식의 바다라고 불리는 발광체에 둘러싸여 있는 모습을 보십시오. 그리고 나서 그 빛 속에서 호흡하십시오. 그 발광체가 당신 몸을 가득 채우고 빛나게 하고 있는 것을 느끼십시오. 그러면 점차 그 느낌에 집중하게 됩니다. 이제 당신은 당신의 몸속에 있습니다. 어떠한 시각적 이미지에도 집착하지 마십시오.

# 마음을 창조적으로 사용하기

　마음을 어떤 특별한 목적에 사용할 필요가 있다면 당신 내면의 몸과 연결해서 사용하십시오. 생각을 하지 않고 의식이 깨어 있을 수만 있다면 당신은 마음을 창조적으로 사용할 수 있으며, 그런 상태로 들어가는 가장 쉬운 길은 당신의 몸을 통하는 것입니다.

　어떤 대답이나 해결책, 또는 어떤 창조적인 아이디어가 필요할 때마다 잠시 생각을 멈추고 몸 안의 에너지장에 주의를 집중하십시오. 고요함을 인식하십시오. 그리고 나서 생각을 다시 회복했을 때, 그 생각은 신선하고 창조적이 될 것입니다. 어떠한 사고 활동이든, 매순간 생각과 내면의 고요함 사이를 왕복하는 습관을 가지십시오. 머리로만 생각하지 말고 몸 전체로 생각하십시오.

# 듣는 기술

다른 사람의 말에 귀 기울일 때는 마음으로만 듣지 말고 몸 전체로 들으십시오. 몸 안의 에너지 영역을 느끼면서 들으십시오. 그러면 생각으로부터 주의력이 돌려져서 마음의 간섭을 받지 않고 진정으로 들을 수 있는 고요한 공간이 생깁니다. 다른 사람이 존재할 수 있는 공간을 주는 것입니다. 그것이야말로 당신이 줄 수 있는 가장 소중한 선물입니다.

대부분 사람은 자기 생각에만 온통 사로잡혀서 상대방의 말을 들을 줄 모릅니다. 상대방이 말하고 있는 것보다 자신의 생각에 더 많이 신경씁니다. 더 나아가서 정말 중요한 것, 다시 말하자면 상대방의 말과 마음 밑바닥을 흐르고 있는 존재에는 전혀 주의를 기울이지 않습니다. 물론, 당신은 당신 자신의 존재를 통하지 않고서는 다른 사람의 존재를 느낄 수 없습니다. 이것이 하나됨의 실현이요 사랑의 시작입니다. 존재의 가장 깊은 차원에서 당신은 모든 삼라만상과 하나입니다.

　대부분 인간 관계는 주로 마음의 교류입니다. 존재와 존재의 교류인 진정한 영적 친교는 이루어지지 않습니다. 그런 식으로는 어떠한 관계도 성장할 수 없으며, 그래서 수많은 갈등이 빚어지는 것입니다. 마음이 삶을 지배하고 있을 때는 갈등과의 다툼과 문제가 불가피하게 일어납니다. 하지만 당신이 내면의 몸과 접촉하고 있는 상태에서는 진정한 관계가 꽃필 수 있는 무심의 빈터가 만들어집니다.

## 제7장
## 현시되지 않은 세계로 들어가기

일상적 활동에 종사하고 있을 때나 사람이나 자연과 만날 때,
내면 깊숙한 곳의 고요를 느껴보십시오.
그러면 당신은 현시되지 않은 세계와 현시된 세계 사이에,
신과 이 세상 사이에 놓인 다리가 됩니다.

# 형체 없는 영역에서의 진정한 자유

내 몸 안에서 에너지를 느낄 수 있습니다. 특히 팔과 다리에서 느껴집니다. 하지만 더 이상 깊이 들어가기는 어렵습니다.

그 느낌을 명상으로 연결하십시오. 시간은 오래 걸리지 않습니다. 10분에서 15분 정도면 충분합니다. 이때, 전화나 다른 사람에 의한 외부 방해를 받지 않도록 하십시오. 먼저 의자에 앉습니다. 뒤로 기대지는 마십시오. 척추를 똑바로 세우십시오. 그렇게 하면 방심하지 않을 수 있습니다. 혹은, 자신이 좋아하는 명상 자세가 있다면 그것도 좋습니다.

몸을 편안히 쉬게 하고 눈을 감으십시오. 몇 번 심호흡을 하십시오. 아랫배로 숨을 쉬고 있는 자신을 느끼십시오. 숨을 들이쉬고 내쉴 때마다 아랫배가 어떻게 부풀고 가라앉는지 관찰하십시오. 그리고 나서 몸 안의 에너지장을 전체적으로 인식하십시오. 거기에 대해 생각하지 말고, 느끼십시오. 이렇게 함으로써 당신은 마음으로부터 의식을 되찾게 됩니다. 필요하면 앞에서 설명한 '빛'의 시각화를 이용하십시오.

몸 안을 분명하게 하나의 에너지장으로 느낄 수 있게 되면, 모든 시각 이미지를 사라지게 하고 오로지 느낌에만 집중하십시오. 가능하면 육체에 대해 아직 갖고 있는 마음의 이미지를 모두 버리십시오. 그러면 남는 것은 전체를 하나로 에워싸고 있는 현존 또는 '있음'이며, 내면의 몸에 경계가 없는 듯이 느껴질 것입니다.

이번에는 그 느낌 속으로 주의력을 좀 더 깊이 집중하십시오. 그 느낌과 하나가 되십시오. 그 에너지장과 하나가 되면 더 이상 주체와 객체, 나와 내 몸이 따로따로 인식되지 않습니다. 이제 안팎의 차이가 없어지면서 내면의 몸도 더 이상 없습니다. 몸 안으로 깊이 들어감으로써 몸을 초월한 것입니다.

편안하게 느끼면서 가능한 한 오랫동안 순수한 '존재'의 영역에서 머무르십시오. 물리적인 몸과 호흡과 신체의 감각을 다시 인식하게 되면 눈을 뜨십시오. 잠시 명상하는 자세로 마음을 내어 분별하지 않은 상태로 주위를 바라보십시오. 계속해서 내면의 몸을 느끼십시오.

진정한 자유로움이란 그러한 형체 없는 영역에 접근하는 것입니다. 그럼으로써 눈에 보이는 모습을 당신 자신과 동일시하는 것에서 벗어나게 되고, 더 이상 모습에 얽매이지 않게 됩니다. 그것이 바로 갖가지 조각으로 쪼개지기 이전의 차별 없는 생명입니다. 우리는 그것을 '현시되지 않은' 세계, 만물의 보이지 않는 근원, 만물의 내면에 있는 존재 자체라고 부를 수 있습니다. 그것은 깊은 고요와 평화의 영역이면서도 기쁨과 생동감으로 충만한 공간입니다. 당신이 현존할 때마다 당신은 그러한 근원에서 발산되는 순수 의식의 빛에 의해 조금씩 투명해지게 됩니다. 당신은 또한 그 빛이 당신 자신과 분리되어 있지 않다는 것을, 그것이 곧 당신의 본질을 구성하고 있다는 것을 알게 됩니다.

# 기의 근원

현시되지 않은 세계란 '기'라고 부르는 일종의 우주 생명 에너지를 말하나요?

아닙니다. 현시되지 않은 세계는 기의 근원입니다. 기는 우리 내면 몸의 에너지장입니다. 겉가죽의 당신과 근원을 잇는 다리입니다. 그 다리는 모습으로 이루어진 현시된 세계와 현시되지 않은 세계 사이에도 놓여 있다고 할 수 있습니다. 기는 강물이나 에너지의 흐름에 비유할 수 있습니다. 의식의 초점을 내면의 몸에 깊이 맞추면, 당신은 그 강물을 거슬러 올라가 '근원'과 만나게 됩니다.

기가 운동이라면 현시되지 않은 세계는 고요함입니다. 당신이 절대적으로 고요하면서도 생명력이 넘치는 어느 지점에 도달하면 당신은 내면의 몸을 넘고 기를 넘어서 근원 자체, '현시되지 않은 세계'로 가게 됩니다. 기는 현시되지 않은 세계와 물리적인 우주 사이의 연결고리입니다.

그러므로 내면의 몸에 깊이 주의를 기울인다면 당신은 단일성의 이 지점에 도달할 수 있습니다. 바로 그 지점에서 세상은 현시되지 않은 세계 속으로 용해되고, 현시되지 않은 세계는 기의 에너지 흐름으로 형태를 취해서 이 세상이 되는 것입니다. 그곳은 탄생과 죽음의 지점입니다. 그곳에서 당신의 의식이 밖을 향하면 마음과 이 세상이 생겨나고, 안을 향하면 의식은 자신의 근원을 깨닫고는 현시되지 않는 세계 속으로 귀환합니다.

그리고 나서 당신의 의식이 현시된 세상으로 돌아오면, 당신은 잠시 버려두었던 형태로서의 정체성을 회복하게 됩니다. 이름, 과거, 삶의 상황, 미래를 갖게 됩니다. 그러나 본질적인 측면에서 당신은 이제 예전과는 다른 사람이 되어 있습니다. 이 세상의 현실이 아닌, 당신 자신 안에 있는 참된 현실을 잠깐이나마 경험한 것입니다. 그 현실은 당신과 분리되지 않은 것과 마찬가지로 이 세상과도 분리되어 있지 않습니다.

이제 다음과 같은 영적인 수행을 해보세요. 부지런히 삶을 영위해 나아가되, 주의력을 완전히 외부 세상과 마음에 빼앗기지는 마십시오. 일부는 내면에 남겨두십시오. 여기에 대해서는 앞에서 이미 이야기한 바 있습니다. 일상적인 활동에 종사하고 있을 때, 특히 사람이나 자연과 만날 때면 내면의 몸을 느끼십시오. 내면 깊숙한 곳의 고요함을 느끼십시오. 그 현관문을 열어두십시오. 당신은 일상 생활을 하면서도 얼마든지 현시되지 않은 세계를 의식할 수 있습니다. 외부 세상에서 무슨 일이 일어나든 당신의 뒤쪽 어딘가에서 깊은 평화의 느낌으로, 당신을 결코 떠나지 않는 고요함을 당신은 느낄 수 있습니다. 당신은 현시되지 않은 세계와 현시된 세상 사이에, 신과 이 세상 사이에 놓인 다리가 됩니다. 이렇게 근원과 연결된 상태를 우리는 '깨달음'이라고 합니다.

현시되지 않은 세계가 현시된 세상과 분리되어 있다고 생각하지 마십시오. 어떻게 분리되어 있을 수 있겠습니까? 현시되지 않은 세계는 눈에 보이는 모든 형상 안에 있는 생명이요, 존재하는 모든 것의 내적인 본질입니다. 현시되지 않은 세계는 이 세상 속에 널리 스며 있습니다.

# 꿈 없는 잠

당신은 꿈도 꾸지 않는 깊은 잠에 들 때마다 현시되지 않은 세계 속으로 여행을 합니다. 근원과 합해지는 것입니다. 그 근원으로부터 잠시 동안 당신을 지탱해주는 생명 에너지를 얻고 현시된 세상으로 돌아옵니다. '사람은 빵만으로는 살 수 없다'라는 말처럼, 이 에너지는 음식보다 훨씬 더 중요합니다.

하지만 당신이 꿈꾸지 않는 잠 속에 의식적으로 들어가는 것은 아닙니다. 꿈꾸지 않는 잠 속에서도 몸은 여전히 기능을 하지만, 당신은 더 이상 몸 안에 남아 있는 것이 아닙니다. 완전한 의식을 갖고 꿈꾸지 않는 잠 속으로 들어가는 것을 상상이나 할 수 있겠습니까? 그것은 불가능합니다. 꿈 없는 잠의 상태는 아무런 내용도 담고 있지 않기 때문입니다.

현시되지 않은 세계는 당신이 의식적으로 거기 들어가기 전에는 아무것도 알 수 없습니다. 예수는 "진리가 너희를 자유롭게 해줄 것"이라고 말하지 않고 "너희가 진리를 알게 되면, 그 진리가 너희를 자유롭게 해주리라"라고 했습니다. 이것은 개념에 의한 진리가 아니라, 눈에 보이는 형상을 초월한 영원한 생명의 진리로서 직접 체험을 통해 알지 않으면 전혀 알 수 없는 것입니다.

하지만 꿈 없는 잠 속에서 의식적으로 머물려고 하지는 마십시오. 그것은 성공하기 매우 어려운 일입니다. 꿈을 꾸는 동안 의식할 수는 있을 것입니다. 하지만 그 이상은 안 됩니다. 꿈을 꾸면서 꿈을 의식하는 자각몽의 상태는 재미있고 흥미로울 수 있지만, 그것이 진정 자유로운 상태는 아닙니다.

그러므로 내면의 몸을 현시되지 않은 세계로 들어가는 문으로 사용하십시오. 언제라도 근원과 연결될 수 있도록 그 문을 열어두십시오. 내면의 몸은 육체의 몸이 늙었든 젊었든, 허약하든 강하든 아무 차이가 없습니다. 내면의 몸에는 시간이 없습니다. 아직 내면의 몸을 느낄 수 없다면 다른 문을 사용해도 됩니다. 모든 문은 궁극적으로 한 가지입니다. 앞서도 이야기했지만 여기서 잠깐 다시 언급하겠습니다.

# 또 다른 문

'지금'은 정문이라고 할 수 있습니다. 그것은 내면의 몸을 포함해 다른 모든 문의 본질적인 요소입니다. 당신은 '지금' 속에 확고하게 현존하지 않고 몸 안에 있을 수 없습니다. 눈에 보이는 세상과 시간이 서로 뒤엉켜 있듯이 시간 없는 '지금'과 '현시되지 않은 세계'도 긴밀하게 이어져 있습니다.

강렬한 현존으로써 심리적인 시간을 용해할 때, 당신은 직간접적으로 '현시되지 않은 세계'를 인식하게 됩니다. 직접적으로는 현존하는 의식의 힘과 빛으로서 그것을 느끼게 됩니다. 단지 현존할 뿐, 거기에는 아무런 내용물도 없습니다. 간접적으로는 감각의 영역을 통해, 감각의 영역 안에서 현시되지 않은 세계를 인식합니다. 다시 말하자면 꽃 한 송이나 돌멩이 하나에서도 신의 본질을 느끼고, '존재하는 모든 것이 신성하다'라는 것을 깨닫는 것입니다. 도마복음서에서 예수는 이렇게 말했습니다.

"장작을 쪼개 보아라, 내가 거기 있다. 돌멩이를 들어 보아라, 거기서 나를 찾게 될 것이다."

예수는 그렇게 그리스도가 누구인지 자신의 본질과 그 정체성을 보여준 것입니다.

현시되지 않은 세계로 들어가는 또 다른 문은 생각을 정지함으로써 열립니다. 이는 매우 간단한 방법으로 출발할 수 있는데, 의식적으로 호흡하거나 예민하게 깨어 있는 상태로 한 송이 꽃을 바라볼 때, 그 순간 마음이 거기 간섭하지 않도록 하는 것과 같습니다. 그칠 줄 모르는 생각의 흐름에 틈새를 만드는 방법은 여러 가지가 있습니다. 수많은 명상법이 바로 그런 방법들입니다.

생각은 현시된 세상의 영역에 속합니다. 끊임없는 마음의 활동은 눈에 보이는 형상의 세계 속에 당신을 가두어둠으로써 현시되지 않은 세계, 당신 자신과 모든 사물과 생명체 안에 존재하며, 형태나 시간을 초월한 신의 본질을 의식하지 못하도록 가로막는 불투명한 장막입니다. 그러나 당신이 확고하게 현존하고 있는 동안에는 굳이 생각을 정지하려고 애쓸 필요가 없습니다. 마음의 활동이 자동적으로 멈추기 때문입니다. '지금'이 다른 모든 문의 본질적인 면이라고 말한 이유가 바로 여기에 있습니다.

있는 그대로의 상태를 저항하지 않고 받아들이는 '내맡김' 또한 현시되지 않은 세계로 들어가는 문입니다. 그 이유는 간단합니다.

내면의 저항은 다른 사람들과 진정한 당신 자신, 주변의 세상으로부터 당신을 차단합니다. 그래서 에고가 의존하고 있는 분리감을 강화합니다. 분리감이 강해질수록 당신은 현시된 세상, 분리된 형상의 세계에 얽매이게 됩니다. 그리고 형상의 세계에 속박되어 있을수록 당신의 모습을 자신과 동일시하게 됩니다. 그래서 문이 닫히고 내면의 차원, 깊이의 차원으로부터 단절되는 것입니다.

반면, 내맡김의 상태 속에서는 눈에 보이는 모습과의 동일시가 깨지고, 어느 정도 '투명'해지면서 현시되지 않은 세계가 당신에게 빛을 비추게 됩니다. 현시되지 않은 세계로 들어가는 문을 여는 것은 당신 자신에게 달려 있습니다. 내면의 몸의 에너지장과의 접촉, 확고한 현존, 마음으로부터의 독립, 있는 그대로에 대한 내맡김, 이러한 것들이 모두 당신이 사용할 수 있는 문들입니다. 그 중에서 한 가지만 사용해도 됩니다.

### 사랑도 그러한 문 중 하나인가요?

아닙니다. 사랑은 아닙니다. 그 문 중 하나가 열리자마자 사랑은 합일의 느낌으로 당신 속에 자리잡습니다. 사랑은 문이 아닙니다. 사랑은 그 문을 통해 이 세상에 들어옵니다. 당신이 완전히 눈에 보이는 모습과 동화되어 있는 한 사랑은 있을 수 없습니다. 당신이 할 일은 사랑을 찾는 것이 아니라 사랑이 들어오는 문을 찾는 것입니다.

# 침묵에 귀 기울이라

방금 언급한 것들 말고도 다른 문들이 있습니까?

그렇습니다. 현시되지 않은 세계는 현시된 세계와 분리되어 있지 않습니다. 현시되지 않은 세계는 이 세상에 널리 퍼져 있지만, 아주 위장을 잘 하기 때문에 대부분 사람은 그것을 전혀 보지 못합니다. 만일 당신이 보아야 할 곳을 알고 있다면, 어디에서나 그것을 발견할 것입니다. 그 문은 언제라도 열릴 수 있습니다.

멀리서 개 짖는 소리가 들립니까? 차가 지나가는 소리는? 귀 기울여 보십시오. 그 속에서 현시되지 않은 세계의 현존이 느껴지지 않나요? 느껴지지 않는다면 소리가 들어가고 나오는 침묵 속에서 그것을 찾아보십시오. 소리보다 침묵에 더 주의를 기울이십시오. 외부의 침묵에 주의를 집중하면 내면의 침묵이 창조됩니다. 마음이 고요해집니다. 하나의 문이 열리고 있습니다.

모든 소리는 침묵에서 태어나서 침묵으로 돌아가서 소멸하며, 살아 있는 동안에도 침묵에 둘러싸여 있습니다. 침묵은 소리를 존재하게 합니다. 그것은 모든 소리, 모든 곡조, 모든 노래, 모든 말이 지닌 특성이며 동시에 현시되지 않은 세계의 일부입니다. 현시되지 않은 세계는 이 세상에서 침묵으로 존재합니다. 그래서 침묵만큼 신성한 것이 없다고들 말하는 것입니다.

당신은 침묵에 주의를 기울이기만 하면 됩니다. 대화를 하면서도 단어 사이의 공백, 문장 사이의 무언(無言)의 틈새를 의식하십시오. 그러는 동안 당신의 내면은 점차 고요해질 것입니다. 내면이 고요하지 않으면 침묵에 주의를 기울일 수 없습니다. 밖에는 침묵이 흐르고 안에는 고요함이 자리잡으면 당신은 현시되지 않은 세계에 들어와 있는 것입니다.

# 공간을 인식하라

소리가 침묵 없이 존재할 수 없듯, 빈 공간이 없다면 아무것도 존재할 수 없습니다. 물체든 몸이든 모두 무(無)에서 나와서 무에 둘러싸여 있으며 결국 무로 돌아갈 것입니다. 그뿐 아니라 모든 물체 내부에도 '유'보다는 '무'가 훨씬 더 많습니다.

물리학자들은 물질이 딱딱하게 보이는 것은 환상일 뿐이라고 말합니다. 당신의 육체를 포함해 겉으로 고체처럼 보이는 것도 원자의 크기에 비교하면, 그 원자 사이의 거리는 엄청나게 벌어져 있습니다. 때문에 당신 육체나 단단한 고체도 거의 완전히 빈 공간이나 마찬가지라는 것입니다. 게다가 모든 원자의 속은 거의 비어 있는 공간입니다. 고체의 입자 또한 입자라기보다는 차라리 진동에 가깝습니다.

불교도들은 2,500년 전부터 그것을 알고 있었습니다. 가장 널리 알려진 고대 불경 중 하나인 '반야심경'에는 '공즉시색 색즉시공(空

卽是色 色卽是空)'이라는 말이 나옵니다. 만물의 본질은 공(空), 즉 '비어 있음'이라는 말입니다. 현시되지 않은 세계는 이 세상에 침묵으로 현존할 뿐 아니라 우주 전체에 펼쳐져 있습니다. 이것은 침묵과 마찬가지로 눈에 잘 띄지 않습니다. 모두가 공간 속의 물체에 주의를 기울일 뿐, 공간 자체에 주목하는 사람은 없지 않습니까.

'비어 있음' 또는 '무(無)'라는 것이 단순히 아무것도 없는 것이 아니라 무언가 신비한 성질을 갖고 있다는 말 같군요. 그 '무'라는 것은 무엇입니까?

당신은 그런 질문을 할 수 없습니다. 당신의 마음은 무(無)를 유(有)로 만들려고 애쓰기 때문입니다. 당신이 무를 유로 만드는 순간, 당신은 무를 놓치게 됩니다. 무, 즉 공간이란 현시되지 않은 세계가 감각으로 인식하는 세상 속에 외부적으로 나타나는 현상입니다. 그것에 대해서는 이렇게밖에 말할 수 없으며, 이 말도 일종의 역설입니다. 무는 지식의 대상이 될 수 없습니다. 아무리 무에 대해 연구한다 해도 당신은 그것으로 박사 학위를 받을 수 없습니다.
과학자들이 공간을 연구할 때, 그들은 보통 그것을 유로 만들어 버립니다. 그럼으로써 그 본질을 완전히 놓쳐버리고 맙니다. 당연하게도 최근의 이론은 공간이 비어 있지 않으며, 어떤 물질로 가득

차 있다고 주장하고 있습니다. 일단 어떤 이론이 만들어지면, 그것을 증명하는 것은 그다지 어렵지 않은 법입니다. 적어도 다른 이론이 나올 때까지는 말입니다. '무'를 붙잡거나 이해하려들지 마십시오. 그래야만 '무'가 현시되지 않은 세계 속으로 들어가는 문이 될 수 있습니다.

우리가 바로 여기에서 하고 있는 것이 '무'를 이해하려는 시도 아닌가요?

전혀 그렇지 않습니다. 나는 여러분에게 나타나지 않은 세계를 어떻게 하면 삶 속에 가져올 수 있는지 가리켜 보여줄 뿐입니다. 그것을 이해시키기 위한 것이 아닙니다. 이해해야 할 것은 아무것도 없습니다.

공간에는 아무런 존재도 없습니다. '존재한다'라는 말의 의미는 '눈에 보인다'라는 것입니다. 당신은 눈에 보이지 않는 공간을 이해할 수 없습니다. 본질적으로 공간에는 아무런 존재도 없지만, 그 공간은 다른 모든 것을 존재하게 합니다. 침묵 역시 아무런 존재도 갖고 있지 않으며 현시되지 않은 세계 또한 그렇습니다.

공간 속의 대상으로부터 눈을 돌려 공간 자체를 인식하면 어떻게 될까요? 이 방의 본질은 무엇일까요? 가구, 그림 등은 방 안에 있지만 그것들이 방은 아닙니다. 마루, 벽, 천장은 방의 경계를 이루지만 역시 방은 아닙니다. 그러면 방의 본질은 무엇일까요? 물론 비어 있는 공간입니다. 공간이 없이는 방도 없습니다. 공간은 '무'이므로, 우리는 거기에 있지 않은 것이 있는 것보다 더 중요하다고 말할 수 있습니다. 그러므로 당신 주위의 공간을 인식하십시오. 거기에 대해 생각하지 마십시오. 있는 그대로 느끼십시오. '무'에 주의를 기울이십시오.

그렇게 하다 보면 당신의 내면에서 의식의 이동이 일어납니다. 그 과정은 다음과 같습니다. 가구, 벽 등과 같은 공간 속의 대상과 상응하는 마음의 대상들, 이를테면 생각이나 감정, 감각의 대상들이 있습니다. 그리고 공간과 상응하는 것은 의식입니다.

공간이 모든 것을 존재하게 하듯 의식은 마음의 대상들이 존재할 수 있게 해줍니다. 따라서 공간 속의 대상인 사물로부터 주의를 거두면, 당신은 자동적으로 마음의 대상들로부터도 주의를 거두게 됩니다. 다시 말하자면, 무언가 생각을 내면서 공간이나 침묵을 인식할 수는 없습니다. 당신 주변의 빈 공간을 인식함으로써 당신은 동시에 무심의 공간을, 순수 의식을, 현시되지 않은 세계를 인식하게 됩니다. 공간에 대한 묵상이 하나의 문이 될 수 있는 것은 이와 같은 이치입니다.

공간과 침묵은 본래 동일한 유(有)와 무(無)의 두 가지 측면입니다. 그것들은 내면의 공간과 내면의 침묵이 외부로 드러난 것입니다. 그것은 고요함이고, 모든 존재가 지니고 있는 무한히 창조적인 자궁입니다. 대부분 사람은 이러한 차원을 전혀 의식하지 못합니다. 그들은 내면의 공간도 고요함도 없이, 늘 균형을 잃은 상태로 있습니다. 그들은 실제로 세계를 알거나, 최소한 세계를 알고 있다는 생각에 빠져 있습니다.

하지만 신에 대해서만큼은 전혀 모르고 있습니다. 그들은 물리적이고 심리적인 형상이 곧 자기 자신이라고 여깁니다. 본질에 대해서는 전혀 캄캄한 상태에 있는 것입니다. 형상을 지닌 모든 것은 매우 불안정하기 때문에 그들은 두려움 속에서 살아갑니다. 이러한 두려움으로 인해 자기 자신과 다른 사람을 잘못 인식하고 왜곡된 시각으로 세상을 바라보게 되는 것입니다.

우주적인 천재지변이 일어나서 이 세상에 종말이 온다고 해도 현시되지 않은 세계는 아무런 영향도 받지 않을 것입니다. 대표적인 영성 그룹인 '기적 수업'에서는 이러한 진리를 날카롭게 지적합니다.

"참된 것은 그 무엇도 위협받을 수 없다. 참이 아닌 것은 아무것도 존재하지 않는다. 바로 여기에 신의 평화가 있는 것이다."

당신이 만약 현시되지 않은 세계와 생생하게 연결된 상태라면, 눈에 보이는 세상과 그 안의 모든 생명체가 형상을 초월하여 오직 하나인 생명을 표현하고 있음을 알아차리게 될 것입니다. 그것을 깊이 존경하고 사랑하며 소중히 여길 것입니다. 당신은 또한 깨닫게 될 것입니다. 형상 있는 모든 것은 소멸할 수밖에 없으며, 궁극적으로는 그다지 중요하지 않다는 것을. 예수의 말을 빌리자면 '세상을 이기게' 되는 것이고, 붓다의 말에 따르자면 '피안으로 건너가게' 되는 것입니다.

# 공간과 시간의 진정한 본질

다음과 같이 숙고해 봅시다. 침묵만 있고 아무것도 없다면, 침묵은 당신에게 존재하지 않을 것입니다. 당신은 침묵이 무엇인지도 모를 것입니다. 소리가 있어야 침묵 또한 존재합니다. 마찬가지로 공간 속에 아무런 물체도 없다면, 공간은 당신에게 존재하지 않을 것입니다.

당신 자신을 별도 은하도 없는 텅 비어 있는 광활한 공간을 떠다니는 한 점의 의식이라고 상상해 보십시오. 갑자기 공간은 더 이상 광활하지 않을 것이며, 아예 거기 존재하지도 않을 것입니다. 여기서 저기까지의 움직임도 없을 것이고 속도도 없을 것입니다. 거리와 공간이 존재하려면 적어도 두 개의 점이 필요합니다. 공간은 하나가 둘이 되는 순간 존재하게 됩니다. 두 개의 극이 수만 개가 되면서 공간은 점점 더 광활해집니다. 이렇듯 세상과 공간은 동시에 생겨납니다.

공간이 없이는 아무것도 존재할 수 없지만 공간 자체는 무입니다. 우주가 존재하기 이전에 빅뱅이 있기 이전에 광활한 빈 공간이 채워지기를 기다리면서 '있었던' 것이 아닙니다. 어떠한 공간도 없었습니다. 단지 '현시되지 않은 세계' 하나가 있었을 뿐입니다. 그 하나가 수만 개가 되면서 갑자기 공간이 거기 있는 듯이 보였고, 많은 것이 존재할 수 있게 되었습니다. 공간은 어디에서 왔을까요? 신이 우주를 수용하기 위해 만들었을까요? 물론 아닙니다. 공간은 사물이 아니며, 따라서 창조될 수 있는 것이 아닙니다.

맑게 갠 밤에 밖에 나가 하늘을 쳐다보십시오. 육안으로 볼 수 있는 수많은 별은 실제로 거기에 있는 별들의 지극히 적은 일부에 불과합니다. 우리는 이미 초강력 망원경을 통해 십억 개의 은하를 찾아낼 수 있었습니다. 각각의 은하는 다시 수많은 별을 갖고 있는 '우주 섬'이라고 할 수 있습니다. 그러나 더욱 더 경외심을 불러일으키는 것은 우주 자체의 무한함과 이를 데 없이 장엄한 그 깊이와 고요함입니다. 우주의 무한한 광활함과 고요함보다 경이롭고 장엄한 것은 없습니다. 그런데 그것이 무엇입니까? '비어 있음'입니다. 광활한 '비어 있음'입니다.

우리가 마음과 감각을 통해 우주 속 공간으로 보고 있는 것은 현시되지 않은 세계가 외부로 나타난 모습입니다. 그것은 신의 몸입니다. 그리고 가장 위대한 기적은 우주를 존재하게 하는 그 고요함과 광활함이 공간 속에만 있는 것이 아니라 당신 안에도 있다는 사실입니다. 완전하고 철저하게 현존할 수 있다면 당신은 무심의 고요한 내적 공간으로서 그것을 만날 수 있습니다. 당신 안에서 그 공간은 깊고 광대합니다. 확장의 측면에서 광대한 것이 아닙니다. 우리가 거기서 특별히 확장된 기분을 느끼는 것은 초월의 한 속성인 무한한 깊이를 잘못 인식한 것뿐입니다.

아인슈타인은 공간과 시간은 분리되어 있지 않다고 했습니다. 잘 모르지만 그 말은 시간이 공간의 네 번째 차원이라는 의미 같습니다. 그는 그것을 '시공 연속체'라고 불렀더군요.

그렇습니다. 당신이 외적으로 공간과 시간을 인식하는 것은 어차피 환상이지만, 거기에는 핵심적인 진리가 담겨 있습니다. 공간과 시간은 신의 두 가지 본질적 속성인 무한함과 영원함이며, 당신은 마치 그것들이 당신 바깥에 있는 것처럼 인식합니다. 당신은 당신의 내면에 시간과 공간의 진정한 본성을 지니고 있습니다.

공간은 무심의 평온하고 끝없이 깊은 영역이며, 시간은 현존, 즉 영원한 '지금'에 대한 인식입니다. 그 둘 사이에는 차이가 없다는 것을 기억하십시오. 공간과 시간이 내면에서 무심과 현존이라는 현시되지 않은 세계로 인식될 때, 외부적인 공간과 시간은 여전히 당신에게 존재하지만 훨씬 덜 중요해집니다. 세상은 계속해서 존재하지만 당신을 더 이상 속박하지 않을 것입니다.

그러므로 세상의 궁극적인 목적은 세상 속에 있는 것이 아니라 세상을 초월하는 데 있습니다. 공간 속에 물체가 없으면 공간을 의식하지 못하는 것처럼, 나타나지 않은 세계를 깨닫기 위해서는 나타난 세상이 필요합니다. 붓다는 "환상이 없다면 깨달음도 없다"라고 했습니다. 나타나지 않은 세계는 이 세상을 통해, 궁극적으로는 당신을 통해 그 자신을 실현하는 것입니다. 당신은 우주가 그 신성한 목적을 펼칠 수 있도록 하기 위해 여기에 있습니다. 그러니 당신이 얼마나 중요합니까!

# 깨어 있는 죽음

이미 말했던 꿈 없는 잠 외에도 저절로 열리는 또 하나의 문이 있습니다. 그 문은 육체가 죽는 순간에 잠깐 열립니다. 당신이 평생 동안 영적인 깨달음을 위한 모든 기회를 놓친다고 해도 육체가 죽는 순간 마지막 하나 남은 문이 열릴 것입니다.

죽음 직전에 다시 살아났다는 많은 사람은, 대개 그 문을 찬란한 빛이라고 표현합니다. 그들 중 상당수가 더없는 축복과 깊은 평화를 느꼈다고 말했습니다. 《티베트 사자의 서》에서는 '찬란하게 빛나는 무색의 공간'으로 묘사하면서 그것이 곧 '당신의 진정한 자아'라고 말합니다. 이 문은 아주 잠깐만 열릴 뿐이며, 당신이 살아 있는 동안 현시되지 않는 세계의 차원을 경험해 보지 못했다면 놓치기 쉽습니다.

대부분 사람은 지나친 저항과 두려움을 갖고 있고 감각 경험에 지나치게 연연하며, 현시된 세상에 너무 깊이 동화되어 있습니다.

그래서 그 문을 보고도 두려움이 앞선 나머지 돌아서게 되고 의식을 잃어버리게 됩니다. 그 이후에는 대부분 무의식적이고 자동적으로 반응하게 됩니다. 결국엔 탄생과 죽음의 윤회를 되풀이하게 되는 것입니다. 그들의 현존이 의식적인 불멸을 이루기에 충분히 강하지 못한 것입니다.

**그 문을 통과한다는 것은 소멸을 의미하는 것이 아닙니까?**

다른 모든 문을 통과할 때와 마찬가지로 당신의 빛나는 본성은 남아 있습니다. 개성이 남아 있는 것은 아닙니다. 어떠한 경우이든 개성 안에서 진정한 가치가 있는 참된 것은 빛을 발하는 진정한 본성입니다. 그것은 결코 사라지지 않습니다. 가치 있고 참된 것이라면 그 어떤 것도 결코 사라지지 않습니다.

죽음이 가까워진 상황이나 육체적인 형상이 분해되는 죽음 자체는 항상 영적인 깨달음을 위한 크나큰 기회입니다. 그러나 안타깝게도 대부분은 그 기회를 놓쳐버립니다. 우리가 살고 있는 문화라는 테두리 안에서는 진정으로 중요한 것에 대해 거의 전적으로 그러하듯, 죽음에 대해서도 거의 완전한 무지 상태에 있기 때문입니다.

모든 문은 죽음의 문입니다. 거짓 자아가 죽는 문입니다. 그 문을 통과할 때, 심리적인 마음이 만들어낸 눈에 보이는 모습으로서의 당신 자신은 막을 내립니다. 그때 당신은 눈에 보이는 모습과의 동일시가 환상이었던 것과 마찬가지로 죽음 또한 환상이라는 것을 깨닫습니다. 죽음은 환상이 끝나는 것일 뿐입니다. 환상에 매달리고 집착하기 때문에 죽음이 고통스러운 것입니다.

# 제8장
## 성숙한 인간 관계

사랑이란 무엇입니까?

당신 자신과 삼라만상 속에 깊이 내재한 '하나의 생명'의 현존을 느끼는 것입니다.

그것으로 존재하는 것입니다.

그러므로 모든 사랑은 신의 사랑입니다.

# 지금 여기로 들어가라

나는 언제나 진정한 깨달음이란 남녀의 사랑을 통해서만 가능하다고 생각해 왔습니다. 사랑은 우리를 다시 온전하게 만들어줍니다. 그렇지 않나요? 그렇지 않으면 우리의 삶이 어떻게 충족될 수 있을까요?

정말 그런 경험을 했나요? 그런 일이 당신에게 일어났습니까?

아직은 아니지만 앞으로 그렇게 될 것이라고 생각합니다.

말하자면 당신은 언젠가 자신을 구원해줄 사건을 기다리고 있는 것입니다. 그것이 우리가 저지르는 핵심적인 잘못이라고 이야기하지 않았나요? 구원은 다른 장소나 시간에 있는 것이 아닙니다. 구원은 지금 여기에 있습니다.

"구원은 지금 여기에 있다"라는 말이 무슨 의미입니까? 이해가 안 됩니다. 구원이 무슨 뜻인지도 모르겠어요.

대부분 사람은 육체적인 즐거움이나 여러 가지 심리적인 만족을 추구합니다. 그런 것들이 두려움이나 결핍감에서 자신들을 해방하고 행복하게 해줄 것이라고 믿기 때문입니다. 그들에게 있어서 행복이란 육체적인 쾌락을 통해 얻어지는 생동감이나 심리적인 만족을 통해 얻어지는 좀더 안전하고 완전한 자의식입니다. 불만족스럽거나 불충분한 상태로부터 구원을 바라는 것입니다.

그러나 그들이 추구하는 만족은 필연적으로 단명할 수밖에 없으며, 그래서 만족이나 충족의 조건을 자꾸만 '지금 여기'에서 멀리 떨어진 어느 상상의 지점에 갖다놓게 됩니다. '이런 것을 얻고 저런 것에서 자유로워질 때, 그때가 되면 나는 만족할 것'이라는 생각은 무의식적인 마음이 미래의 어딘가에 구원의 환상을 만들어낸다는 것입니다.

진정한 구원은 완성이고 평화이며 충만한 상태에 있는 생명 자체입니다. 그것은 진정한 당신 자신이 되는 것이며, 당신 안에서 대립이 없는 선(善), 그 자체 외에는 아무것에도 의존하지 않는 존재의 기쁨입니다. 잠깐 스치는 경험이 아니라 언제까지나 그렇게 현존하는 것입니다. 신학적으로 말하면, 당신 바깥이 아닌 당신 자신의 가장 깊은 본질로서 신을 아는 것입니다. 진정한 구원은 당신 자신이 삼라만상의 근원이며, 시간과 형상을 초월한 하나의 생명에 속해 있음을 아는 것입니다.

진정한 구원은 두려움, 고통, 결핍감을 느끼지 않음으로써 모든 갈망과 욕구와 욕심, 집착으로부터 자유로운 상태입니다. 그것은 편집증적인 생각과 부정적 감정으로부터, 그리고 무엇보다 당신이 심리적으로 필요로 하는 과거와 미래로부터 자유로운 것입니다. 당신의 마음은 당신에게 지금 여기서는 그런 상태에 도달할 수 없다고 말합니다. 원하는 일이 이루어지려면, 그래서 자유롭고 만족할 수 있으려면 먼저 이러저러하게 될 필요가 있다고 말합니다. 시간이 필요하다고 말합니다. 그래서 무언가를 발견하고, 구분하고, 분류하고, 실행하고, 성취하고, 달성하고, 무언가를 이해해야만 자유로워질 수 있고 완전해질 수 있다고 말합니다.

당신은 시간을 구원으로 가는 수단으로 보고 있지만, 실은 시간이야말로 구원을 방해하는 가장 큰 장애물입니다. 당신은 스스로 아직 완전하지 못하고 자격이 없기 때문에 지금으로서는 그리로 갈 수 없다고 생각합니다.

그러나 사실 당신이 그곳에 갈 수 있는 지점은 '지금 여기'밖에 없습니다. 당신이 이미 거기에 있다는 것을 깨달음으로써 당신은 거기에 도달합니다. 당신이 신을 찾을 필요가 없다는 것을 아는 순간, 당신은 신을 발견한 것입니다. 그러므로 구원으로 가는 길이 따로 있는 것이 아닙니다. 어떠한 조건도 이용할 수 있지만, 특별한 조건은 필요하지 않습니다. 그러나 접근하는 지점은 오로지 '지금' 뿐입니다. 이 순간으로부터 멀어지면 구원은 불가능합니다. 외로움을 달래줄 동반자가 필요한가요? 그 자리에서 '지금'으로 들어가십시오. 어떤 사람을 만나고 있습니까? 그 자리에서 '지금'으로 들어가십시오.

이 순간보다 당신을 구원에 더 가까이 데려갈 수 있는 것은 아무것도 없습니다. '좋은 것은 모두 미래에 있다'라는 생각에 익숙한 마음으로는 이것을 이해하기 힘들지도 모릅니다. 과거의 일들 때문에 당신이 지금 있는 그대로를 받아들이지 못하거나 '지금'에 주의를 깊이 기울이지 못할 이유는 없습니다. 미래에는 이것을 할 수 없습니다. 지금 하지 않으면 결코 하지 못할 것입니다.

# 사랑과 증오

당신이 의식적인 현존에 자주 접근하지 않는다면 모든 인간 관계, 특히 가까운 사람과의 관계는 점점 손상되다가 끝내는 부작용을 일으킬 것입니다. 사랑에 빠져 있는 잠시 동안은 그 관계가 완벽한 것처럼 보일 수 있으나 완벽해 보였던 겉모습이 어김없이 붕괴되면서 말다툼, 갈등, 불만이 생기고 감정적인 폭력, 심지어는 신체적인 폭력으로 번지기도 합니다. 그래서 대부분의 연인 관계는 오래지 않아 애증 관계가 되어버립니다. 그러면 사랑은 맹렬한 공격과 적대감으로 변하거나 한순간에 애정이 완전히 식을 수도 있습니다.

사람들은 이것을 당연하게 여깁니다. 그 관계는 잠시, 몇 달 또는 몇 년간, 사랑과 증오의 양극 사이를 오가면서 즐거움만큼이나 고통을 주게 됩니다. 부부들이 이러한 주기에 중독되는 것도 흔한 현상입니다. 부부 싸움은 그들에게 활기를 느끼게 합니다. 그러다가 긍정과 부정 사이를 주기적으로 오가는 대립의 균형이 깨지면서 부정적이고 파괴적인 주기가 점점 자주 강하게 일어나면 그 관계는 오래지 않아 깨지고 맙니다.

당신이 부정적이거나 파괴적인 주기를 제거할 수만 있다면 모든 것이 순조로워지고 그 관계가 아름답게 꽃필 것 같기도 하지만, 안타깝게도 그것은 불가능한 일입니다. 양극은 서로서로 의존합니다. 이것 없이는 저것도 가질 수 없습니다. 긍정적 주기에는 아직 드러나지 않은 부정적 주기가 도사리고 있습니다.

사실은 둘 다 똑같은 부작용의 다른 얼굴일 뿐입니다. 내가 지금 이야기하는 것은 진정한 사랑이 아니라 흔히들 연인 관계라고 부르는 사랑입니다. 진정한 사랑은 마음 너머에서 생기기 때문에 대립이 존재하지 않습니다. 깨우친 사람이 드문 만큼 지속적인 사랑도 매우 드뭅니다. 다만 마음의 흐름 속에 틈새가 생길 때마다 잠깐씩 사랑을 느낄 뿐입니다.

인간 관계에서는 부정적인 측면이 긍정적인 측면보다 더 쉽게 눈에 띕니다. 당신 자신보다는 당신의 파트너에게서 흠집을 잡아내기가 더 쉽기도 합니다. 거기에는 소유욕, 질투, 지배, 회피, 말 못할 원망, 자기 주장, 무감각, 자아 도취, 애정 결핍, 속임수, 말다툼, 비판, 판단, 책망, 공격, 부모에게 입은 과거의 고통에 대한 무의식적 분풀이, 분노, 폭력 등 여러 형태가 있습니다.

긍정적인 측면에서 보면 당신은 연인과 사랑에 빠져 있습니다. 처음에는 매우 만족스럽고 아주 강렬하게 살아 있음을 느낍니다. 누군가 나를 필요로 하고, 원하며, 특별하게 느끼게 해주고, 나 역시 상대방에게 똑같이 해주면서 당신이라는 존재가 갑자기 중요해집니다. 둘이 함께 있을 때는 모든 것이 완전하게 느껴집니다. 그 느낌이 너무 강렬해서 다른 일들은 대수롭지 않게 여겨질 정도입니다.

하지만 당신은 그러한 강렬한 감정 속에 욕망과 집착이 있다는 것 또한 눈치챌 수 있을 것입니다. 당신은 상대방에게 중독됩니다. 상대방은 당신에게 마약과도 같은 존재입니다. 구할 수 있을 때는 기분이 좋지만, 상대방이 나를 위해 존재하지 않을 수 있다는 가능성이나 생각만으로도 질투와 소유욕이 일어납니다. 그래서 감정적인 협박이나 비난, 책망 등의 온갖 술수를 동원합니다.

그러다가 정말 상대방이 떠나면 험악한 적개심으로 발전하거나 깊은 절망감과 비탄에 빠질 수 있습니다. 애정은 한순간에 잔인한 공격성을 낳거나 지독한 슬픔의 원인이 됩니다. 이제 사랑은 어디에 있을까요? 사랑이 어떻게 정반대의 감정으로 변할 수 있을까요? 처음에 느낀 사랑은 단지 습관적인 소유욕과 집착에 불과했던 것이 아닐까요?

# 중독된 사랑과 완전함에 대한 추구

우리는 왜 다른 사람에게 중독되는 걸까요?

낭만적인 연인 관계는 짜릿하게 느껴지기 때문에 누구나 그런 관계를 갈망합니다. 구원받지 못하고 깨닫지 못한 상태에서는 그런 관계가 두려움, 욕구, 결핍, 불만족 상태에서 벗어나게 해주는 것처럼 보이기 때문입니다. 심리적인 차원뿐만 아니라 육체적인 차원에서도 마찬가지입니다.

육체적인 차원에서 당신은 분명 완전하지 못하며, 앞으로도 그럴 것입니다. 당신은 남자이거나 여자이며 전체의 반쪽입니다. 완전함에 대한 추구로 인해 남자는 여자를 필요로 하고 여자는 남자를 필요로 합니다. 그래서 반대쪽 극성과 결합하려는 저항하기 힘든 충동을 느끼게 됩니다. 이러한 육체적 충동의 뿌리는 영적인 것입니다. 이성에 대한 갈망은 이중성을 끝내고 완전한 상태로 돌아가려는 갈망이기도 합니다. 성적인 합일은 가장 근접하게 육체적 차원에서 완전함에 도달할 수 있는 상태입니다. 성교가 육체의 영역이 제공할 수 있는 가장 만족스러운 경험인 것은 바로 그 때문입니다.

그러나 성교는 한순간에 스쳐 지나가는 완전함, 순간적인 은총에 불과합니다. 당신은 무의식적으로 거기서 구원의 수단을 찾으며 이중성을 끝내려고 하지만 형상을 입고 있는 한 그것은 불가능합니다. 당신은 잠시 잠깐 감질나게 천국을 맛보지만 거기 있도록 허락되지 않으며, 다시 분리된 육체 속에 있는 자신을 발견하게 됩니다.

심리적인 차원에서는 불완전함이나 결핍감이 육체의 차원에서 느끼는 것보다 훨씬 큽니다. 마음과 동화되어 있는 한 당신은 외부에서 자의식을 끌어옵니다. 사회적 지위, 소유, 외모, 성공과 실패, 믿음 체계 등 궁극적으로는 당신 자신과 아무 상관도 없는 것들로부터 자신이 누구인지에 대한 자각을 끌어내는 것입니다.

마음이 만들어내는 이러한 거짓 자아인 에고는 불안하고 상처받기 쉬우며, 존재하는 느낌을 갖기 위해 언제나 자신을 새롭게 확인할 수 있는 뭔가를 찾아 헤맵니다. 그러나 그 무엇도 지속적인 충족감을 주지 않습니다. 두려움은 여전히 그대로 남습니다. 결핍감과 욕구도 그대로 남습니다.

그러다가 특별한 관계가 생깁니다. 그것은 에고의 모든 문제를 해결해 주고 모든 욕구를 충족시켜 주는 듯합니다. 적어도 처음에는 그렇게 보입니다. 지금까지 중요하게 생각해 왔던 모든 것이 이젠 상대적으로 대수롭지 않게 보입니다. 이제 그 모든 것을 대신해 주고, 당신의 삶에 의미를 주고, 당신의 정체성을 확인시켜주는 단 하나의 초점, 사랑하는 연인이 있는 것입니다. 당신은 더 이상 우주에 아무렇게나 내던져진 조각이 아닙니다. 당신의 세상에는 이제 하나의 중심, 사랑하는 연인이 있습니다. 그 중심은 당신 바깥에 있습니다.

그러나 처음에는 아직도 외부에 의해 자신을 인식한다는 사실이 별로 문제가 되지 않습니다. 중요한 것은 불완전, 두려움, 결핍과 불만족의 느낌들이 깔려 있는 에고의 상태가 더 이상 거기 없다는 것입니다. 그런데 정말 그럴까요? 그런 느낌들이 용해되었을까요? 아니면 행복한 것처럼 보이는 표면적인 현실 아래쪽에 계속 존재하고 있는 걸까요?

만일 당신이 어떤 관계에서 사랑과 그 반대 감정인 공격성, 감정적인 폭력 등을 함께 경험한다면 당신은 에고의 집착과 중독을 사랑과 혼동할 수도 있을 것입니다. 한순간엔 상대를 사랑하고, 다음 순간에는 상대를 공격하는 것이 사랑일 수 있을까요? 진정한 사랑에는 대립이 없습니다. 만일 당신이 느끼는 사랑이 그 반대 감정을 포함하고 있다면, 그것은 사랑이 아니라 좀더 완전하고 확실한 자의식을 필요로 하는 에고의 강한 욕구일 뿐이고, 상대방은 일시적으로 그 욕구를 충족시켜주는 대상일 뿐입니다. 그것은 에고가 구원 대신 선택한 것으로, 짧은 기간만 구원처럼 느껴질 뿐입니다.

그러나 상대방의 행동 방식이 당신의 에고가 바라는 바를 충족시키지 못할 때가 옵니다. 그러면 에고의 의식을 구성하고 있는 두려움, 고통, 결핍과 같은 느낌들이 그동안 사랑이라는 감정에 의해 덮여 있다가 다시 고개를 듭니다. 다른 모든 중독자와 마찬가지로 약이 효력을 발휘할 때는 기분이 최고조에 달하지만, 약효가 떨어질 때가 어김없이 찾아오는 것입니다.

고통스러운 느낌이 다시 나타나면, 당신은 예전보다 더 심각하게 느끼게 됩니다. 게다가 이제는 그런 고통의 원인이 상대방에게 있다고 인식합니다. 그래서 잔인한 폭력성으로 상대방을 공격하게 되죠. 이 공격은 상대방의 고통을 일깨워서 반격하게 만듭니다. 이 시점에서 에고는 무의식적으로 아직도 그러한 공격이나 처벌이 상대방으로 하여금 태도를 바꾸게 할 수 있다고 믿습니다.

모든 중독은 당신이 무의식적으로 고통을 직시하지 않으려고 하기 때문에 생깁니다. 모든 중독은 고통으로 시작해서 고통으로 끝납니다. 중독은 당신의 고통을 감추기 위해 무언가 또는 누군가를 이용하는 것입니다. 그러나 연인 관계는 처음의 행복감이 지나간 후에 더 많은 불행과 고통을 남깁니다.

하지만 고통과 불행이 그 관계에서 생기는 것은 아닙니다. 이미 당신 자신 안에 있던 고통과 불행을 끌어내는 것일 뿐입니다. 모든 중독이 그렇습니다. 중독은 더 이상 효과가 없을 때가 있게 마련이고, 그때의 고통은 전보다 더 심하게 느껴집니다.

대부분 사람이 항상 현재의 순간으로부터 벗어나 미래에서 구원을 찾는 것도 마찬가지입니다. '지금'에 주의력을 집중함으로써 맨 처음 만나게 될 자신의 고통을 두려워하는 것입니다. 하지만 '지금' 속에서 현존의 힘을 사용함으로써 과거와 과거가 주는 고통을 용해하기는 얼마나 쉽습니까. 환상을 용해함으로써 참된 현실을 살기는 얼마나 쉽습니까! 참된 현실이란 것이 얼마나 가까운 것인지 신이 우리에게 얼마나 가까운 존재인지 우리가 알 수만 있다면 말이죠.

고통을 피하기 위해 관계 자체를 피하는 것 역시 해답은 아닙니다. 고통은 어차피 거기 있을 것입니다. 3년 동안 세 번 실연을 당했다고 할지라도, 그동안 사막에서 살거나 방안에 틀어박혀서 지낸 것보다는 더 눈을 뜨게 되었을 것입니다. 그러나 당신이 강한 현존 상태에서 혼자 지낼 수 있다면, 그러는 편이 더 나을 수도 있습니다.

# 중독 관계에서 성숙한 관계로

**중독 관계를 진실한 관계로 변화시킬 수 있을까요?**

　물론입니다. '지금' 속으로 더 깊이 주의를 돌림으로써 현존을 강화하십시오. 혼자 살든 누군가와 함께 살든 열쇠는 '여기'에 있습니다. 사랑을 성숙시키기 위해서는 현존의 빛을 충분히 강화함으로써 생각이나 업장에 의해 점령당하지 말아야 합니다. 그런 것들이 당신 자신이라고 착각하지 말아야 합니다.
　생각하는 자로서의 당신 밑바닥에 있는 존재로서, 마음의 잡음 밑바닥에 있는 고요함으로서, 고통의 밑바닥에 있는 사랑과 기쁨으로서 자신을 인식하는 것이야말로 자유요 구원이요 깨달음입니다. 업장에서 벗어나기 위해서는 그것이 가져다주는 고통 속에 현존함으로써 고통을 변화시켜야 합니다. 생각을 자기 자신과 동일시하는 일에서 벗어나기 위해서는 생각과 행동을, 특히 에고에 의해 움직이는 반복되는 마음의 패턴을 조용히 지켜볼 수 있어야 합니다.

마음은 근본적으로 판단하려는 충동을 지니고 있고, 있는 그대로에 저항함으로써 갈등과 사건과 새로운 고통을 만들어내는 성질을 가지고 있습니다. 당신이 마음에 자기 자신을 투자하지 않는다면, 마음의 이런 충동적인 성질은 사라지게 될 것입니다. 있는 그대로를 받아들임으로써 판단을 중지하는 순간 당신은 실제로 마음에서 해방됩니다. 사랑과 기쁨과 평화를 위한 자리가 마련되는 것입니다.

무엇보다 먼저 당신 자신에 대한 판단을 중지하십시오. 그런 다음엔 당신의 파트너에 대한 판단을 중지하십시오. 변화를 위한 가장 커다란 촉매는 어떤 식으로든 상대방을 판단하거나 변화시키려 하지 않고, 있는 그대로를 완전히 받아들이는 것입니다.

그렇게 하는 순간 당신은 에고를 즉각 초월하게 됩니다. 모든 마음의 게임과 중독적인 집착이 일시에 막을 내립니다. 더 이상 희생자도 가해자도 없으며, 비난하고 비난받는 일도 없게 됩니다. 더 이상 서로에게 의존하지 않으며, 상대방의 무지에 휘말려 거기에서 벗어나지 못하는 일도 없게 됩니다. 그때 비로소 서로 떨어져 있으면서도 사랑할 수 있고, 함께 '지금' 속에서 더 깊이 현존할 수 있게 됩니다. 아주 간단하지 않습니까? 그렇습니다. 아주 간단합니다.

사랑은 일종의 존재 상태입니다. 사랑은 외부에 있는 것이 아니라 당신의 내면에 깊이 자리잡고 있습니다. 당신은 사랑을 잃을 수 없습니다. 사랑이 당신을 버리고 떠날 수도 없습니다. 사랑은 누군가 다른 사람의 몸이나 외부의 어떤 형상에 의존하지 않습니다. 현존의 고요함 속에서 당신은 모양도 없고 시간도 없는 당신 자신의 참된 실재를, 당신의 육체적인 형상에 생명을 불어넣는 '현시되지 않은 생명력'을 느낄 수 있습니다. 당신은 그때 다른 모든 사람과 삼라만상 속에도 동일한 생명력이 깊숙이 내재되어 있음을 느낄 수 있습니다. 당신은 눈에 보이는 모습과 분리되는 장막 너머를 바라보게 됩니다. 이것이 '하나됨'의 깨달음입니다. 이것이 사랑입니다.

신이란 무엇일까요? 모든 생명체의 밑바닥에 흐르는 영원한 '하나의 생명'입니다. 사랑은 무엇일까요? 당신 자신과 삼라만상 속에 깊이 내재한 '하나의 생명'의 현존을 느끼는 것입니다. 그것으로 존재하는 것입니다. 그러므로 모든 사랑은 신의 사랑입니다.

사랑은 누구도 가리거나 선택하지 않습니다. 태양 빛이 만물을 가리지 않듯이 사랑은 어느 누구도 특별하게 대접하지 않습니다. 사랑은 아무도 독점할 수 없습니다. 독점은 신의 사랑이 아니라 에고의 사랑입니다. 그럼에도 진정한 사랑을 느끼는 강도는 저마다 다를 수 있습니다. 당신은 누군가에게 좀 더 많은 사랑을 느낍니다. 그 사람도 당신에 대해 똑같이 느낀다면, 서로 사랑하는 관계에 있다고 말할 수 있습니다. 그러나 당신을 그 사람과 이어주는 결속력은 버스 옆자리에 앉은 사람이나 새, 나무, 꽃과 당신을 이어주는 결속력과 동일한 것입니다. 단지 느끼는 강도가 다를 뿐입니다.

중독적인 관계에서도 서로에 대한 중독적인 욕구 너머에서 무언가 진정한 것이 빛을 발하는 순간이 있습니다. 그런 순간에는 서로의 마음이 잠깐 진정이 되면서 에고장이 일시적으로 휴지 상태에 놓입니다. 이런 일은 육체적으로 친밀한 행위를 할 때, 함께 탄생의 기적을 목격할 때, 죽음을 맞이했을 때, 누군가가 심각하게 아플 때 마음이 무력해지면서 일어날 수 있습니다. 그런 일이 일어나면 평소에는 마음 아래에 묻혀 있었던 당신의 존재가 드러나면서 진정한 교류가 가능해지는 것입니다.

진정한 교류는 서로 하나라는 사실에 대한 깨우침이요, 그것이 곧 사랑입니다. 하지만 당신이 마음의 낡은 방식을 물리칠 만큼 충분히 현존할 수 없다면, 이런 상태는 금방 사라져버립니다. 마음이 돌아오고 당신이 거기에 동화되자마자, 당신은 더 이상 당신 자신이 아니라 당신 자신에 대한 마음의 이미지가 되고, 또 다시 에고가 요구하는 게임과 역할을 하게 됩니다. 당신은 다시 한 인간의 마음이 되어 인간 존재임을 자처하고, 다른 사람의 마음과 교류하면서 사랑이라는 드라마를 연출하게 되는 것입니다.

  당신이 마음과의 동일시에서 영원히 벗어나 업장을 녹일 만큼 강렬하게 현존하지 않는 한, 적어도 지켜보는 자가 되어 현존하지 않는 한, 사랑을 잠시 잠깐 엿볼 수 있을지는 몰라도 사랑을 꽃피우지는 못할 것입니다. 당신이 강력하게 현존하게 되면, 업장이 당신을 사로잡아 사랑을 파괴하는 일은 일어날 수 없습니다.

# 영적 수행자로서의 관계

요즘의 남녀 관계는 에고 의식과 그것이 만들어낸 모든 사회·정치·경제 구조가 마침내 붕괴되는 단계에 접어들면서 인류가 처한 심각한 위기 상황을 고스란히 반영하고 있습니다. 사람들은 점점 더 마음과 동화되면서 대부분의 관계는 존재에 뿌리를 내리지 못한 채 고통의 원인이 되고 문제와 갈등으로 얼룩지게 됩니다.

진실한 관계를 만들 수 없다거나 과거의 미친 듯한 드라마를 되풀이하고 싶지 않다는 이유로 혼자 사는 사람이 얼마나 많습니까. 이성과의 합일이라는 잡히지 않는 목표를 추구하면서 이 사람 저 사람을 기웃거리고, 쾌락과 고통의 주기를 반복하는 사람도 적지 않습니다. 속으로는 부정적인 감정을 품고 있으면서도 타협 끝에 계속 함께 지내는 이들 또한 적지 않습니다. 자녀를 위해, 생활의 안정을 위해, 습관적으로, 혼자 되는 것이 두려워서, 또 다른 상호 이익을 위해 관계를 이어가는 것입니다. 자기도 알아차리지 못하는 사이에 감정적 드라마와 고통이 가져다주는 자극에 중독되어 있을 수도 있습니다.

　그럼에도 모든 위기는 기회가 될 수 있습니다. 에고를 더욱 더 확대하고 강화하며 업장을 활성화시키는 관계라면, 거기서 도망치기보다는 그 사실을 있는 그대로 받아들이십시오. 관계를 피하거나 이상적인 상대를 꿈꾸는 대신 있는 그대로의 사실에 협조할 수 있는 길은 정녕 없는 걸까요? 위기 속에 감추어져 있는 기회는 주어진 상황을 완전히 받아들이기 전에는 모습을 드러내지 않습니다. 상황을 부정하는 한, 거기에서 벗어나고 싶어하고 뭔가 다른 것을 원하는 한 기회의 창은 열리지 않습니다. 벗어나려 하면 할수록 올가미는 더욱 더 조여올 것입니다.

　상황을 인정하고 받아들이면 어느 정도는 거기서 자유로워질 수 있습니다. 불협화음이 생겼을 때 그 사실을 알아차린다면, 그 앎을 통해 새로운 요인이 생겨 변화가 일어나게 됩니다. 스스로 평화롭지 않다는 것을 알면, 그 앎은 그러한 불안을 사랑과 포용으로 둘러싸는 고요한 공간으로 만듦으로써, 평화가 아닌 상태를 평화로 바꿀 수 있게 되는 것입니다. 내면적인 변화에 관련해서 당신이 할 수 있는 일은 아무것도 없습니다. 당신은 당신 자신을 변화시킬 수 없으며, 당신의 파트너나 다른 누구도 변화시킬 수 없습니다. 당신이 할 수 있는 일이 있다면, 은총과 사랑이 들어올 수 있는 공간을,

변화를 위한 공간을 창조하는 것뿐입니다.

그러므로 관계가 삐걱거릴 때마다, 서로에게서 '광기'가 일어날 때마다 반갑게 맞이하십시오. 어둠에 싸였던 것이 빛으로 드러나고 있습니다. 그것이야말로 구원의 기회입니다. 매 순간, 그 순간에 대해, 특히 자신의 내면 상태에 대해 알아차리도록 하십시오. 분노가 일어나면 거기에 분노가 있다는 것을 알아차리십시오. 질투, 자기 방어, 말다툼, 합리화, 사랑과 보호를 요구하는 아이 같은 마음, 어떤 감정적 고통이 일어나려고 한다면, 그것이 무엇이든 그 순간의 현실을 알아차리고, 알아차린 그 상태를 유지하십시오. 그때에야 비로소 그 관계는 영적 진화의 기회가 됩니다.

당신의 파트너가 무지의 어둠에 기인하는 행위를 하거든, 거기에 반응하지 말고 자신의 '앎'으로 그것을 다정하게 껴안으십시오. 무지와 앎은 오래 공존할 수 없습니다. 적개심과 공격 뒤에 숨은 에너지는 사랑의 현존을 절대로 참을 수 없습니다. 당신이 파트너의 무지에 반응하면, 당신 자신도 무지의 어둠에 휩싸이게 됩니다. 그러나 당신이 그때 당신 자신의 반응을 알아차린다면 아무것도 잃지 않습니다.

인류는 진화해야 한다는 거대한 압력을 받고 있습니다. 진화야말로 인류가 한 종족으로서 살아 남을 수 있는 유일한 기회이기 때문입니다. 이 문제는 여러분 삶의 모든 면에, 특히 가까운 인간 관계에 영향을 미칠 것입니다. 인간 관계가 지금처럼 문제와 갈등으로 점철된 적은 일찍이 없었습니다. 여러분이 이미 알아차렸듯이, 관계가 여러분을 행복하게 해주고 충족시켜줄 수는 없습니다. 관계를 통해서 구원을 추구한다면, 계속해서 환멸을 맛볼 수밖에 없습니다.

그러나 관계가 여러분을 행복하게 해주기 위해서가 아니라 여러분에게 깨우침을 주기 위해 여기 있는 것이라고 인정하면, 관계는 여러분에게 구원이 될 수 있을 것이고, 이 세상에 장차 도래할 더욱 높은 차원의 의식과 어깨를 나란히 할 수 있을 것입니다. 하지만 낡은 습관에 매달리는 사람들에게는 고통과 폭력, 혼돈과 광기가 점점 더 증가하게 될 것입니다.

**당신이 제안한 것처럼 두 사람이 함께 영적 수행의 관계를 일구어 나가야 할 것입니다. 하지만 나의 연인은 아직도 질투하고 지배하려는 낡은 습관을 버리지 못하고 있습니다. 나는 여러 차례 그 점을 지적했으나, 그는 그것을 알아차리지 못합니다.**

당신의 삶을 영적 수행의 장으로 만들기 위해 얼마나 많은 사람이 필요할까요? 당신의 파트너가 협조적이지 않다고 해도 상관하지 마십시오. 온전한 의식은 오직 당신을 통해서 이 세상에 들어올 수 있습니다. 세상이 온전해지기를, 누군가 다른 사람이 깨우치기를 기다릴 필요는 없는 것입니다. 당신이 먼저 깨달으면 됩니다. 그렇지 않으면 영원히 기다려야 할지도 모릅니다.

깨우치지 못했다고 상대방을 탓하지 마십시오. 말다툼을 시작하는 순간, 당신은 당신의 마음가짐과 동화되어 있는 것이며, 자기 자신을 방어하고 있는 것입니다. 에고에게 당신 자신을 넘겨준 것입니다. 당신 스스로 무지의 어둠 속으로 걸어 들어간 것입니다. 때로는 상대방의 행위에 대해 지적만 하고 넘어가는 것이 적절할 경우도 있습니다. 당신이 방심하지 않고 깨어 있다면 에고를 관여시키지 않은 채 상대방을 책망하거나 비난하지 않고도 그렇게 할 수 있습니다.

당신의 파트너가 무지에 휩싸여 행동할 때는 어떠한 판단도 하지 마십시오. 판단한다는 것은 무지에서 나온 상대방의 행동을 그 사람과 혼동하는 것이거나, 자기 자신의 무지를 다른 사람에게 투사해놓고는 상대방이 그런 줄로 잘못 아는 것입니다.

판단을 내려놓는다는 것은, 당신이 보고 있는 문제점과 무지를 인정하지 않는다는 의미가 아닙니다. 단순히 반응하여 심판관이 되는 것이 아니라, '알아차림의 상태'에 머무는 것을 의미합니다. 그러면 당신은 완전히 반응하지 않게 되거나 반응한다고 해도 상황을 지켜보고 허용하는 여유를 갖게 됩니다. 어둠과 싸우는 대신, 빛을 가져오게 되는 것입니다. 속임수에 반응하는 대신 속임수를 봄과 동시에 그것 너머를 꿰뚫어 볼 수 있게 되는 것입니다.

알아차린다는 것은 삼라만상이 있는 그대로 존재할 수 있도록 사랑의 공간을 창조하는 것입니다. 변화를 가져올 그보다 더 좋은 촉매는 없습니다. 당신이 그렇게만 할 수 있다면 당신의 파트너에게도 당신의 빛이 스며들지 않을 수 없을 것입니다. 두 사람이 함께 자신들의 관계를 영적 수행의 마당으로 삼으려고 동의한다면 훨씬 더 바람직할 것입니다. 어떤 생각이나 느낌, 또는 어떤 반응이 일어날 때마다 그 즉시 서로에게 표현할 수 있게 되고, 억눌린 감정이나 슬픔이 쌓이고 자랄 수 있는 시간을 만들지 않게 됩니다.

서로를 탓하지 말고, 느끼는 그대로를 표현하는 법을 배우십시오. 자신을 방어하지 말고, 상대방의 말을 받아들이는 자세로 귀를 기울이는 법을 배우십시오. 상대방에게 자신을 표현할 수 있는 공간을 주십시오. 현존하십시오. 그러면 비난, 방어, 공격 등 에고를 강화하고 방어하고 만족시키려는 모든 방식이 부질없이 여겨질 것입니다. 다른 사람들이나 자기 자신에게 여지를 주는 것이 절대적으로 필요합니다. 그렇지 않으면 사랑은 꽃을 피울 수 없습니다.

인간 관계를 파괴하는 두 가지 요인을 제거할 수만 있다면, 다시 말해 업장이 변화되고 당신 자신을 더 이상 마음과 동일시하지 않는다면, 그리고 상대방도 그렇게 된다면, 당신은 사랑하는 사람과의 관계가 활짝 꽃피는 기쁨을 누릴 것입니다. 상대방에게 자신의 고통과 무지를 투사하지 않을 것이고, 중독된 에고의 욕구를 만족시키기 위해 서로를 필요로 하지 않을 것입니다. 당신의 깊은 내면에서 느끼는 사랑, 삼라만상과 합일을 이룬 사랑을 주고받을 수 있게 될 것입니다. 이것이야말로 대립 없는 사랑입니다.

당신의 파트너가 아직 마음과 업장에 동화되어 있는데 당신은 이미 거기서 벗어나 있다면, 당신보다는 상대방이 매우 힘들어질 것입니다. 깨달은 사람과 함께 사는 것은 쉽지 않습니다. 아니 그보다는 너무 쉬운 나머지, 상대방의 에고가 심각한 위협을 느낄 것입니다. 에고는 스스로 정체성을 유지하고자 분리감을 강화시켜줄 고민과 갈등과 적들을 필요로 합니다. 그것을 기억하십시오. 깨닫지 못한 파트너의 마음은 심한 좌절감에 빠질 것입니다. 왜냐하면 그것은 그의 마음이 허약하다는 것이고, 마음이 차지하고 있던 자리 역시 흔들리고 있다는 의미이기 때문입니다.

그렇게 마음이 차지하고 있던 자리가 흔들리게 되면, 자아를 상실할지도 모른다는 위기 의식을 갖게 됩니다. 업장이란 뭔가를 주고받을 수 있는 마당이 필요한 법인데, 이젠 그런 마당도 없어지는 것입니다. 필요한 언쟁이나 드라마, 갈등도 이제 더 이상 없는 것입니다.

하지만 경계심을 늦추지 마십시오. 반응을 보이지 말고, 후퇴하고, 무감각하십시오. 모든 감정에서 초연한 척하면서 자신이 깨달은 사람이라는 것을 다른 사람들에게 납득시키려는 경향은 없는지 스스로에게 물어보십시오. 적어도 자신에게는 어떠한 잘못도 없으며, 문제는 모두 상대방에게 있다고 생각하고 있지는 않나요? 여자들보다는 남자들에게 그런 경향이 많습니다. 그런 남자들은 자신의 여자가 비합리적이고 감정적이라고 생각합니다.

그러나 당신이 그런 감정을 느낄 수 있는 사람이라면, 그 감정 밑에서 빛나고 있는 내면의 몸에서 멀리 떨어져 있지 않은 것입니다. 하지만 주로 머릿속 헤아림으로 살아가는 사람이라면 내면의 몸과 그 거리가 훨씬 더 멀다는 것을 의미합니다. 그렇다면 당신은 당신 자신의 감정에 먼저 귀 기울일 필요가 있습니다. 그래야만 내면의 몸도 느낄 수 있을 것입니다.

사랑과 기쁨의 빛이 없다면, 완전히 현존하면서 모든 존재를 향해 자신을 열어 놓지 않는다면, 그것은 깨달음이 아닙니다. 힘든 도전을 받았을 때나 세상일이 잘못 돌아갈 때, 어떻게 행동하는가에 따라 그 사람의 깨우친 정도를 알 수 있습니다. 당신의 깨달음이 에고의 자기 기만에 지나지 않는다면, 당신은 곧 무지의 어둠이 걷어오는 도전에 직면하게 될 것입니다. 두려움이나 분노, 방어, 판단, 우울증 등을 겪게 될 것입니다. 당신의 파트너를 통해 많은 시련이 닥칠지도 모릅니다.

무책임한 남자 때문에 시련을 겪는 여자가 있다고 합시다. 이 남자는 모든 일을 할 때 머릿속으로 판단합니다. 남자는 현존하지 않기 때문에 여자의 말을 들을 줄 모르고 그녀에게 관심을 주지도 않고 공간을 허락하지도 않습니다. 여자들은 보통 남자들보다 애정의 부재를 더 예민하게 느낍니다. 그 때문에 자극받은 여자는 상대방을 공격하고 비난하고 비판합니다.

이번에는 남자가 힘들어집니다. 그는 예기치 못한 그녀의 공격을 방어하기 위해 더욱 더 깊이 자신의 마음속에 틀어박혀서 자신을 합리화하고, 방어하고, 반격합니다. 이는 마침내 남자 자신의 업장을 활성화시킵니다. 이와 같이 두 사람이 모두 업장에 사로잡히면 깊은 무의식 상태에 빠져, 감정적으로나 육체적으로 잔인한 공격과 반격을 가하게 됩니다. 두 사람의 업장이 스스로 포기하고 휴지 상태로 들어가기 전에는 가라앉지 않을 것입니다. 하지만 언젠가는 또 다시 시작될 것입니다.

이는 수없이 많은 각본 중 하나에 불과합니다. 남녀 관계에서 무의식이 불러일으키는 여러 방식에 대해서 수많은 책이 쓰였고, 앞으로도 더 많은 책이 쓰일 것입니다. 그러나 내가 앞서 말했듯이,

당신이 그 부작용의 뿌리를 이해한다면 그 많은 사례를 다 연구할 필요가 없게 됩니다.

　방금 묘사한 각본으로 다시 돌아가 봅시다. 모든 시련에는 구원을 위한 기회가 숨겨져 있습니다. 부작용이 진행되는 과정의 어떠한 단계에 있든 당신은 언제라도 무의식으로부터 자유로워질 수 있습니다. 예를 들어 보죠. 여자의 적개심을 신호로 남자는 자신의 마음과 더욱 더 동화되거나 무지의 어둠에 휩싸이는 대신, 마음과 동화된 상태에서 벗어나 '지금 여기'에 현존할 수 있습니다. 여자 또한 업장에 사로잡히는 대신, 자기 자신 속에서 감정적인 고통을 지켜보고 '지금'의 힘에 접근해서 고통을 변화시킬 수 있습니다. 그러면 충동적이고 자동적으로 외부에서 원인을 찾는 마음의 작용이 멈추게 될 것입니다.

　이제 그녀는 자신의 느낌을 상대방에게 표현할 수 있습니다. 물론 그가 귀를 기울이리라는 보장은 없지만, 그 남자에게 현존할 수 있는 기회를, 낡은 마음에 의해 반복되는 무의식적 행동을 깨뜨릴 수 있는 좋은 기회를 주게 됩니다. 여자가 그런 기회를 놓친다고 해도, 남자가 그녀의 고통에 대한 자신의 정신적·감정적 반응과 방어하는 자신의 모습을 지켜볼 수도 있습니다. 그는 자신의 업장이 자극을 받는 것을 지켜보면서 자신의 감정 속으로 의식을 가져갈 수 있습니다.

이런 식으로 순수 의식을 위한 고요하고 비어 있는 공간이 창조됩니다. 앎 자체가 되고, 고요한 목격자가 되고, 지켜보는 자가 될 수 있는 것입니다. 이러한 앎은 고통을 부정하지 않으면서 고통을 초월합니다. 고통을 있는 그대로 놓아두면서 동시에 그것을 변화시킵니다. 모든 것을 인정하고 모든 것을 변화시킵니다. 하나의 문이 여자를 위해 열리면 그녀는 그 문을 통해 들어와 남자가 만들어 놓은 공간에서 그와 합류할 수 있을 것입니다.

당신이 어떤 관계 속에서 시종일관, 혹은 대부분 시간 동안 현존하게 되면 이는 상대방에게 큰 도전이 될 것입니다. 상대방은 당신의 현존을 아주 오랫동안 참아내면서 무의식 상태로 남아 있을 수 없습니다. 준비가 된다면 그는 당신이 그를 위해 열어놓은 문으로 걸어 들어와서 당신을 만날 것입니다. 그렇지 않다면 당신들은 물과 기름처럼 따로 놀게 될 것입니다. 하지만 그가 어둠 속에 남아 있기를 원하는 사람이라면 당신이 발산하는 빛이 그에게는 무척 고통스러울 것입니다.

# 왜 여자가 깨달음에 더 가까이 있는가

깨달음을 방해하는 장애물을 만나는 것은 남자나 여자나 마찬가지인가요?

그렇습니다. 하지만 그 강도는 다릅니다. 일반적으로 여자는 자신의 몸을 느끼고 그 안에 더 쉽게 존재하기 때문에 자연적으로 '존재'와 더 가까이 있으며, 남자보다 깨달음을 얻을 가능성이 높습니다. 수많은 고대 문화에서, 무형의 초월적인 실재를 표현하거나 묘사할 때 여성의 모습을 선택했던 이유가 바로 여기에 있습니다. 만물을 잉태하여 모습을 유지하게 만들고, 그것을 기르는 것은 흔히 모태라고 여겨져 왔습니다.

도덕경에서는 도(道)를 '무한하며 영원한 우주의 어머니'로 묘사하고 있습니다. 현시되지 않은 세계가 모습을 갖게 된 이후, 남성보다는 여성이 도에 더 가까이 있습니다. 그것은 자연스러운 현상입니다. 더구나 모든 창조물은 결국 근원으로 돌아가야 합니다. 만물의 근원을 여성으로 보기 때문에, 심리학과 신화의 세계에서는 빛과 어둠의 양면을 지닌 원형적인 여성성이 나타나곤 합니다. 여신이나 신성한 어머니는 생명을 주고 생명을 거두어가는 양면을 갖고 있는 것입니다.

인간은 마음에 사로잡혀서 신적 본질을 지닌 자신의 실상을 잃어버리고, 신을 남성적인 모습으로 생각하기 시작했습니다. 그 후 남성은 사회를 지배하게 되었고, 여성은 남성에게 종속되었습니다. 예전처럼 신을 여성으로 표현하자고 주장하는 것이 아닙니다. '신' 대신 '여신'이라는 용어를 사용하는 사람들도 있습니다. 오래전에 잃어버린 남성과 여성 사이의 균형을 회복하려는 것은 물론 좋은 의도입니다.

하지만 그것은 여전히 하나의 표현이나 개념에 불과하며, 지도나 표지판처럼 임시적으로만 유용할 뿐입니다. 모든 개념과 형상 너머에 있는 실재를 깨달을 준비가 되었을 때는 도움이 되기보다 방해가 되기 쉽습니다. 어쨌든 마음의 에너지 주파수가 본질적으로 남성적인 것은 사실입니다. 마음은 저항하고 지배하기 위해 투쟁하고, 이용하고, 조작하고, 공격하고, 장악하고, 소유하려고 합니다. 구약성서에 묘사된 전통적인 신은 가부장적이고 지배적이며 권위적인 모습입니다. 때로는 두려움을 불러일으키는 성난 남자를 연상

시키기도 합니다. 구약성서의 신은 인간의 마음이 투사된 신인 것입니다.

마음을 초월해 존재의 깊은 실재와 다시 연결되기 위해서는 그와는 아주 다른 특성, 다시 말해 순응하고, 판단하지 않고, 삶에 저항하지 않고, 있는 그대로를 허용하고, 모든 것을 앎으로 끌어안는 포용력이 요구됩니다. 이러한 특성은 여성성과 훨씬 더 가깝습니다. 마음의 에너지가 완강하게 굳어 있다면 존재 에너지는 부드럽고 유연하고, 그러면서도 마음보다 무한히 더 강합니다.

마음이 우리의 문명을 다스리고 있다면 '존재'는 지상과 그 너머에 있는 모든 생명을 주관하고 있습니다. '존재'는 눈에 보이는 물질의 우주를 가능하게 하는 지성입니다. 여성은 잠재적으로 거기에 좀 더 가까이 있다고 할 수 있습니다. 하지만 남성 역시 내면을 통해 거기에 접근할 수 있습니다.

오늘날에는 수많은 남자와 마찬가지로 여자들 역시 마음의 손아귀에 사로잡혀 있습니다. 업장이나 생각을 자신과 동일시하고 있습니다. 이것이 깨달음과 사랑이 꽃피어나지 못하는 이유입니다. 대개 남성의 주요 장애물은 생각하는 마음이고, 여성의 주요 장애물은 업장입니다. 물론 개인에 따라서는 반대가 될 수도 있으며 두 가지가 차지하는 비중이 같을 수도 있습니다.

# 여성의 집단적인 업장 녹이기

여성에게 업장이 큰 장애가 되는 이유는 뭔가요?

업장에는 대개 개인적인 업장과 집단적인 업장이 있습니다. 개인적인 업장이란 과거에 겪은 감정적 고통이 축적된 것입니다. 집단적인 업장이란 질병, 고문, 전쟁, 살인, 잔인성, 광기 등을 통해 수천 년 동안 인간 정신 속에 집단적으로 축적되어온 고통입니다. 개인의 업장에는 이러한 집단적인 업장이 함께 포함되어 있습니다.

공업(共業)은 양면성을 갖고 있습니다. 예를 들어, 투쟁과 폭력이 자주 일어났던 민족이나 국민은 좀더 심각한 공업을 갖고 있습니다. 업장이 너무 강해서 거기서 벗어나지 못하는 사람은 끊임없이, 혹은 주기적으로 감정적인 고통을 되살릴 수밖에 없을 뿐 아니라 폭력의 가해자나 희생자가 되기 쉽습니다. 하지만 그런 사람들이 오히려 깨달음에 잠재적으로 더 가까이 있다고 할 수도 있습니다.

항상 그런 것은 아니지만, 평범한 꿈을 꾸는 것보다는 악몽에 시달리는 편이 꿈에서 더 빨리 깨어날 수 있는 계기가 되는 것입니다.

완전히 깨어 있지 않은 한, 거의 모든 여성은 개인의 업장과는 별도로 '여성의 집단적인 업장'도 함께 갖고 있습니다. 수천 년에 걸쳐 남성에게 종속되어 살면서 겪어온 노예 제도, 착취, 강간, 출산, 유산 등의 고통이 흔적으로 남아 있는 것입니다.

많은 여성이 월경을 하기 전이나, 하는 동안 느끼는 감정적 고통이나 육체적 고통은 집단적인 업장의 일부가 휴지 상태에서 깨어나기 때문에 생기는 것입니다. 이러한 공업 때문에 월경을 하는 동안 생명 에너지가 몸 전체에 자유롭게 흐르지 못하고 육체로 표현되는 것입니다. 여기에 대해 잠시 숙고해 보고, 그것을 어떻게 깨달음의 기회로 삼을 수 있는지 알아 보겠습니다.

그 시기에 여성은 업장에 의해 점령되곤 합니다. 업장은 당신을 쉽게 자기 자신에게로 끌어당겨서 무의식적으로 동화시켜버리는 매우 강력한 에너지를 갖고 있습니다. 그러고 나면 당신의 내면 공간을 차지하고 있는 에너지장이 당신을 소유하면서 마치 당신 자신인 것처럼 가장합니다.

하지만 그것은 절대로 당신이 아닙니다. 그것은 당신을 통해 말하고 행동하고 생각합니다. 당신의 생활 속에 부정적인 상황을 만들어서 그 에너지를 취합니다. 업장은 어떤 식으로든 더 많은 고통을 원합니다. 이 과정은 이미 앞에서 설명한 바 있습니다. 업장은 사악하고 파괴적일 수 있습니다. 하지만 그것은 단순히 고통일 뿐입니다. 그것은 과거의 고통이지 당신 자신은 아닙니다.

오늘날 완전한 의식 상태에 접근하고 있는 여성의 숫자는 이미 남성을 능가하고 있으며 앞으로는 더욱 증가할 것입니다. 남성들은 결국 여성을 따라가겠지만 여성의 의식 수준에 비하면 꽤 오랫동안 차이가 날 것입니다. 여성들은 현시된 세계와 현시되지 않은 세계 사이에, 물질과 영원 사이에 다리를 놓는 그녀들의 생득적인 기능을 회복하고 있습니다. 그러니 남성에게보다 여성에게 깨달음이 더 많이 일어나는 것이 자연스러운 현상입니다.

여성으로서 지금 당신이 해야 할 중요한 일이 있다면, 자기 자신과 자신의 본질 사이에 더 이상 업장이 끼어들지 않도록 하는 것입니다. 깨달음에 또 다른 장애가 되는 '생각하는 마음' 역시 해결해야 합니다.

그러나 업장이 닥칠 때마다 강렬하게 현존함으로써 마음과의 동화에서 자유롭게 벗어날 수 있을 것입니다. 맨 먼저 기억해야 할 것은 이것입니다. 당신이 고통을 자기 자신의 일부로 생각하고 당연히 받아들인다면 거기에서 벗어날 수 없다는 것입니다. 감정적인 고통을 당하면서도 그것을 자기 자신이라고 생각한다면 그 고통을 치유하는 데 필요한 모든 시도를 거부하고 방해하는 셈입니다. 왜 그럴까요? 이유는 매우 간단합니다. 당신은 자기 자신을 고스란히 지키고 싶어 할 것이기 때문입니다. 이미 당신 자신의 필수적인 일부가 되어버린 고통을 떠나보낼 수 없게 되는 것입니다. 이런 일은 무의식적인 과정이므로 그것을 극복하는 유일한 방법은 그것을 의식으로 가져다놓는 것뿐입니다.

당신은 자신이 고통에 애착을 갖고 있으며 지금껏 그래왔다는 사실을 알고는 소스라치게 놀랄지도 모릅니다. 그 사실을 깨닫는 순간 당신은 고통에 대한 애착에서 벗어나게 됩니다. 업장은 에너지장이며 거의 실체에 가깝습니다. 당신의 내면 공간에서 임시로 거주하고 있는 것입니다. 그것은 덫에 갇힌 생명 에너지여서 더 이상 흐를 수 없습니다.

물론 업장이란 과거에 일어난 어떤 일들 때문에 거기 있는 것입니다. 그것은 당신 안에 살아 있는 과거입니다. 업장에 동화된다는 것은 과거에 동화된다는 뜻입니다. 스스로 희생자임을 자처하는 것은 과거가 현재보다 더 강하다는 믿음의 소산입니다. 그것은 진리와는 상충되는 일입니다. 그것은 지금의 당신과 당신이 느끼는 감정적 고통과 진정한 당신 자신이 될 수 없는 무능에 대한 책임이 다른 사람들에게 있다고 믿는 것입니다.

과거가 현재보다 강할 수는 없습니다. 유일한 힘은 지금 이 순간에 있습니다. 그것이 현존의 힘입니다. 당신이 이러한 사실을 안다면 당신의 내면 공간은 다른 누구도 아닌 당신 자신에게 책임이 있으며, 과거는 결코 '지금'의 힘에 대항할 수 없다는 것을 깨닫게 될 것입니다.

업장을 자기 자신과 동일시하면 업장을 다룰 수 없습니다. 개인 차원에서는 피해의식을 버릴 수 있을 만큼 이미 충분히 깨우쳤지만, 남성에게 당한 집단적인 희생자로서의 정체성은 여전히 버리지 못하는 여성들이 있습니다. 그들은 옳을 수도 있고 그렇지 않을 수도 있습니다. 여성의 집단적인 업장이 대부분 수천 년 간 남성이 여성에게 가한 폭력과 억압에서 기인한다는 점에서 그들의 반응은 당연한 것입니다.

하지만 그렇다고 해서 그 사실로부터 자의식을 끌어내고, 계속해서 집단적인 피해의식을 갖고 있어야 할 당위성은 없습니다. 어떤 여성이 여전히 분노, 원망을 가지고 비난을 계속하고 있다면 그녀는 자신의 업장에 매달려 있는 것입니다. 그렇게 하는 것이 자신에게 위로가 되고 다른 여성들과의 결속을 다져줄 수는 있겠지만, 그것은 그녀를 계속 과거에 묶어놓음으로써 자신의 본질과 진정한 힘에 접근하지 못하게 합니다. 여성들이 남성들을 배척한다면 그것은 분리감을 조성함으로써 에고를 강화합니다. 에고가 강해질수록 진정한 본질에서는 점점 더 멀어지게 됩니다.

그러므로 당신에게 정체성을 부여하기 위해 업장을 사용하지 마십시오. 대신, 깨달음을 위해 사용하십시오. 업장을 의식으로 바꾸십시오. 가장 적절한 시기는 월경을 할 때입니다. 다가오는 몇 년 안에 많은 여성이 월경 중에 완전한 깨달음 상태에 들어갈 것입니다. 나는 그렇게 믿습니다.

대개는 그 기간 중에 집단적인 업장에 의해 지배당하기 때문에, 많은 여성이 무의식 속에서 헤매곤 합니다. 하지만 일단 어떤 수준의 의식에 도달하면 이 과정을 거꾸로 돌려놓을 수 있습니다. 무지의 어둠 속을 헤매는 대신 생생하게 깨어 있을 수 있습니다. 그 기본적인 과정에 대해서는 이미 기술했으나, 이번에는 특별히 여성의 집단적인 업장을 예로 들어 다시 한번 설명하고자 합니다.

월경이 가까워지는 징조가 보이면 여성의 집단적인 업장이 깨어나기 전에, 다시 말해 '월경 전 긴장 증상'이라는 첫 조짐을 느끼기 전에 최대한 집중해서 몸 안에 거주하십시오. 첫 조짐이 나타날 때 거기에 점령되지 않고 그것을 포착하기 위해서는 주의를 게을리해서는 안 됩니다. 갑작스런 짜증이나 분노가 일어날 수도 있고, 단순히 육체적인 어떤 증상이 나타날 수도 있습니다. 그것이 어떠한 것이든 당신의 생각이나 행동을 점령하기 전에 그것을 알아차리십시오. 거기에 당신의 주의를 집중하십시오. 만일 그것이 감정이라면 그 뒤쪽에 충전되어 있는 강한 에너지를 느끼십시오. 그것이 업장이라는 것을 알아차리십시오. 앎의 상태로 존재하십시오. 생생하게 깨어 있으면서 그 힘을 느끼십시오.

당신이 현존하게 되면 어떠한 감정이든 재빨리 진정되면서 변화가 일어납니다. 단순히 신체적인 증상이라고 해도 거기에 주의를 집중하면, 그것이 감정이나 생각으로 변화되는 것을 막을 수 있습니다. 그러고 나서 계속해서 업장의 다음 징조를 기다리십시오. 그것이 나타나면 다시 전과 같은 방식으로 포착하고 알아차리십시오.

업장이 마침내 휴지 상태에서 완전히 깨어나면, 한동안은 내면적으로 상당히 동요하게 될 것입니다. 그것이 어떤 형식을 취하든 그대로 현존하십시오. 거기에 완전히 주의를 기울이십시오. 당신의 내면에서 일어나는 동요를 지켜보십시오. 그것이 거기 있다는 것을 알아차리십시오. 그 앎을 유지하고, 그 앎이 되십시오. 업이 당신의 마음을 사용하고 당신의 생각을 사로잡지 못하게 해야 한다는 것을 기억하십시오. 그것을 지켜보십시오. 그 에너지를 당신의 내면에서 직접 느끼십시오. 당신도 알다시피 완전히 주의를 기울인다는 것은 완전히 받아들인다는 것을 의미합니다.

지속적인 집중과 수용을 통해 변화가 일어나기 시작합니다. 업장이 빛나는 의식으로 변화됩니다. 장작을 불 가까이 놓아두면 역시 불로 변하는 것과도 같습니다. 그러면 월경은 당신의 여성성에 대한 기쁘고 만족스러운 표현이 될 뿐 아니라 그 기간은 새로운 의식을 탄생시키는 신성한 변화의 시간이 됩니다. 당신의 진정한 본성이 여신으로서의 여성적인 면과 함께 성별을 떠난 신성한 존재로서의 초월적인 면으로 빛을 발하게 될 것입니다.

상대 남성이 충분히 깨우친 사람이라면, 특히 이 시기에 그는 자주 강력한 현존의 주파수를 유지함으로써 방금 설명한 방법으로 당신을 도와줄 수 있습니다. 그가 현존하고 있다면 당신이 무의식적으로 업장에 동화되더라도 당신은 곧 그의 상태에 합류하게 될 것입니다. 깨어 있는 파트너라면 당신이 일시적으로 업장에 사로잡히더라도 그것을 당신이라고 생각하지는 않을 것입니다.

설령 당신의 업장이 당신의 파트너를 공격한다고 해도, 그는 그것을 당신이라고 생각하지 않을 것이며, 상황을 방어하거나 회피하지 않고 강한 현존의 공간을 유지할 수 있습니다. 변화를 위해 그 이상 필요한 것은 없습니다. 당신도 다른 기회에 상대방을 위해 그같이 해주거나, 그가 자신의 생각과 동화될 때마다 '지금 여기' 속으로 그의 주의를 돌림으로써 마음으로부터 의식을 되찾도록 도와줄 수 있습니다.

이런 식으로 고주파의 순수한 에너지장이 언제나 당신들 두 사람 사이에 생길 것입니다. 환상, 고통, 갈등 등 당신이 아니거나 사랑이 아닌 것은 그 무엇도 그 속에서는 살아남을 수 없습니다. 이것은 당신들의 관계 속에서 신성하고 이타적인 목적이 실현되었음을 의미합니다. 그것은 의식의 소용돌이가 되어 다른 많은 사람을 끌어들일 것입니다.

# 당신 자신과의 관계를 버리라

완전히 깨우친 상황에서도 남녀 관계를 원하게 될까요? 그때도 여전히 남성은 여성에게 끌리고, 여성은 남성 없이는 불완전하다고 느낄까요?

깨달았든 그렇지 않든 당신은 남성이 아니면 여성입니다. 당신은 눈에 보이는 모습만으로는 완전하지 않습니다. 당신은 반쪽입니다. 이러한 불완전함은 어느 정도 깨어 있는가에 상관없이 남녀의 이끌림, 반대 에너지 극을 향한 끌림으로 나타납니다. 그러나 내면의 연결 상태 속에서는 이러한 끌림을 표면적으로나 주변적으로 느끼게 됩니다. 일어나는 모든 일이 그런 식으로 느껴집니다. 세상 일이 모두 넓고 깊은 바다의 표면 위에 일렁이는 파도나 잔물결처럼 느껴집니다. 당신은 대양이며 물결이기도 합니다. 물결은 대양을 자신의 진정한 정체성으로 인식하므로 그 광활함과 깊이에 비교하면, 파도가 치고 잔물결이 이는 세상은 그다지 중요하지 않습니다.

그렇다고 해서 당신이 다른 사람들이나 연인에게 깊이 연결되지 않는 것은 아닙니다. 사실 존재를 인식하고 깨어 있을 때만이 다른 사람들과 더 깊이 연결될 수 있습니다. 당신은 존재함으로써 보이는 것 너머에 초점을 맞추게 됩니다. 존재 속에서 남성과 여성은 하나입니다. 당신의 형상은 계속해서 어떤 욕구를 가지겠지만 존재는 그렇지 않습니다. 존재는 이미 완전하고 온전합니다.

만일 그러한 욕구들이 충족되면 좋겠지만, 그렇지 못한다고 해도 당신의 깊은 내면 상태에는 차이가 없습니다. 그러므로 만일 이성에 대한 욕구가 충족되지 않는다고 해도 깨달은 사람이라면 외적으로는 결핍이나 불완전함을 느끼면서도 동시에 내면으로는 얼마든지 완전하고 충만하고 평화로울 수 있습니다.

깨달음을 추구함에 있어서 동성애라는 것이 어떤 도움이나 방해가 되나요?

성인이 되면서 자신의 성(性)에 대한 인식이 다른 사람과 다르다고 느껴진다면, 어쩔 수 없이 사회의 일반적인 통념과 행동 양식으로부터 격리될 수밖에 없습니다. 그로 인해 자동적으로 전해 내려오는 관습을 당연하게 받아들이는 무의식적인 다수의 사람보다 의식 차원이 높아질 수 있습니다. 그런 점에서는 동성애가 도움이 될 수 있습니다. 어떤 이유로든 다른 사람들과 어울리지 못하고 따돌림당하는 아웃사이더로 사는 것은 어려운 일입니다. 하지만 깨우침에 관해서는 다른 사람들보다 유리한 위치에 있게 됩니다. 거의 강제적이라고 할 수 있는 집단 무의식에서 벗어나 있기 때문입니다.

그러나 당신이 동성애자라는 정체성에 기초해서 자신의 의식을 발전시킨다면, 하나의 함정에서는 빠져나왔을지 모르지만 또 다른 함정에 빠지는 셈입니다. 당신은 동성애자라는 마음의 이미지가 지시하는 역할과 게임을 하게 될 것입니다. 그래서 무의식적으로 가공의 인물이 될 것입니다. 에고의 가면 밑에서 아주 불행해질 것입니다. 그렇게 되면 동성애자라는 것이 방해가 될 것입니다. 그러나 물론, 언제나 또 다른 기회가 있습니다. 극심한 불행은 커다란 깨우침의 계기가 될 수 있습니다.

다른 사람과 잘 지내려면 먼저 자신과 좋은 관계를 유지하고 자기 자신을 사랑해야겠죠?

당신이 혼자 있을 때 편안하지 못하다면, 그러한 불안을 감싸줄 수 있는 어떤 관계를 추구하게 될 것입니다. 그러면 그 관계 속에서 불안이 또 다른 형태로 나타날 것이 분명하며, 이제 그 책임을 상대방에게 전가할 것입니다. 당신이 할 일은 이 순간을 완전히 받아들이는 것입니다. 그러면 지금 여기가 편안하게 느껴질 것입니다.

그래도 자신과의 어떤 관계가 필요하다고 생각합니까? 그냥 당신 자신이 될 수는 없겠습니까? 자신과 관계를 가진다는 것은 자신을 '나'와 '나 자신'으로, 주체와 객체로 나누는 것입니다. 마음이 만드는 이러한 이중성 때문에 삶이 복잡해지고 모든 고민과 갈등이 일어나는 것입니다.

깨달은 상태에서 당신은 당신 자신입니다. '당신'과 '당신 자신'은 하나로 융합됩니다. 당신은 스스로를 판단하지 않으며, 자기 연민에 빠지지 않으며, 오만하지 않고, 자신을 사랑하지도 않고 증오하지도 않습니다. 자의식에 의한 분열이 치유되고 그 저주에서 풀려납니다. 더 이상 보호하고 방어하거나 만족시켜야 할 '자신'이 없습니다. 당신이 깨닫는다면 당신 자신과의 관계는 더 이상 없습니다. 일단 당신 자신과의 관계를 포기하면 다른 사람들과의 모든 관계가 사랑으로 맺어질 것입니다.

# 제9장
# 행복과 불행을 넘어선 곳에 평화가 있다

불행한 꽃을, 우울한 돌고래를, 자존심이 상한 개구리를, 증오와 원망을 품은 새를 만난 적이 있습니까?
동식물들을 지켜보면서 있는 그대로를 인정하고
'지금 여기'에 온전히 내맡기는 법을 배우십시오.
자신과 하나가 되는 법을 배우십시오.

# 선악 너머에 있는 지고한 선

행복과 내면의 평화는 서로 다른 것인가요?

그렇습니다. 행복은 우리가 긍정적인 것이라고 인식하는 조건에 따르지만 내면의 평화는 그렇지 않습니다.

우리의 삶 속에 긍정적인 조건들만 끌어오는 것도 가능하지 않을까요? 만일 우리의 태도와 생각이 항상 긍정적이라면, 긍정적인 사건과 상황만 나타나지 않을까요?

무엇이 긍정적인 것이고 무엇이 부정적인 것인지 정말 알고 있나요? 거기에 대해 완전한 그림을 갖고 있습니까? 많은 사람이 한계, 실패, 상실, 질병 등의 고통을 겪고 나서 스스로 위대한 스승이 되었습니다. 고통이 그들에게 거짓 자아의 이미지를 벗어던지고 에고가 지시하는 피상적인 목표와 욕망을 버리도록 가르쳤던 것입니다. 고통이 그들을 좀더 참되게 만든 것입니다.

당시에는 알지 못한다고 해도 부정적인 일 속에는 의미심장한 교훈이 감추어져 있습니다. 잠시 동안 겪게 되는 질병이나 사고는 당신의 삶에서 무엇이 실재하고 무엇이 허구인지, 궁극적으로 무엇이 중요하고 중요하지 않은지를 가르쳐 줍니다.

높은 전망대에서 보면 모든 조건은 항상 긍정적입니다. 정확히 말하자면 어떠한 조건도 긍정적이거나 부정적이라고 할 수 없습니다. 그냥 있는 그대로일 뿐입니다. 그리고 당신이 있는 그대로를 완전히 받아들이고 산다면, 당신의 삶에는 더 이상 선이나 악이 없을 것입니다. 그것이 현명한 삶의 길입니다. 있다면 더 높은 선이 있을 뿐이며, 그 선은 악을 포함하고 있습니다. 그러나 마음의 관점에서 보면 좋은 것과 나쁜 것, 선과 악, 좋아하고 싫어하는 것, 사랑과 증오가 있게 됩니다. 그래서 창세기에서처럼 아담과 이브는 선악과를 먹은 후 더 이상 천국에서 살 수 없었던 것입니다.

그 이야기는 나에게 부정과 자기 기만같이 들립니다. 사고나 질병, 고통이나 죽음 등 무언가 무서운 일이 나 자신이나 가까운 사람에게 일어났을 때, 그것이 나쁘지 않은 척 가장할 수는 있을 것입니다. 하지만 그것이 나쁜 일이라는 사실은 변하지 않습니다. 그런데

**무엇 때문에 그것을 부정하는 거죠?**

그 무엇도 가장할 필요는 없습니다. 있는 그대로를 허용하면 됩니다. 당신이 있는 그대로를 허용하면, 긍정과 부정의 극단적인 대립을 만들어내는 마음을 초월하게 됩니다. 그것이 용서의 본질입니다. 현재를 용서하는 것이 과거를 용서하는 것보다 훨씬 더 중요합니다. 만일 지금 모든 순간을 용서한다면, 그래서 있는 그대로를 허락한다면, 나중에 가서 후회할 일을 쌓지 않게 되는 셈입니다.

우리는 지금 행복에 대해 이야기하고 있는 것이 아닙니다. 예를 들자면 사랑하는 사람이 죽었을 때나 자신의 죽음이 가까워진 것을 느낄 때, 당신은 행복할 수 없습니다. 그것은 불가능합니다. 그러나 평화롭게 존재할 수는 있습니다. 슬프고 눈물이 나겠지만 저항하는 마음을 버린다면, 그 슬픔 아래서 깊은 평화와 고요, 그리고 신성한 현존을 느낄 것입니다. 그것이 존재의 발산이고 내면의 평화이며 대립 없는 선(善)입니다.

**내가 어떻게든 손을 쓸 수 있는 상황이라면 어떨까요? 상황을 있는 그대로 허락하면서 동시에 그것을 변화시킬 수도 있지 않을까요?**

해야 할 일이 있으면 하십시오. 그러면서도 있는 그대로 받아들이십시오. 마음이란 저항과 동의어이기 때문에 있는 그대로 받아들이기만 하면 그 즉시 당신은 마음의 지배에서 벗어나 존재와 다시 연결될 것입니다. 그 결과, 평소 에고의 행동에 대한 동기였던 두려움, 욕심, 지배, 방어, 거짓된 자의식의 욕구가 더 이상 작동하지 않게 됩니다. 이제 마음보다 훨씬 더 큰 지성이 충전되어 다른 차원의 의식이 당신의 행동 속으로 흘러들 것입니다.

2,000년 전, 보기 드물게 세속적인 권세와 지혜를 겸비했던 마르쿠스 아우렐리우스는 이런 말을 했습니다.

"운명의 무늬가 어떻게 엮어지든 다가오는 것은 모두 받아들여라. 이 세상에 당신의 욕심을 완전하게 채워주는 것이 어디 있겠는가?"

대부분 사람은 크나큰 고통을 경험하고 나서야 비로소 저항하는 마음을 버리고 받아들이고 용서합니다. 그렇게 하자마자 즉시 위대한 기적이 일어납니다. 악이라고 여겼던 것을 통해서 의식이 활짝 깨어나고, 고통이 내면의 평화로 바뀌는 것입니다. 이 세상의 모든 악과 고통은 이름과 형상 너머에 있는 우리의 진정한 모습을 일깨워주기 위해 거기 존재합니다. 우리의 제한된 관점에서 악이라고 알고 있는 것이 사실은 지고지순한 선의 일부인 것입니다. 그럼에도 이런 일은 용서하지 않으면 일어나지 않습니다. 당신이 모든 것을 다 받아들이고 용서할 때까지 악은 구제받지 못하고 악으로 남아 있을 것입니다.

　과거가 실재가 아님을 알아차리고 현재의 순간을 있는 그대로 받아들임으로써 변화의 기적은 내면에서뿐 아니라 바깥에서도 일어납니다. 확고하게 현존하는 고요한 공간이 당신 내부와 주위에 형성되면서 그러한 의식의 영역에 발을 들여놓는 사람들은 모두 그 영향을 받게 됩니다. 그 변화는 때로는 즉시 눈에 보일 수도 있고, 더 깊은 차원에서 서서히 진행되다가 나중에 드러날 수도 있습니다. 아무것도 행하지 않고, 단지 자주 강렬한 현존의 주파수를 유지하는 것만으로도 당신은 불화를 해소하고, 고통을 치유하고, 무지의 어둠을 추방할 수 있게 되는 것입니다.

# 삶이라는 드라마의 끝

모든 것을 받아들이고 내면의 평화를 느낀다고 해도 일상적인 의식의 관점에서 보면 '나쁘다'라고 말할 수 있는 것이 우리 인생에 끼어들 수 있지 않을까요?

삶 속에서 일어나는 소위 나쁜 일들의 대부분은 무지의 어둠에서 비롯됩니다. 그런 일은 저절로 일어난다기보다 에고가 만들어낸다고 보아야 할 것입니다. 나는 그런 일들을 '드라마'라고 부릅니다. 당신이 완전히 깨어 있으면 드라마는 더 이상 당신의 삶 속으로 들어오지 않습니다. 에고가 어떻게 작동되고 어떻게 드라마를 만들어내는지 잠시 돌이켜 보겠습니다.

당신이 마음을 지켜보지 않고 방심하면 에고는 당신의 삶을 지배합니다. 에고는 자기 자신을 냉담하고 적대적인 우주에서 홀로 분리된 단편이라고 인식합니다. 다른 어느 누구와도 진실로는 이어져 있지 않다고 봅니다. 자신을 둘러싸고 있는 다른 에고들을 위협적인 존재로 보고, 자기 목적을 위해서라면 그들을 이용하려고 합니다. 에고는 기본적으로 자신의 두려움이나 결핍감과 싸우게 되어 있습니다. 그래서 저항하고, 지배하고, 힘을 행사하고, 욕심을 부리고, 방어하고, 공격합니다. 에고의 어떤 전략은 매우 기민하고 영리한 것이지만, 그렇다고 해도 자신의 문제를 근본적으로 해결하지는 못합니다. 왜냐하면 에고 자체가 문제이기 때문입니다.

여러 에고가 함께 모이면 개인적인 관계에서든 조직이나 기구 안에서든 조만간 나쁜 일들이 벌어집니다. 갈등과 권력 투쟁, 감정적·육체적 폭력 등의 드라마가 펼쳐지는 것입니다. 무의식에 기인하는 전쟁이나 대량 학살, 착취 같은 집단적인 악도 에고의 짓입니다. 그뿐만이 아닙니다. 에고가 저항을 계속하게 되면 온갖 질병이 발생하고, 몸 전체의 에너지 흐름이 가로막히게 됩니다. 그러다가 당신이 '존재'와 다시 연결되어 더 이상 마음의 지배를 받지 않으면 그런 일들을 만들지 않게 됩니다. 더 이상 드라마에 휩쓸리는 일이 없어지는 것입니다.

둘 이상의 에고가 함께 모일 때면 어김없이 이런저런 드라마가 뒤따릅니다. 하지만 완전히 혼자 산다고 해도 드라마는 여전히 만들어집니다. 신세 한탄을 하면 그것이 드라마입니다. 죄의식을 느끼거나 불안해 하면 그것이 드라마입니다. 과거나 미래로 인해 현재가 흐려지면 심리적인 시간이 만들어지고, 거기서 드라마의 재료가 생깁니다. 현재의 순간을 있는 그대로 허용하지 않으면 드라마를 창조하고 있는 것입니다.

대부분 사람은 자신들만의 특별한 인생 드라마와 사랑에 빠집니다. 드라마가 곧 그들 자신입니다. 에고가 그들의 삶을 지배합니다. 그들은 자아에 대한 감각 전체를 몽땅 에고에 투자해 왔습니다. 해답이나 해결책을 찾고, 치유하기 위해 노력하는 것도 드라마의 일부가 됩니다. 물론 그런 노력은 대개 실패로 끝나고 말지만. 그들이 가장 두려워하고 저항하는 것은 드라마가 끝나는 것입니다. 마음으로 존재하는 동안에는 거기에서 깨어나는 것을 가장 두려워하고 거부합니다.

있는 그대로를 완전히 받아들이고 살면 인생의 모든 드라마가 끝날 것입니다. 누군가 시비를 걸려고 해도 말다툼이 되지 않습니다. 완전히 깨어 있는 사람과는 논쟁할 수 없습니다. 논쟁은 자신의 입장에 동화되어 다른 사람의 입장에 저항하고 반응하는 것을 의미합니다. 그 결과 서로가 서로를 부채질합니다. 이것이 무의식의 역학입니다.

하지만 당신이 분명하고 단호하게 자신의 입장을 지키면서 공격이나 방어도 하지 않을 것이라면, 그것이 드라마로 변하는 일은 없을 것입니다. 당신이 완전히 깨어 있으면 갈등이 멈춥니다. '기적 수업'에서는 "자신과 하나가 되어 존재하는 사람은 갈등이 생길 수 없다"라고 말합니다. 이 말은 다른 사람들과의 갈등뿐만 아니라 우리 안에서 일어나는 근본적인 갈등을 의미합니다. 요구하고 기대하는 마음과 '있는 그대로' 사이에 더 이상 충돌이 일어나지 않으면 갈등은 자연히 멈추게 됩니다.

# 인생의 무상함과 순환

그렇지만 여전히 물질 세계에 살고 집단적인 인간 정신과 연결되어 있는 한 육체적인 고통을 피할 수 없습니다. 이는 정신적·감정적 고통과는 다릅니다. 모든 고통은 에고가 만들어내는 것이고 저항에서 비롯됩니다. 또한 당신이 물질 세계에 있는 한 당신은 자연의 순환과 '항구적인 것은 아무것도 없다'라는 법칙을 따르게 됩니다. 그렇다고 해서 이것을 나쁘다고 할 수는 없습니다. 그냥 그러한 것입니다.

모든 것의 '있음'을 허용함으로써 대립되는 세상 저변에 깔린 좀 더 깊은 차원이 당신 앞에 드러날 수 있습니다. 변하지 않을 깊고 고요한 상태로서, 선악을 초월하여 아무 이유 없이 솟아나는 기쁨의 상태로서 언제나 현존할 수 있습니다. 이것이 바로 존재의 기쁨이요 신의 평화입니다.

모습의 차원에서는 분리된 듯이 보이는 온갖 형상이 탄생과 죽음, 창조와 파괴, 성장과 분해를 거듭합니다. 여기에서 벗어날 수 있는 곳은 없습니다. 별이나 행성도 탄생과 죽음의 주기가 있습니다. 육체도 그렇고, 나무나 꽃도 그렇습니다. 국가나 정치 체제, 문명에도 흥망성쇠가 있습니다. 개인의 삶 속에서도 얻을 때가 있으면 잃을 때가 있는 법입니다.

 일이 잘 풀려서 번창할 때가 있는가 하면, 실패를 거듭하면서 시들고 붕괴될 때가 있습니다. 새로운 것이 생기고 변화될 여지를 만들기 위해서는 옛것을 떠나보내야 합니다. 그 시점에서 매달리고 저항하는 것은 생명의 흐름과 함께 하기를 거부하는 것이며, 그 결과 고통을 받게 됩니다.

 상승 주기가 좋고 하강 주기가 나쁘다는 것은 마음이 하는 판단일 뿐입니다. 대개는 성장을 긍정적이라고 생각하지만, 어느 것도 영원히 성장할 수는 없습니다. 만일 계속해서 성장한다면 어떠한 종류의 성장이든 결국은 기형적이고 파괴적인 양상을 띠게 될 것입니다. 분해는 새로운 성장을 위해 필요한 것입니다. 이것은 저것 없이는 존재할 수 없습니다.

 영적인 깨달음을 위해서는 반드시 하강 주기가 필요합니다. 실패하고 깊은 상실감이나 고통을 경험해야만 영적 차원으로 들어갈 수 있습니다. 성공이 공허하고 무의미해져서 실패로 변할 수도 있습니다. 실패는 모든 성공 안에 숨어 있으며 모든 실패 안에는 성공이 숨어 있습니다. 눈에 보이는 모습의 차원에서 이 세상을 바라보면 모든 사람이 언젠가는 실패하고, 모든 성취는 결국 헛된 것이 됩니다. 모든 형상은 영원하지 않습니다.

그럼에도 당신은 세상을 적극적으로 즐기면서 새로운 형태와 환경을 만들고 창조할 수 있습니다. 하지만 거기에 동화되지는 마십시오. 당신의 자의식을 거기에서 구할 필요는 없습니다. 그런 것들은 당신의 생명이 아니라 삶의 상황에 불과합니다.

당신의 육체 에너지 또한 상승하고 하강하는 주기의 지배를 받습니다. 항상 최고점에 있을 수는 없습니다. 에너지가 높을 때가 있으면 낮을 때도 있습니다. 매우 적극적이고 창조적인 시기가 있는 반면, 모든 것이 제자리걸음인 것 같고 어디에서 무슨 일을 해도 아무 소득이 없을 때가 있습니다. 그런 주기는 몇 시간에서 몇 년까지 지속될 수도 있습니다. 큰 주기가 있고, 그 주기 안에 작은 주기가 있습니다. 질병은 침체된 에너지 주기에 저항해서 싸울 때 생기는 경우가 많습니다.

그러나 재생산을 위해서는 침체기가 절대 필요합니다. 마음과 동화되어 있는 한, 당신은 불가피하게도 성공과 같은 외부 요인으로부터 자존심과 정체성을 찾으려는 경향을 보일 것입니다. 그러면 침체기를 인정하고 있는 그대로를 허락하기가 어렵고 불가능해집니다. 그래서 당신을 구성하는 조직의 지성이 자기 방어 수단으로 당신을 멈추게 해, 재생산할 수 있는 기회를 주기 위해 질병을 만드는 것입니다.

우주의 주기는 만물의 무상함과 밀접한 관련이 있습니다. 붓다는 그 점을 강조해서 가르쳤습니다.

"모든 조건은 매우 불안정하며 언제나 유동적이다. 무상함이란 인생에서 만나는 모든 조건과 모든 상황의 특징이다. 모든 것은 언젠가는 변하고 사라진다."

예수 또한 이 세상의 무상함에 대해 가르쳤습니다.

"재물을 지상에 쌓아두지 말라. 지상에서 재물은 좀먹거나 녹슬어 못쓰게 되며, 도둑이 뚫고 들어와 훔쳐간다."

마음이 인간 관계나 재산, 사회적 지위, 장소, 육체적인 몸을 '좋다'라고 판단하는 한, 마음은 거기에 애착을 갖고 그것과 동화됩니다. 그러면 당신은 행복을 느끼고, 자신에 대해 만족하고, 그것이 당신의 일부이며 당신이라고 생각합니다. 그러나 좀먹고 녹스는 차원에서는 그 무엇도 영속하는 것이 없습니다. 언젠가는 끝나거나 변하거나 완전히 뒤바뀔 수 있습니다. 예전에는 좋았던 조건이 갑자기 또는 서서히 나쁘게 바뀝니다. 같은 조건이 당신을 행복하게 했다가 나중에는 불행하게 만듭니다. 오늘의 부자가 내일은 빈털터리가 됩니다. 행복한 결혼과 달콤한 신혼이 불행한 이혼이나 불행한 동거가 됩니다.

조건 자체가 아예 사라져서 그 부재가 당신을 불행하게 만들기도 합니다. 마음이 애착을 가지고 동화되었던 조건이나 상황이 변하거나 사라지면, 마음은 그것을 받아들일 수 없습니다. 마음은 사라진 조건에 매달리고 변화에 저항합니다. 마치 사지가 몸에서 잘려나간 것처럼 느끼는 것입니다.

우리는 때로 돈을 모두 잃어버리거나 명예가 땅에 떨어져서 자살하는 사람의 이야기를 듣습니다. 이는 극단적인 경우이지만, 나쁜 일이 일어날 때마다 크게 상심해서 병이 나는 사람들은 흔히 찾아볼 수 있습니다. 그들은 생명과 생명이 처한 상황을 구별하지 못하는 것입니다.

나는 최근 80대에 죽은 유명한 여배우 이야기를 읽었습니다. 그녀는 자신의 아름다움이 시들기 시작하자 비관했고 점점 절망하다가 은둔자가 되었습니다. 그녀는 외모라는 조건을 자신과 동일시했던 것입니다. 그 조건은 처음에 그녀에게 행복한 자의식을, 후에는 불행한 자의식을 주었습니다.

만일 그녀가 내면에 존재하는 무형의 영원한 삶과 연결될 수 있었다면, 자신의 시들어가는 외모를 평화롭게 지켜보면서 받아들일 수 있었을 것입니다. 더 나아가서는 나이를 초월한 그녀의 진정한 본질이 투명하게 드러나면서 외모 또한 점점 더 빛을 발할 수도 있었을 것입니다. 그녀의 아름다움은 영적인 아름다움으로 변화되었을 것입니다. 그러나 아무도 그녀에게 그런 일이 가능하다고 말해 주지 않았습니다. 가장 본질적인 진리를 아는 사람은 그다지 많지 않습니다.

𝄢

붓다는 우리의 행복조차 '둑카'라고 가르쳤습니다. 둑카란 팔리어로 '고통'이나 '불만'을 의미합니다. 행복과 불행을 양극으로 분리하지 않은 것입니다. 행복과 불행은 사실 하나입니다. 단지 시간의 환상이 그 둘을 분리하는 것뿐입니다.

이것은 부정적인 관점이 아닙니다. 사물의 본성을 알아차림으로써 여생 동안엔 환상을 좇지 말자는 것입니다. 당신이 더 이상 즐거워해서는 안 된다는 것도, 아름다운 사물이나 조건을 중요하게 여기지 말아야 한다는 것도 아닙니다. 하지만 그런 것들을 통해 정체성이나 영구성이나 만족을 추구한다면, 그것은 결국 좌절과 고통만을 안겨줄 것입니다. 만일 사람들이 깨달음을 얻고 더 이상 사물을 통해 자신을 확인하지 않는다면, 모든 광고 산업과 소비 사회는 한꺼번에 붕괴되어버릴 것입니다.

물질적으로 행복을 추구할수록 행복은 점점 멀어져갑니다. 그런 것들은 일시적이며 피상적으로밖에 당신을 만족시키지 못합니다. 그 진리를 깨닫기까지 당신은 많은 환멸을 경험해야 할지도 모릅니다. 사물과 조건은 당신에게 즐거움을 줄 수 있지만 고통 또한 안겨줍니다. 사물과 조건은 당신에게 즐거움을 줄 수 있지만 기쁨은 줄 수 없습니다. 사실 이 세상의 그 무엇도 당신에게 기쁨을 줄 수 없습니다. 기쁨이란 아무런 원인 없이 내면에서 솟아나는 것입니다. 기쁨은 내적 평화의 정수로서, 신의 평화라고 불려왔습니다. 기쁨이야말로 당신 본연의 상태이며, 당신이 애써 수고하거나 고투한다고 해서 얻을 수 있는 것이 아닙니다.

무엇을 행하거나 소유하거나 획득한다고 해서 그것이 구원을 의미하는 것은 아닙니다. 많은 사람이 이를 깨닫지 못하고 있습니다. 그런 것으로 구원이 이루어지는 것이 아님을 알고는 세상살이가 시들해졌다는 사람이 적지 않습니다. 그 무엇도 진정한 성취감을 안겨줄 수 없다면 무엇을 위해 힘겹게 살아가야 한단 말입니까? 어디에다 초점을 맞추어야 할까요? 다음과 같은 말을 남긴 구약성서의 예언자 또한 그런 깨달음에 이르렀음에 틀림없습니다.

"하늘 아래 벌어지는 일을 살펴보니 모두가 헛되다. 바람을 잡으려고 하는 것처럼 헛되다."

이 지점에 도달한 사람은 절망에서부터 한 발짝 떨어져 있게 됩니다. 하지만 깨달음에서도 역시 한 발짝 떨어져 있는 것입니다. 언젠가 한 스님이 나에게 이렇게 말한 적이 있습니다.

"승려가 되고 나서 20년 동안 배운 것을 한마디로 요약하자면 이렇소. '생겨나는 모든 것은 사라진다. 내가 아는 것은 그뿐'이오."

그가 말한 의미는 물론 이런 뜻일 것입니다.

"나는 있는 그대로에 어떠한 저항도 하지 않는 법을 배웠다. 나는 현재의 순간에 머무는 법을 배웠고, 모든 사물과 조건의 무상함을 받아들이는 법을 배웠다. 그리하여 마침내 평화를 찾았다."

삶에 저항하지 않는 것은 은총과 평화와 빛 속에 존재하는 것입니다. 그러면 더 이상 좋은 것도 나쁜 것도 없게 됩니다. 그런 것에 의존하지 않게 됩니다. 역설로 들릴 수도 있겠지만, 눈에 보이는 형상에 의존하는 마음이 사라지면 현실적인 삶의 조건도, 외형적인 살림살이도 전반적으로 크게 향상되는 경향이 있습니다.

행복을 위해서 필요하다고 생각했던 사물이나 사람, 조건 등이 아무런 수고나 노력을 하지 않아도 당신에게 다가올 것이고, 그것이 지속되는 동안엔 자유롭게 즐기고 감사하게 될 것입니다. 물론 그 모든 것은 사라질 것입니다. 왔다가 가버릴 것입니다. 하지만 거기에 의존하지 않으면 상실에 대한 두려움도 더 이상 설 자리가 없게 됩니다. 삶이 편해지고 순조로워지는 것입니다.

이차적인 원인에 근거한 행복은 결코 깊지 않습니다. 당신이 아무런 저항 없는 상태 속으로 들어감에 따라 내면에서 선명하게 느끼는 평화와 존재의 기쁨에 비하면, 희미한 그림자에 지나지 않습니다. 존재는 당신을 마음의 양극 너머로 데려가서 눈에 보이는 형상에 의존하는 당신을 자유롭게 해방해줍니다. 주위의 모든 것이 붕괴되고 무너진다고 해도 당신은 깊은 내면의 평화를 느낄 것입니다. 행복하지는 않을지라도 당신은 여전히 평화로울 것입니다.

# 부정적 감정은 이용하고 버리라

내면의 저항은 그것이 무엇이든 이런저런 형상에 대해 부정하는 마음으로 나타납니다. 부정적 감정이란 모두 저항하는 마음입니다. 그 점에서 두 단어는 동의어입니다. 부정적 감정은 분노나 초조함에서 격심한 분노에 이르기까지, 우울한 기분이나 시무룩한 원망에서 자살에 이르는 절망까지 실로 다양합니다. 저항하는 마음이 감정적인 업장을 자극하면 대수롭지 않은 상황에서도 분노, 절망, 깊은 슬픔과 같은 강한 부정적 감정이 일어날 수 있습니다.

에고는 부정적 감정을 통해 현실을 조작함으로써 자신이 원하는 것을 얻을 수 있다고 믿습니다. 부정적인 감정을 통해 바람직한 조건을 끌어오면 바람직하지 못한 조건이 해소된다고 믿습니다. '기적 수업'은 이 점을 적절하게 지적하고 있습니다.

"불행해질 때마다 마음을 잘 살펴보라. 당신이 원하는 대로 살 수 있다고 믿는 마음이 바로 불행이다. 불행한 마음자리에는 항상 그런 무의식적인 믿음이 깔려 있다."

마음과 동화된 당신이 만약, 불행이 그 같은 방식으로 작동한다는 것을 믿지 않는다면 무엇 때문에 그런 불행을 만들어낼까요? 물론 부정적 감정은 아무런 쓸모가 없습니다. 부정적 감정은 바람직한 조건을 끌어내기는커녕 방해할 뿐입니다. 바람직하지 못한 것을 분해하는 것이 아니라 그대로 유지합니다. 부정적 감정이 유일하게 제대로 하는 일이 있다면 에고를 강화하는 것이며, 그것이 바로 에고가 부정성을 사랑하는 이유입니다.

당신이 만약 어떤 종류의 부정적 감정을 자신과 동일시하게 되면, 당신은 그것을 떠나보내고 싶지 않게 됩니다. 깊은 무의식 속에서도 긍정적인 변화를 원하지 않게 됩니다. 절망하고 분노하고 산전수전 다 겪은 사람이라는 당신의 정체성이 위협받기 때문입니다. 당신은 당신 삶의 긍정적인 면을 무시하고 부정하고 거부할 것입니다. 이것은 미친 짓이기도 하지만, 흔한 현상이기도 합니다.

부정적 감정은 결코 자연스러운 것이 아닙니다. 그것은 정신의 오염물입니다. 자연의 오염과 파괴는 집단적인 인간 정신 속에 축적되어온 엄청난 부정적 감정과 깊은 관계가 있습니다. 인간을 제외한 지구상의 다른 생명체들은 부정적 감정을 알지 못합니다. 어떤 생명체도 자신을 지탱해주는 지구를 훼손하고 오염시키지 않습니다. 불행한 꽃을, 스트레스를 받는 떡갈나무를 본 적이 있습니까? 우울한 돌고래, 자존심이 상한 개구리, 편하게 쉴 줄 모르는 고양이, 증오와 원망을 품은 새를 만난 적이 있나요? 인간과 가까이 살면서 인간의 마음과 그 광기에 전염된 동물들만이 부정적 감정과 유사한 무언가를 경험하거나 신경증적인 증세를 보입니다.

동식물들을 지켜보면서 있는 그대로를 인정하고 '지금 여기'에 온전히 내맡기는 법을 배우십시오. '존재'를 배우십시오. 하나가 되는 법을, 자기 자신이 되는 법을, 참되게 존재하는 법을 배우십시오. 그러한 완전함을 배우십시오. 어떻게 살고 어떻게 죽어야 하는지를, 어떻게 삶과 죽음을 문제 삼지 않는지를 배우십시오.

나는 여러 명의 선사와 함께 살아왔습니다. 고양이들이 나에게는 선사들로 보입니다. 오리들도 내게 중요한 영적 교훈을 가르쳐 주었습니다. 그들을 지켜보는 일은 일종의 명상입니다. 오리들은 아주 평화롭고 편안하게, 완전히 '지금' 속에서 현존합니다. 마음이 없는 피조물만이 할 수 있는 위엄 있고 완벽한 자세로 물 위를 헤엄쳐 다닙니다.

하지만 때로는 뚜렷한 이유 없이, 혹은 한 마리가 다른 오리의 영역에 들어가 돌아다니다가 싸움이 일어나는 경우도 있습니다. 그 싸움은 보통 몇 초만에 끝납니다. 싸움이 끝나면 각자가 서로 반대 방향으로 헤엄쳐 가서는 잠시 날개를 힘차게 퍼덕거립니다. 그리고는 언제 싸웠느냐는 듯이 다시 평화롭게 물 위를 떠다닙니다. 처음 그 광경을 바라보면서 왜 그들이 날개를 퍼덕이는지를 생각하게 되었습니다. 남은 에너지를 내보냄으로써 부정적인 에너지가 몸속에 갇히는 것을 방지하고 있는 것은 아닐까 짐작하게 되었습니다. 만약 그렇다면 그것은 자연스러운 지혜가 아닐 수 없습니다. 그러나 불필요하게 과거를 간직하지 않은 오리들에게는 너무나 쉬운 일인지도 모릅니다.

부정적인 감정 역시 중요한 메시지를 담고 있는 것은 아닐까요? 내가 종종 우울하다면, 그것은 내 삶의 무언가가 잘못되었다는 신호일 수도 있을 것입니다. 그런 감정이 내게 이야기하는 것에 귀 기울이고, 삶의 상황을 둘러보면서 변화를 꾀할 수 있을 것입니다. 그러니 그것을 부정적으로 단정하는 것은 잘못이 아닐까요?

그렇습니다. 질병이 그렇듯이 반복되는 부정적 감정에는 때로 메시지가 담겨 있습니다. 그러나 직업, 인간 관계, 주변 환경과 관련된 어떤 일이든 의식의 차원에서 변화가 일어나지 않는다면 그것은 결국 표면적인 변화에 불과합니다. 그리고 근본적으로 변화되기 위해서는 한 가지 방법이 있을 뿐입니다. 당신이 더욱 현존하는 것입니다.

어느 정도 현존의 수준에 도달하면 더 이상 삶의 상황에서 무엇이 부족하다고 말하지 않게 됩니다. 부정적 감정을 더 이상 필요로 하지 않게 됩니다. 그러나 부정적 감정이 생길 때는 그것을 이용하십시오. 당신이 현존해야 한다는 사실을 상기시키는 일종의 신호로 받아들이고 그것을 이용하십시오.

어떻게 하면 부정적 감정이 일어나지 못하게 막을 수 있나요? 이미 거기 있을 때는 어떻게 그것을 쫓아버릴 수 있을까요?

앞서 말한 대로 그것을 막으려면 충분히 현존해야 합니다. 그렇다고 실망하지는 마십시오. 지구상에서 지속적으로 현존 상태를 유지하는 사람은 아직까지도 몇 명 되지 않습니다. 하지만 소수는 거기에 근접하고 있고, 머지않아 훨씬 더 많은 사람이 그렇게 되리라고 믿습니다. 내면에서 부정적 감정이 일어나는 것을 알아차리더라도 그것을 실패로만 여기지 마십시오. "깨어나라. 마음에서 벗어나라. 현존하라"라고 말해 주는 요긴한 신호로 삼으십시오.

올더스 헉슬리가 영적 가르침에 심취해 있던 20대 후반에 쓴 《아일랜드》라는 소설이 있습니다. 배가 난파되어 세상과 단절된 섬에 도착한 사람의 이야기입니다. 그 섬에는 독특한 문명이 자리잡고 있었습니다. 특이한 사실은 그곳 주민들이 세상 사람들보다 훨씬 정신이 온전하다는 것이었습니다. 그 남자가 제일 먼저 본 것은 나무에 앉은 알록달록한 앵무새들이었죠. 그 새들은 끊임없이 "주목하라, 지금 여기를. 주목하라, 지금 여기를"이라는 말을 되풀이하고 있었습니다. 나중에 알고 보니, 섬 주민들이 현존하는 것을 계속해서 상기하기 위해 그 말을 새들에게 가르친 것이었습니다.

외부적인 요인이나 생각에 의해서 또는 자신도 모르게 특별한 이유 없이 내면에서 부정적 감정이 일어나는 것을 느낄 때마다 그것을 "주목하라, 지금 여기를. 깨어나라"라고 말하는 목소리로 여기고 자기 마음을 잘 들여다보십시오. 아주 가벼운 짜증이라도 놓치지 말고 바라볼 필요가 있습니다. 그렇지 않으면 당신도 모르게 반응이 축적될 것입니다.

이미 말했듯이 당신이 자신의 내면에 그러한 부정적인 에너지장이 쌓이기를 원하지 않으며 아무 쓸모없는 감정이라는 것을 알아차리자마자 그것은 떨어져 나갑니다. 하지만 그것이 완전히 떨어져 나갔는지를 확인하십시오. 그것을 버릴 수 없다면, 있는 그대로를 받아들이고 그 느낌에 주목하십시오.

부정적인 감정을 떨쳐버리는 방법 대신에 그런 반응이 일어나는 외부적 요인을 들여다보는 자신을 상상함으로써 그것을 사라지게 할 수도 있습니다. 처음에는 아주 사소한 일부터 연습하십시오. 집에서 조용히 앉아 있다고 하죠. 갑자기 길 건너편에서 자동차 경적소리가 들려옵니다. 당신은 짜증이 납니다. 그 짜증의 목적은 무엇일까요? 아무 목적도 없습니다. 그런데 왜 짜증을 만들었을까요? 그것은 당신이 만들지 않았습니다. 마음이 만든 것입니다. 그것은 완전히 자동적이고, 완전히 무의식적입니다.

마음은 왜 그것을 만들었을까요? 마음은 당신이 부정적 감정이나 불행의 형식으로 경험하는 저항이 어떻게든 바람직하지 못한 조건을 해소해 줄 것이라고 무의식적으로 믿고 있기 때문입니다. 그것은 물론 착각입니다. 마음이 만들어내는 분노와 짜증 등의 저항은 원래 해소하고자 했던 원인보다도 훨씬 더 치유하기 곤란한 것이 되어버립니다.

당신은 모든 부정적 감정을 영적 수행으로 변화시킬 수 있습니다. 당신 자신이 투명해지는 것을 느껴 보십시오. 물질적인 딱딱한 몸이 없는 상태를 느껴 보십시오. 소음이나 부정적인 감정을 일으키는 모든 것이 당신을 그저 통과하게 하십시오. 당신의 내면에서 더 이상 딱딱한 벽에 부딪치는 일이 없도록 하십시오. 다시 말하지만 우선 사소한 일부터 시작하십시오. 당신 내면에 세워둔 저항의 벽에 자동차 경적, 개 짖는 소리, 아이들의 비명 소리, 교통 혼잡 등 일어나지 말아야 할 것들이 끊임없이 그리고 고통스럽게 거기 부딪치는 일이 없도록, 모든 것이 그대로 당신을 통과하도록 하십시오.

누군가 당신에게 무례하고 가슴 아픈 말을 하더라도 공격, 방어, 회피와 같은 무의식적인 반응과 부정적 감정으로 들어가지 마십시오. 그것이 그대로 당신을 지나쳐가도록 하십시오. 아무런 저항도 하지 마십시오. 그러면 더 이상 아무도 다치지 않습니다. 그것이 용서입니다. 이런 방법으로 당신은 상처를 받지 않게 됩니다. 필요하다면 상대방에게 그의 행동을 받아들일 수 없다고 말할 수 있습니다.

하지만 그는 더 이상 당신의 내면 상태를 좌지우지하지 못할 것입니다. 당신은 다른 무언가에 의지한 것이 아닌 당신 자신의 힘을 갖고 있으며, 마음의 지배 또한 받지 않기 때문입니다. 자동차 경적 소리를 듣고, 무례한 사람을 만나고, 홍수나 지진을 겪고, 모든 소유물을 다 잃어버릴 때라도 저항이 작동하는 원리는 동일하다는 것을 기억하십시오.

나는 명상을 해왔습니다. 수련회에도 여러 번 참가했습니다. 영성에 관한 책도 많이 읽었고, 아무 저항이 없는 상태 속에 있으려고 노력합니다. 하지만 진정하고 지속적인 내면의 평화를 찾았느냐고 묻는다면, 내 솔직한 대답은 "아니오"입니다. 왜 나는 그것을 찾지 못할까요? 그것을 찾기 위해 내가 어떻게 해야 될까요?

당신은 아직도 평화를 외부에서 찾고 있으며, 그런 방식에서 헤어나지 못하고 있습니다. '아마 다음 번 모임에서는 해답을 찾을 수 있을 거야. 새로운 기법을 배울 수 있을지도 몰라', 늘 그런 식이 아닌가요? 당신에게 말하겠습니다. 평화를 추구하지 마십시오. 지금의 상태가 아닌 다른 상태를 추구하지 마십시오. 지금 속에 있지 않을 때, 당신은 내면의 갈등을 겪게 되고 무의식적으로 저항하게 됩니다. 평화롭지 못한 자신을 용서하십시오. 당신이 스스로 평화롭지 못하다는 것을 완전하게 인정하는 순간, 불화는 평화로 변화될 것입니다. 완전한 수용은 당신을 평화 속으로 데려갑니다. 그것이 내맡김의 기적입니다.

'한 빰을 맞으면 다른 쪽 빰을 내밀라'라는 말을 들어보았을 것입니다. 2,000년 전 깨달음을 얻은 위대한 성인이 한 말입니다. 그는 무저항과 무반응이 지닌 힘을 상징적으로 전달하려 했습니다. 다른 가르침에서도 마찬가지지만, 우리는 이 말을 통해 그가 우리 내면의 실재만을 중요하게 여겼음을 알 수 있습니다.

여러 해 동안 깨달음을 추구해온 사람이 있었습니다. 어느 날 시장을 걸어가다가 정육점 주인과 손님 사이에 오가는 대화를 듣게 되었습니다.

"이 집에서 제일 좋은 고기를 주시오."

손님이 말했습니다. 그러자 정육점 주인이 대답했습니다.

"우리 집 고기는 모두 최상급이에요. 최상급이 아닌 고기는 우리 집에 없어요."

이 말을 듣고 그는 깨닫게 되었다고 합니다. 여러분은 어떤 설명을 기다리고 있을 것입니다. 여러분이 있는 그대로를 인정할 때, 모든 고기가, 모든 순간이 최상이 됩니다. 그것이 깨달음입니다.

## 자비의 본질

 마음이 만들어내는 온갖 대립을 초월하면 당신은 깊은 호수 같은 존재가 됩니다. 당신의 외부적인 삶의 상황은 거기에서 무슨 일이 일어나든 호수의 수면과 같습니다. 주기와 계절에 따라 때로는 잔잔하고, 때로는 바람이 불고 거칠게 파도가 일어납니다. 그러나 호수 깊은 곳은 언제나 아무런 방해도 받지 않습니다. 당신은 호수의 수면이 아니라 호수 전체입니다. 당신은 고요하게 남아 있는 당신의 깊은 내면과 긴밀하게 연결되어 있습니다.
 당신은 삶의 상황에 연연함으로써 변화에 저항하지 않습니다. 당신 내면의 평화는 외부적 삶의 상황에 의존하지 않습니다. 당신은 변하지 않는, 시간이 없는, 죽음이 없는 존재 안에 거주합니다. 끊임없이 변화하는 겉가죽의 세상에서 행복이나 성취를 얻을 수 있으리라고는 여기지 않습니다. 당신은 끊임없이 변화되는 세상을 즐기고, 세상과 더불어 놀고, 새로운 형상을 창조하고, 삼라만상의 아름다움에 감사합니다. 그러면서 그 무엇에도 집착해야 할 필요성은 느끼지 않을 것입니다.

우리가 그렇게 초연해지면 다른 사람들로부터 그만큼 멀어지는 것 아닐까요?

오히려 정반대입니다. 존재를 알지 못하는 한 당신은 다른 사람의 참모습을 볼 수 없을 것입니다. 왜냐하면 당신 자신의 참모습도 발견하지 못했기 때문입니다. 당신은 다른 사람들의 형상에 대해 좋아하거나 싫어하는 마음이 생길 것입니다. 여기서 다른 사람들의 형상이라는 것은 그들의 몸만을 가리키지 않고 마음까지도 포함합니다.

진정한 관계는 존재에 대해 깨어 있을 때만 가능합니다. 존재를 인식함으로써 당신은 상대방의 몸과 마음을 하나의 스크린처럼 여길 수 있게 됩니다. 당신 자신의 참모습을 느끼듯, 그 스크린 너머에 있는 상대방의 진정한 참모습을 느낄 수 있게 됩니다. 그래서 누군가의 고통이나 무지에 싸인 행동에 직면했을 때에도 당신은 현존하면서 존재와 접촉할 수 있게 되고, 그래서 상대방의 모습 너머를 바라보고, 당신 자신의 존재를 통해 그의 찬란하고 순수한 존재를 느낄 수 있게 됩니다.

존재의 차원에서는 모든 고통이 환상으로 보입니다. 고통은 모습과 자신을 동일시하는 데서 비롯됩니다. 이러한 깨달음은 준비가 된 사람들의 '존재 의식'을 일깨움으로써 치유의 기적을 낳기도 합니다.

그것이 자비입니까?

그렇습니다. 자비심은 당신 자신과 모든 창조물 사이의 깊은 연대를 깨닫는 데서 옵니다. 자비심에는 두 가지 측면이 있습니다. 우선, 육체로서 존재하는 당신은 다른 사람들과 모든 생명체와 함께 병들고 죽을 수밖에 없습니다.

'나는 이 사람과 공통점이 아무것도 없다'라는 생각이 들 때는 공통점이 아주 많다는 것을 기억하십시오. 지금부터 얼마 후, 2년 후나 70년 후에는 우리 모두 썩어가는 시체가 될 것입니다. 먼지 더미로 변했다가 흔적도 없이 사라질 것입니다. 이것이야말로 누구도 부인할 수 없는, 있는 그대로에 대한 겸손한 깨달음입니다. 이는 결코 부정적인 생각이 아닙니다. 그저 하나의 사실일 뿐입니다. 이 사실을 왜 모른 체하십니까? 그런 면에서 우리와 다른 모든 피조물은 완전히 똑같습니다.

가장 강력한 영적 수행 중 하나는 당신의 육신을 포함한 물질적 형상의 죽음에 대해 깊이 명상하는 것입니다. '죽음 이전의 죽음 명상'이라고 할 수 있습니다. 그 속으로 깊이 들어가십시오. 그러면 당신의 물질적인 형태가 분해되기 시작할 것입니다. 하지만 당신은 여전히 거기 있습니다. 신성한 현존으로 빛을 발하며 완전히 깨어 있습니다. 죽는 것은 단지 참되지 않은 것들뿐입니다. 즉 이름과 형태와 환상뿐이죠.

∫

 죽음이 없는 차원과 당신의 참된 본질에 대한 인식은 자비심의 또 다른 측면입니다. 자비심은 일종의 심오한 느낌으로 당신 자신의 불멸뿐 아니라 다른 창조물의 불멸까지 인식하는 것입니다. 눈에 보이는 모습의 차원에서 당신은 누구도 죽음을 피할 수 없다는 사실과 불안정한 존재라는 사실을 만물과 공유하고 있습니다. 그리고 존재의 차원에서는 영원하고 찬란히 빛나는 생명을 공유하고 있습니다. 이것이 자비심의 두 가지 측면입니다.
 겉으로 보기에는 상반되는 슬픔과 기쁨도 자비심 속에서는 하나로 융합되어 깊은 내면의 공간으로 변화됩니다. 이것이 신의 평화입니다. 자비심은 인간이 가질 수 있는 가장 숭고한 느낌이며, 위대한 치유와 변화를 가져오는 힘을 지니고 있습니다.

그러나 아직 이와 같은 진정한 자비심은 매우 드뭅니다. 또 다른 존재의 고통을 깊이 공감하는 것은 분명 높은 의식 수준을 요구하지만 자비심의 일부에 불과하며, 그것만으로는 완전하지 못합니다. 진정한 자비심은 공감이나 연민을 능가합니다. 진정한 자비심은 슬픔이 눈에 보이는 모습을 초월한 존재의 기쁨과 영원한 삶의 기쁨과 융합될 때에야 비로소 일어납니다.

# 참된 현실을 향하여

육체가 죽어야 한다는 말에 동의할 수 없습니다. 우리는 육체적인 불멸을 이룰 수 있다고 확신합니다. 우리가 죽음을 믿기 때문에 육체가 죽는 것입니다.

당신이 죽음을 믿기 때문에 육체가 죽는 것은 아닙니다. 당신이 죽음을 믿기 때문에 육체가 존재하거나 존재하는 듯이 보이는 것입니다. 육체와 죽음은 동일한 환상의 일부이며, 삶의 근원에 대해 인식하지 못하고 스스로 분리되어 있으며 끊임없이 위협받고 있다고 믿는 에고에 의해 창조됩니다. 당신이 하나의 육신에 불과하며, 끊임없이 위협받고 있는 조밀한 물질이라는 환상은 그렇게 만들어지는 것입니다.

자기 자신을 태어나서 얼마 후에 죽는 나약한 육체로 인식하는 것, 그것이 환상입니다. 육체와 죽음은 하나의 환상입니다. 이것이 없으면 저것도 없습니다. 당신은 그러한 환상의 어느 한쪽인 육체를 유지하고 다른 쪽인 죽음을 제거하고 싶어하지만, 그것은 불가능합니다. 양쪽 모두 유지하거나 양쪽 모두 버려야 합니다.

당신은 육체에서 해방될 수 없습니다. 해방되어야만 하는 것도 아닙니다. 육체는 당신의 진정한 본질을 크게 잘못 알고 있습니다. 그러나 당신의 참된 본질은 그러한 환상 속 어딘가에 숨어 있는 것이지 외부에 있는 것이 아닙니다. 그러니 거기에 접근하는 길은 당신의 몸 안에 있을 수밖에 없습니다.

만일 당신이 천사를 보고 그것을 석상으로 잘못 안다면, 당신이 해야 할 일은 다른 곳에서 천사를 찾는 것이 아니라 시력을 조절해서 그 석상을 좀더 자세히 보는 것뿐입니다. 그러면 거기 석상이 없다는 것을 알게 될 것입니다.

죽음에 대한 믿음이 육체를 만든다면, 동물은 어째서 육체를 갖고 있을까요? 동물은 에고를 갖고 있지 않고, 그래서 죽음을 믿지 않는데도 말이죠.

하지만 동물 역시 죽거나 죽는 것처럼 보입니다. 당신이 세상을 지각하는 방식은 당신의 의식 상태가 반영된 것임을 기억하십시오. 당신은 세상으로부터 분리되어 있지 않으며, 객관적인 세상이란 존재하지 않습니다. 당신의 의식이 매 순간 당신이 살고 있는 세상을 창조하는 것입니다.

현대 물리학에서 이룩한 가장 위대한 통찰력 중 하나는 주체와 객체의 통합입니다. 관찰되는 현상은 실험자와 지켜보는 자가 분리될 수 없으며, 보는 방식에 따라 달리 나타난다는 것입니다. 당신 자신이 분리되어 있으며 생존을 위해 투쟁해야 한다고 믿는다면, 그러한 믿음이 당신 주변에 반영되고, 당신은 두려움에 지배당하게 됩니다. 싸우고, 죽이고, 서로를 집어삼키는 죽음의 세계, 육체의 세계에서 살게 됩니다.

만물은 당신이 그럴 거라고 생각하는 것과는 다릅니다. 당신이 에고의 마음을 통해 만들어내고 바라보는 세상은 매우 불완전합니다. 눈물의 골짜기 같다고 할 수 있을 정도입니다. 그러니 당신이 인식하는 것은 무엇이든 꿈속에서 보는 이미지처럼 일종의 상징일 뿐입니다. 당신의 의식이 그런 식으로 해석하고, 우주의 분자 에너지 춤과 상호 작용하는 것입니다. 이 에너지야말로 소위 물리적 세상의 원재료입니다. 그 에너지가 당신의 눈에는 육체와 탄생과 죽음이라는 방식으로, 또는 생존을 위한 투쟁으로 보이는 것입니다.

이 세상은 보는 관점에 따라 얼마든지 달리 해석될 수 있으며, 완전히 다른 세상들이 존재할 수 있고 실제로 존재합니다. 모든 것은 지각하는 의식에 따라 달라집니다. 존재하는 모든 것은 의식의 한 초점이며, 그 초점이 저마다의 세상을 창조합니다. 하지만 그들 세계는 모두 상호 연결되어 있습니다. 인간의 세상, 개미의 세상, 돌고래의 세상 등이 있습니다. 의식의 주파수가 너무 달라서 당신이 그들의 존재를 인식하지 못하고, 그들도 당신을 인식하지 못하는 무수히 많은 존재가 있는 것입니다. 항상 깨어 있으면서 근원과의 연결을, 서로서로의 상호 연결을 자각하며 살아가는 고도로 의식이 높은 존재들도 있습니다. 그런 세상을 본다면 당신은 마치 천국을 마주 대한 듯할 것입니다. 하지만 모든 세상은 궁극적으로 하나입니다.

인간 세상은 대개 우리가 마음이라고 부르는 의식 차원을 통해 창조됩니다. 인간 세상 안에서도 인식자, 혹은 창조자에 따라 엄청나게 달라지는 '하위 세상'들이 있습니다. 모든 세상은 상호 연결되어 있으므로, 집단적인 인간 의식이 변화되면 자연과 동물의 왕국 또한 변화될 것입니다. 그래서 성경에서는 다가오는 시대에는 '사자가 양과 함께 누울 것'이라고 했습니다. 이것은 완전히 다른 차원의 현실이 존재할 가능성을 말해 주고 있습니다.

지금 우리가 보고 있는 세상은, 이미 말했듯이 대부분 에고의 마음을 반영하고 있는데, 에고의 망상으로 인한 결과는 두려움을 피할 수 없습니다. 따라서 이 세상은 두려움에 의해 지배되고 있습니다. 꿈에서 보는 이미지가 내면의 상태와 느낌을 상징하는 것처럼, 우리의 집단적인 현실은 대체로 집단적인 인간 정신 속에 축적되어온 두려움과 층층이 쌓인 부정적 감정을 상징적으로 보여주고 있습니다.

그러나 실제로 우리는 세상과 분리되어 있지 않으므로, 대다수 사람이 에고의 망상에서 벗어나게 되면 그러한 내면의 변화가 모든 피조물에게 영향을 미칠 것입니다. 그야말로 새로운 세상에서 살게 될 것입니다. 이것이 세상 의식의 변화입니다. 불교에서 이야기되곤 하는 '모든 나무와 풀이 결국 깨닫게 될 것'이라는 속담은 이와 같은 진리를 가리키고 있습니다.

사도 바울에 의하면 삼라만상은 인간이 깨달음을 얻게 되기를 기다리고 있다고 합니다. "모든 피조물은 하느님의 자녀가 나타나기를 간절히 기다리고 있다"라고 한 그의 말을 나는 그렇게 해석합니다. 사도 바울은 계속해서 '모든 피조물이 그를 통해 구원을 받을 것'이라고 말합니다.

"오늘날까지도 모든 피조물은 다 함께 신음하며 진통을 겪고 있다."

새로운 의식이 태어나면 필연적으로 새로운 세상이 나타납니다. 이 또한 신약의 요한 묵시록에서 예언하고 있습니다.

"그 뒤에 나는 새 하늘과 새 땅을 보았다. 이전의 하늘과 이전의 땅은 사라지고 없었다."

그러나 원인과 결과를 혼동하지 마십시오. 당신이 먼저 해야 할 일은 더 나은 세상을 창조함으로써 구원을 추구하는 것이 아니라, 먼저 눈에 보이는 모습과의 동화에서 깨어나는 것입니다. 그러면 당신은 더 이상 이 세상의 현실에 묶여 있지 않게 됩니다. 현시되지 않은 세계에 뿌리를 내리고 있음을 느끼고, 현시된 세상에 대한 집착에서 벗어나게 됩니다.

당신은 여전히 이 세상의 덧없는 즐거움을 즐길 수 있지만, 더 이상 잃어버리는 것을 두려워하지 않으며, 그래서 거기에 매달릴 필요가 없어집니다. 감각적인 즐거움을 누릴 수 있겠지만, 그런 경험에 대한 갈망은 사라집니다. 심리적인 만족을 위해, 에고를 충족시키기 위해 끝없이 방황하지 않게 됩니다. 어떤 즐거움과도 비교할 수 없이 훌륭하고, 어떤 현시된 세상보다 무한히 위대한 무언가와 만나게 됩니다. 그러면 당신에게는 이 세상이 더 이상 필요치 않습니다. 있는 그대로의 방식과 다르기를 바라지도 않을 것입니다.

비로소 당신은 더 나은 세상을 만들기 위해 다른 질서의 현실을 창조하는 일에 진정으로 기여하기 시작합니다. 그제야 비로소 당신은 진정한 자비심을 느낄 수 있고, 근본적인 차원에서 다른 사람들을 도울 수 있습니다. 세상을 초월한 사람만이 더 나은 세상을 만들 수 있습니다.

진정한 자비심은 '죽음과 불멸을 공유하고 있다'라는 인식에서

샘솟습니다. 진정한 자비는 넓은 의미에서 보면 치유입니다. 자비심이 흘러넘치면 당신이 지니는 치유력은 행동이 아닌 존재에 바탕을 두게 됩니다. 당신이 만나는 모든 사람이 알게 모르게 당신의 현존에 의해, 당신이 발산하는 평화에 의해 영향을 받게 됩니다. 당신이 완전히 현존하면 주변 사람들이 무의식적인 행동을 한다고 해도 거기 반응할 필요를 느끼지 못하므로 아무 문제가 일어나지 않을 것입니다.

당신의 평화는 아주 넓고 깊어서 평화가 아닌 것은 마치 존재하지도 않는 것처럼 그 속에 묻혀버리게 됩니다. 그리하여 원인과 결과의 인과 관계가 깨어집니다. 동물, 나무, 꽃은 당신의 평화를 느끼고 거기에 반응할 것입니다. 당신은 존재와 신의 평화를 통해 모범을 보이게 됩니다. 당신은 세상의 빛과 순수한 의식이 되어 고통의 근본적 원인을 제거할 것입니다. 이 세상으로부터 무지와 그 어둠을 제거할 것입니다.

그렇다고 해서 말로 가르치거나 행동으로 모범을 보일 수 없다는 의미는 아닙니다. 당신은 어떻게 하면 마음으로부터 독립함으로써 각자의 무의식적 유형을 인식할 수 있는지에 대해 설명할 수 있습니다. 그러나 어떠한 말보다도 당신 자신이 살아 있는 가르침이자 세상을 변화시키는 강력한 힘이며, 어떠한 행위보다도 본질적입니다.

당신은 으뜸이 되는 존재를 인식하고 근원적 차원에서 영향을 미치면서, 동시에 당신이 마주치는 고통을 완화시킴으로써 행위와 결과의 차원에서도 자비심을 발휘할 수 있습니다. 배고픈 사람이 빵을 달라고 할 때, 당신에게 빵이 있으면 당신은 그것을 줄 것입니다. 그 빵을 주는 상호 작용이 단지 일회적으로 끝나는 것이 아니라 할지라도 정말 중요한 것은 그 순간 존재를 함께 나누는 것이며, 빵은 상징일 뿐입니다. 깊은 치유는 그 안에서 일어납니다. 그 순간에는 주는 사람도 받는 사람도 없습니다.

하지만 무엇보다 먼저 배고픈 사람과 기아가 없어져야 합니다. 배고픔이나 폭력 같은 악을 해결하지 않고 어떻게 더 나은 세상을 창조하겠습니까?

모든 악은 무지 때문에 생깁니다. 우리는 무지에 의한 결과를 완화할 수는 있겠지만, 그 원인을 제거하지 않는 한 악을 제거할 수 없습니다. 진정한 변화는 밖이 아니라 안에서부터 시작됩니다.

당신이 세상에서 고통을 완화하려는 소명을 느끼는 것은 매우 숭고한 일입니다. 하지만 외부에만 초점을 맞추지 마십시오. 그렇지 않으면 좌절과 실망을 경험할 것입니다. 인간 의식의 철저한 변화가 없다면 세상의 고통은 밑 빠진 독이나 마찬가지입니다. 그러므로 당신의 자비가 일방적이 되지 않게 해야 합니다. 누군가의 고통이나 결핍을 공감하고 도우려는 바람은, '모든 고통은 근본적으로 환상에 근거한다'라는 생명의 영원한 본성에 대한 깊은 이해와 함께 이루어져야 합니다. 그래야 균형이 맞게 됩니다. 그러면 당신이 하는 일에 평화가 흘러들고, 원인과 결과의 차원에서 동시에 영향을 줄 수 있게 됩니다.

무지에 싸인 사람들이 자신과 지구를 파괴하고 계속해서 다른 생명체들에게 무서운 고통을 가하지 못하도록 운동에 참여하는 일 역시 마찬가지입니다. 당신은 어둠과 싸울 수 없습니다. 사람들의 무의식과 싸울 수 없습니다. 그것을 기억하십시오. 만일 그런 노력을 한다면 반대 극성이 더 강해질 뿐입니다. 그들은 더 단단히 방어하게 될 것입니다. 당신은 어느 한쪽에 동화될 것이고, 적을 만들 것이며, 그 결과 스스로 무의식 속으로 끌려들어갈 것입니다.

당신이 아는 바를 퍼뜨림으로써 세상의 인식을 높여야 합니다. 적어도 적극적으로는 저항하지 마십시오. 내면에 저항, 증오, 부정적 감정을 지니지 마십시오. '원수를 사랑하라'라는 예수의 말은 두말할 나위도 없이 '적을 만들지 말라'라는 의미입니다.

결과에 집착하면 그 속에서 당신 자신을 잃어버리기 쉽습니다. 깨어 있으면서 깊이 현존하십시오. 무엇 때문에 이 세상에 왔습니까? 무엇보다 먼저 거기에 초점을 맞출 필요가 있습니다. 당신이 이 세상에 온 것은 깨달음을 펴기 위함이 아닌가요? 당신이 세상에 주는 가장 소중한 선물은 평화라야 하지 않겠습니까?

# 제10장
## 내맡김의 지혜

지금 이 순간에 모든 것을 내맡길 때 당신은 연금술사가 됩니다.
쇳덩어리를 황금으로, 고통을 깨어있는 의식으로, 재난을 깨달음으로 바꾸는……

# '지금'을 받아들이라

당신은 '내맡김'에 대해 몇 차례 언급했지만, 나는 그 개념이 마음에 들지 않습니다. 다소 숙명론적으로 들립니다. 세상을 항상 있는 그대로 받아들이면, 우리는 세상을 개선하려는 노력을 하지 않을 것입니다. 진보란 개인적으로나 집단적으로 현재의 한계를 인정하는 것이 아니라 그 너머로 가기 위해 노력하는 것입니다. 더 나은 것을 창조하려는 것입니다. 만일 그렇게 하지 않았다면 우리는 아직도 동굴 속에서 살고 있을 것입니다. 내맡김의 상태와 무언가를 변화시키고 성취하는 것을 어떻게 조화시킬 수 있을까요?

어떤 사람들은 '내맡김'이라고 하면 패배와 포기, 삶의 도전 앞에서 무기력하게 물러서는 부정적인 의미를 떠올릴 것입니다. 그러나 진정한 내맡김은 전혀 다른 것입니다. 어떠한 상황에서도 아무 대책 없이 수동적으로 참고 지낸다는 의미가 아닙니다. 계획을 세우지 않고 긍정적인 행동을 취하지 않는다는 것도 아닙니다.

내맡김은 삶의 흐름을 거스르지 않고 따른다는, 단순하면서도 심오한 지혜입니다. 당신이 삶의 흐름을 경험하는 유일한 장소는 '지금'이므로, 내맡김이란 지금의 순간을 무조건 기꺼이 받아들이는 것입니다. 있는 그대로에 대한 내면의 저항을 포기하는 것입니다. 내면의 저항은 마음의 판단과 부정적 감정을 통해 있는 그대로에 대해 '아니다'라고 말하는 것입니다.

특히 세상살이가 잘못 돌아갈 때 그렇게 말하게 되는데, 그것은 당신의 마음이 요구하거나 기대하는 것과 지금 있는 것 사이에 격차가 있다는 의미입니다. 그것이 고통의 틈새입니다. 세상을 충분히 경험한 사람이라면, 살아가면서 일이 잘못되는 경우가 빈번하게 일어난다는 것을 알 것입니다. 그럴 때마다 고통과 슬픔을 겪지 않으려면 온전히 내맡기기 위한 수행이 필요합니다. 지금 있는 그대로를 받아들이자마자, 당신은 마음으로부터 벗어나 '존재'와 연결됩니다. 저항은 마음입니다.

내맡김은 순수한 내적 현상입니다. 외부적으로 행동을 취하지 않는다는 의미도 아니고, 상황을 변화시키지 않는다는 의미도 아닙니다. 사실, 내맡긴다고 해서 모든 상황을 다 받아들여야 하는 것은 아닙니다. 당신은 단지 '지금'이라 불리는 미세한 조각을 받아들이기만 하면 되는 것입니다.

진흙탕에 빠졌을 때 "좋아, 단념하고 진흙탕에 빠져 있겠어"라고 말할 사람은 아무도 없을 것입니다. 내맡김은 단념하는 것이 아닙니다. 바람직하지 못하거나 불유쾌한 삶의 상황을 받아들일 필요는 없습니다. 당신 자신을 속이고 진흙탕에 빠져 있는 것이 괜찮다고 말할 필요는 없습니다. 거기서 빠져나오고 싶다는 것을 충분히 알아차리십시오. 상황 자체에 어떤 식으로든 이름표를 붙여 단정 짓지 말고 '지금'의 순간 속으로 주의력을 좁히십시오.

'지금'에 대해 어떠한 판단도 하지 마십시오. 그러면 저항이나 부정적인 감정이 일어나지 않습니다. 그 순간의 '있음'을 받아들이십시오. 그리고 나서 진흙탕에서 빠져나올 수 있는 모든 행동을 취하십시오. 그러한 행동을 나는 긍정적인 행동이라고 부릅니다. 그것은 분노, 절망, 좌절에서 나오는 부정적인 행동보다 훨씬 효과적입니다. 원하는 결과를 얻을 때까지 '지금'의 순간에 이름표를 붙이려 들지 말고, 계속 내맡기는 연습을 하십시오.

시각적인 비유를 들어 내가 말하고자 하는 바를 설명하겠습니다. 당신은 짙은 안개에 둘러싸여 밤길을 걷고 있습니다. 당신이 들고 있는 손전등이 안개를 뚫고 당신 앞으로 좁다랗게 뚫린 밝은 공간을 만들어내고 있습니다. 여기서 안개는 당신의 과거와 미래를 포함하고 있는 삶의 상황입니다. 손전등은 당신의 깨어 있는 현존이며, 밝은 공간은 '지금'입니다.

내맡기지 않으면 당신의 심리적 모양새가 딱딱하게 굳어집니다. 에고의 껍데기가 굳어지면서 강한 분리감을 느끼게 됩니다. 세상과 주변 사람들이 위협적으로 느껴집니다. 판단을 통해 다른 사람들을 파괴하려는 무의식적인 충동을 느끼고, 경쟁하고 지배하려는 욕구도 일어납니다. 자연조차도 당신의 적이 됩니다. 당신은 모든 것을 두려움에 의해 이해하고 해석합니다. 편집증이라고 불리는 마음의 병은 이러한 의식의 일상적인 부작용이 약간 더 심각해진 상태일 뿐입니다.

당신의 심리적 모양새뿐 아니라 당신의 육체도 저항하면서 굳고 경직됩니다. 몸의 여기저기에서 긴장이 일어나고 몸 전체가 위축됩니다. 건강한 기능을 위해 몸 안에 꼭 필요한 생명 에너지가 크게 줄어듭니다. 이러한 흐름을 회복하는 데는 운동과 물리 요법이 도움이 될 수도 있겠지만 그러한 것들은 일시적으로 증상을 완화할 뿐입니다. 일상 생활 속에서 내맡김을 실천하지 않는 한 저항하는 마음도 해소되지 않기 때문입니다.

당신의 내면에는 당신의 삶의 상황을 구성하는 일시적 환경에 의해 영향받지 않는 무언가가 있으며, 내맡김을 통해서만 거기에 접근할 수 있습니다. 그것이 당신의 생명이요 당신이라는 '존재'입니다. 그것은 시간 없는 현존의 영역에서 영원히 존재합니다. 예수는 이 생명을 발견하는 것이야말로 우리에게 '요구되는 오직 한 가지 일'이라고 말했습니다.

자신이 처한 삶의 상황이 불만스럽거나 견딜 수 없다면 무엇보다 먼저 내맡겨야만 합니다. 그렇지 않으면 무의식적인 저항을 멈출 수 없고, 그런 상황이 계속될 수밖에 없습니다. 내맡김은 조치를 취하고, 변화를 유도하고, 목표를 달성하는 일과 얼마든지 함께 이루어질 수 있습니다. 그러나 내맡김의 상태 속에서는 완전히 다른 에너지, 다른 특성이 당신의 행위 속으로 흘러듭니다. 내맡김은 당신을 존재의 근원적인 에너지에 연결해 주며, 당신의 행위에 존재가 주입되면 생명 에너지가 활기를 띠고 당신을 지금 속으로 더 깊이 데려갑니다.

무저항을 통해 의식 수준이 높아짐에 따라 당신이 무슨 행동을 하든, 무엇을 창조하든, 그 성취도가 비교할 수 없이 향상됩니다. 열매가 저절로 열릴 뿐만 아니라 그 질도 뛰어납니다. 우리는 이를 '행함이 없는 행함'이라고 부를 수 있을 것입니다. 그것은 우리가 수천 년 동안 알아 왔던 방식으로 작용하는 '일'이 아닙니다. 더 많은 사람이 깨우치면 '일'이라는 단어는 우리의 어휘에서 사라지고, 새로운 단어가 창조되어 쓰일 것입니다.

당신의 미래를 결정하는 것은 무엇일까요? 이 순간 당신의 의식 수준입니다. 그러므로 긍정적인 변화를 위해서는 내맡김이 그 무엇보다 중요합니다. 당신이 취하는 행위는 그 다음입니다. 내맡기지 않은 의식 상태에서는 진정한 긍정적 행동이 나올 수 없습니다.

불쾌하고 불만족스러운 상황에 처해서 그 순간을 있는 그대로 받아들인다면, 어떠한 고통이나 불행도 없으리라는 점은 이해할 수 있습니다. 그 상황을 극복할 수 있을 것입니다. 하지만 만족스럽지 못하다는 감정이 없다면, 행동을 취하고 변화를 가져오기 위한 에너지나 의욕이 어디서 생길까요?

내맡김의 상태에 있을 때, 당신은 무엇을 행해야 할지 분명하게 알아차릴 수 있습니다. 그래서 한 번에 한 가지씩 집중하면서 조치를 취하게 됩니다. 자연으로부터 배우십시오. 삼라만상이 저 자신을 성취하는 방식을 보십시오. 불만족이나 불행도 없이 어떻게 생명의 기적을 펼쳐내는지를 바라보십시오. 예수는 말했습니다.

"들꽃이 어떻게 자라는지 살펴보라. 그것들은 수고도 하지 않고 길쌈도 하지 않는다."

자신의 상황이 불만스럽거나 불쾌하다면 지금 이 순간만을 따로 분리해 있는 그대로 내맡겨 보십시오. 손전등으로 안개를 가르는 것처럼. 그러면 당신의 의식 상태는 외부 조건의 지배를 받지 않게 됩니다. 당신은 더 이상 무의식적인 반응을 보이지 않을 것이고 저항하지 않게 될 것입니다.

그러고 나서 그 상황을 자세히 들여다보십시오. 스스로 물어보십시오.

'상황을 변화시키고 개선하려면, 여기에서 벗어나려면, 내가 할 수 있는 일이 무엇일까?'

만일 할 수 있는 일이 있다면 적절한 행동을 취하십시오. 언젠가 미래에 할 예정이거나 해야만 하는 일이 백 가지나 된다고 해도 아무 쓸모가 없습니다. 지금 할 수 있는 한 가지 일에 초점을 맞추십시오. 계획을 세우지 말라는 의미가 아닙니다. 지금 할 수 있는 그 한 가지가 계획을 세우는 일이 될 수도 있습니다.

그러나 '마음의 활동 사진'을 켬으로써 미래에 자신을 투사하고 현재를 잃어버리는 일은 없어야 합니다. 당신이 취하는 행동이 즉시 결실을 맺지 못할 수도 있습니다. 결실을 맺을 때까지 지금 있는 그대로에 저항하지 마십시오. 당신이 취할 수 있는 행동이 아무것도 없다면, 그 상황에서 벗어날 길도 없는 것입니다. 그럴 때는 더 깊이 내맡겨 '지금' 속으로, '존재' 속으로 들어갈 수 있는 기회로 삼으십시오.

당신이 영원한 현재의 차원에 들어가면, 당신 쪽에서 많은 수고를 들이지 않아도 신기하게 변화가 찾아오는 일이 많아집니다. 삶이 당신 편이 되고 협조적이 됩니다. 만일 두려움, 죄의식, 무기력과 같은 요인들이 당신이 행동을 취하는 것을 막는다고 해도, 생생하게 깨어 있기만 하면 그것들은 현존의 빛 속에서 녹아버릴 것입니다.

내맡김의 상태를 '나는 더 이상 신경을 쓸 수 없다'라거나 '더 이상 상관하지 않겠다'라는 태도와 혼동하지 마십시오. 자세히 들여다보면 그러한 태도는 숨겨진 원망이 담긴 부정적 감정으로 오염되어 있으며, 내맡기는 것이 아니라 오히려 가면을 쓴 저항일 뿐입니다. 내맡길 때 안쪽으로 주의력을 돌려서 저항의 흔적이 남아 있지는 않은지 점검하십시오. 아주 주의해서 살펴야 합니다. 한 줌의 저항이 생각이나 감정의 형태로 어딘가 어두운 구석에 숨어 있을지도 모릅니다.

# 마음의 에너지에서 영적 에너지로

저항하지 않는다는 것이 말처럼 쉽지 않습니다. 아직도 어떻게 해야 할지 모르겠습니다. 당신이 내맡기라고 말하면, 여전히 '어떻게'라는 질문이 떠오릅니다.

저항하는 마음이 있다는 것을 인정하는 것에서부터 출발하십시오. 저항이 일어날 때, 거기 있으십시오. 당신의 마음이 어떻게 저항을 만들어내고, 상황과 자기 자신과 다른 사람을 어떻게 분별하고 있는지 관찰하십시오. 거기 관련된 사고 과정을 들여다보십시오. 감정의 에너지를 느끼십시오. 저항을 지켜봄으로써 당신은 그것이 백해무익하다는 것을 알게 됩니다. 모든 주의력을 '지금'에 집중하면, 무의식적인 저항은 의식으로 변화됩니다. 당신은 의식적이면서 불행하거나, 의식적이면서 부정적이 될 수 없습니다. 모든 종류의 부정적 감정이나 불행, 고통 등은 저항이 있음을 의미하며, 저항은 항상 무의식적입니다.

나는 나 자신이 불행하다는 것을 분명히 의식할 수 있습니다.

당신이 불행을 선택한 것입니까? 만일 당신이 불행을 선택했다면, 그것은 어떻게 생겨났을까요? 무슨 목적으로? 누가 그것을 살아 있게 하는 걸까요? 당신은 자신의 불행한 기분을 의식한다고 말하지만, 사실은 당신이 그것과 동화되고 강박 관념에 사로잡혀 그 과정을 살아 있게 만드는 것입니다. 그 모든 것은 무의식입니다.
 만일 당신이 의식적이라면, '지금'에 완전하게 현존한다면, 부정적 감정 대부분은 즉시 용해될 것입니다. 부정적 감정은 현존 속에서 살아남을 수 없습니다. 그것은 당신이 부재할 때만 살아 있을 수 있습니다. 업장조차도 현존 속에서는 그리 오랫동안 지탱하지 못합니다. 당신은 불행이 머물 수 있도록 시간을 줌으로써 그것을 살아 있게 합니다. 시간은 불행의 생명줄입니다. 현재 순간을 확고하게 인식함으로써 시간을 제거하면 불행은 죽어버립니다. 당신은 불행이 죽기 원합니까? 정말 그렇게 원해본 적이 있나요? 불행 없이 존재할 수 있겠습니까?
 내맡김을 실천할 수 있기 전까지 당신은 영적인 차원에 대한 여러 가지 것을 읽고, 듣고, 심취하고, 글을 쓰고, 생각하고, 믿을 것입니다. 하지만 그렇게 하든 그렇게 하지 않든 아무런 차이가 없습니다. 영적 차원이 당신의 삶 속에서 살아 있는 현실이 되는 것은 온전한 내맡김이 이루어져야만 비로소 가능한 일입니다. 이 세상을 움직이는 것은 마음 에너지입니다. 그것은 우리의 문명을 구성하는 기존의 사회적·정치적·경제적 구조를 만들어냈으며, 우리의 교육 체제와 대중 매체를 통해 자기 자신을 지탱하고 있습니다.

당신이 내맡김을 실천하면, 이 마음 에너지보다 훨씬 더 높은 주파수의 에너지를 발산하게 됩니다. 내맡김을 통해 영적 에너지가 이 세상에 들어옵니다. 그 에너지는 당신 자신이나 다른 사람들, 그리고 지구상의 다른 생명체에게 고통을 주지 않습니다. 영적 에너지는 지구를 오염시키지 않으며, 대립이 있으면 존재하지 못합니다. 그러니 영적 에너지는 나쁨 없이 좋음이 존재할 수 없다는 이원론에 해당되지 않습니다.

아직도 지구 인구 대다수를 차지하면서 마음 에너지에 의해 움직이는 사람들은 영적 에너지의 존재를 인식하지 못하고 있습니다. 영적 에너지는 다른 질서의 현실에 속해 있습니다. 충분히 많은 사람이 내맡김의 상태에 들어가서 부정성에서 완전히 벗어나게 될 때, 새로운 세상이 열릴 것입니다. 만약 지구가 살아남게 되어 있다면, 영적 에너지는 그때 지구에 사는 사람들의 에너지가 될 것입니다. 예수는 '산상수훈'에서 이 에너지에 대해 "온유한 사람은 행복하다. 그들은 땅을 차지할 것이다"라고 말했습니다.

영적 에너지는 고요하지만 강렬한 현존이며, 무의식적인 마음자리를 용해합니다. 무의식적인 마음자리는 잠시 동안은 살아남을지 모르지만, 결국엔 더 이상 당신의 삶을 지배하지 못하게 될 것입니다. 저항을 받고 있었던 외부 조건들 역시 내맡김을 통해 변화되거나 녹아버립니다. 영적 에너지는 상황과 사람을 변화시키는 강력한 힘입니다. 환경이 얼른 바뀌지 않는다고 해도, '지금'을 받아들임으로써 환경을 극복할 수 있을 것입니다. 외부 상황이 바뀌든 바뀌지 않든 당신은 자유롭게 되는 것입니다.

# 인간 관계에서의 내맡김

나를 이용하고 속이고 지배하기 원하는 사람들에 대해서는 어떻게 해야 합니까? 그들에게도 내맡겨야 하나요?

   그들은 존재로부터 단절되어 있으므로, 무의식적으로 당신에게서 에너지와 힘을 얻으려고 할 것입니다. 무의식적인 사람만이 다른 사람들을 이용하거나 기만할 수 있는 것이 사실이고, 무의식적인 사람만이 이용당하고 속아넘어가는 것도 역시 사실입니다. 당신이 다른 사람들의 무의식적인 행동에 저항하고 맞서 싸운다면, 당신 자신도 무의식적인 사람이 됩니다.
   내맡김은 무의식적인 사람들에게 이용당하도록 허락하라는 의미가 아닙니다. 전혀 그렇지 않습니다. 완전한 내면의 무저항 상태에 있으면서 동시에 누군가에게 분명하게 '아니다'라고 딱 잘라 거절할 수 있습니다. 상황에 빠지지 않고 거기에서 당당히 걸어나오는 것도 얼마든지 가능합니다. 어떤 사람이나 상황에 대해 '아니다'라는 부정적인 생각이 들 때는, 무의식적인 반사 작용으로 행동하지 마십시오. 그 순간 무엇이 옳고 그른지를 분명히 알아차리고, 통찰력을 갖고 행동하십시오. 아무런 저항이 개입되지 않는 '아니다', 질 높은 '아니다', 모든 부정성에서 벗어나 더 이상 고통을 만들지 않는 '아니다'가 되게 하십시오.

나는 직장에서 불편한 상황에 처해 있습니다. 내맡기려고 했지만 불가능합니다. 큰 저항이 계속 생겨납니다.

내맡길 수 없다면 즉시 행동하십시오. 털어놓고 이야기하거나 상황을 변화시킬 수 있는 조치를 취하십시오. 그렇지 않으면, 거기서 벗어나십시오. 당신 자신의 삶에 책임을 지십시오. 당신의 아름답고 찬란한 내면의 존재와 이 지구를 부정적 감정으로 오염시키지 마십시오. 당신 내면의 거주지를 어떤 식으로든 불행하게 만들지 마십시오.

당신이 행동을 취할 수 없다면, 예를 들어 당신이 감옥에 갇혀 있다면 당신에게는 두 가지 선택이 있을 뿐입니다. 저항하거나 온전히 내맡기거나 두 갈래 길이 있을 뿐입니다. 외부 조건에 얽매일 것인가, 내면의 자유를 구가할 것인가. 고통당할 것인가, 내면의 평화를 누릴 것인가.

'내맡김' 역시 폭력에 대한 무저항과 마찬가지로 생활 속에서 외부적 행위로 실천되어야 하는 건가요, 아니면 우리의 내면적인 삶에만 관련된 건가요?

　당신은 오직 내면에 대해서만 관심 가질 필요가 있습니다. 그것이 우선입니다. 그러면 당신의 외부적인 삶의 행위나 인간 관계도 변화될 것입니다. 당신의 인간 관계는 내맡김에 의해 깊이 있게 변화될 것입니다. 당신이 지금 있는 그대로를 받아들이지 않는다는 것은 다른 사람들을 있는 그대로 받아들이지 못한다는 의미이기도 합니다. 다른 사람에 대해 판단하고, 비판하고, 정의를 내리고, 거부하고, 그들을 변화시키려 하는 것입니다.
　'지금'을 미래의 목적을 위한 수단으로 만드는 짓을 계속한다면, 당신이 만나거나 관련된 모든 사람도 결국 목적을 위한 수단이 되어버립니다. 그러면 인간 관계와 당신이 대하는 인간 존재는 늘 이차적인 것이 되거나 전혀 중요하지 않게 되어버릴 것입니다. 물질적인 이득이나 권력, 육체적 쾌락, 혹은 에고의 만족 등 관계를 통해 얻을 수 있는 것이 존재 자체보다 우선이 되어버리는 것입니다.
　내맡김이 인간 관계에 어떤 식으로 영향을 주는지 살펴보죠. 당신이 배우자나 가까운 누군가와 다투거나 갈등을 겪는 상황이라면, 상대방이 당신을 공격할 때 당신 자신이 얼마나 방어적이 되는지 지켜보십시오. 다른 사람의 입장을 공격할 때는 당신 자신이 얼마나 공격적이 되는지 느껴보십시오. 당신 자신의 관점과 의견을 얼마나 고집하는지 지켜보십시오. 당신이 옳고 상대방이 그르다는 주장의 뒤안에 도사리고 있는 정신적·감정적 에너지를 느끼십시오. 그것은 에고의 마음 에너지입니다. 그 에너지를 인정하고, 최대한 충분히 느끼면서 의식하십시오. 그러면 어느 날 말다툼이 한창일 때, 당신은 갑자기 아무런 반응도 하지 않기로 결정하고, 그냥 무슨 일이 일어나는지 지켜보기만 하게 될 것입니다. 그것이 내맡김입니다.

반응하지 말라는 것은, '나는 이 모든 유치한 무의식을 초월했다'라는 듯한 표정을 하고, 말로만 "좋아요, 당신이 옳아요"라고 인정하는 것이 아닙니다. 그런 태도는 저항의 자리에 에고의 우월감을 대신 앉힌 것에 불과합니다. 당신 안에서 세력을 얻기 위해 다투고 있는 마음의 감정 에너지 전부를 떠나보내야 합니다.

에고는 교활합니다. 바짝 경계하고, 확고하게 현존하면서, 당신이 정말 자기 주장을 완전히 버렸는지, 그래서 마음으로부터 완전히 벗어났는지 정직하게 자신을 바라보아야 합니다. 당신이 갑작스럽게 매우 밝고 선명하고 깊은 평화를 느낀다면, 그것은 당신이 진정으로 내맡김의 상태에 있다는 명백한 신호입니다. 저항하지 않는 상태에 그대로 머물면서, 상대방의 마음자리에 무슨 일이 벌어지는지를 지켜보십시오. 마음의 입장을 자기 자신과 동일시하지 않게 될 때에야 비로소 진정한 대화가 시작됩니다.

폭력이나 공격 같은 것에 직면했을 때는 어떻게 무저항의 자세를 유지할 수 있나요?

무저항이란 아무것도 하지 말아야 한다는 의미가 아닙니다. 어떠한 행위든 무의식적인 반작용을 하지 않는 것을 말합니다. 동양에서 무술 연마의 지침으로 삼는 "상대의 힘에 저항하지 말라. 이기기 위해서는 유연해지라"라는 경구에는 심오한 지혜가 담겨 있습니다.

당신이 강한 현존 상태에 있을 때는 아무것도 하지 않아도 상황과 사람을 변화시키고 치유할 수 있게 됩니다. 도교에는 무위(無爲)라는 말이 있는데, 그 말은 '행함이 없는 행함'이라고 옮길 수도 있을 것입니다. 고대 중국에서는 무위를 최고의 공덕이자 미덕으로 여겼습니다. 무위란 일상적인 의식 상태, 다시 말해 깨어 있지 못한 의식 상태에서 아무것도 하지 않는 것과는 근본적으로 다릅니다. 두려움, 무기력, 우유부단함 때문에 행동하지 않는 것과는 전적으로 다른 것입니다. 진정한 무위는 내적인 무저항 상태에 있으면서도 예민하게 깨어 있는 것을 의미합니다.

어떤 행위가 요구된다면 당신은 마음이 부리는 대로 반응하지 않고, 의식적인 현존 상태에서 그 상황에 대응할 수 있을 것입니다. 그런 상태에서 당신의 마음은 모든 개념으로부터, 심지어는 비폭력이라는 개념으로부터도 진실로 자유롭습니다. 그러니 어떤 행동이 나올지는 아무도 예측할 수 없습니다.

에고는 저항을 하면서 그것이 당신의 힘이라고 믿습니다. 사실 저항은, 진정한 힘의 유일한 근원인 존재로부터 당신을 차단합니다. 저항은 힘을 가장한 연약함이요 두려움입니다. 에고는 순수하고 천진무구하고 진정한 힘인 당신의 존재를 연약하다고 봅니다. 하지만 에고가 강하다고 믿는 것이 오히려 연약한 것입니다. 그러므로 에고는 끊임없는 저항 속에 머물면서, 당신의 진정한 힘이 그 안에 들어 있는 연약함을 감추기 위해 허위적인 역할을 하고 있는 것입니다.

온전히 내맡기기 전까지는 사람들의 관계가 대부분 무의식적인 역할극으로 채워지게 됩니다. 그러나 내맡기게 되면 당신에게는 더 이상 에고의 방어와 거짓 가면이 필요 없어집니다. 당신은 아주 단순해지고 참해집니다. 에고는 말할 것입니다.

'그건 위험한 일이다. 당신은 상처받을 것이고 연약해질 것이다.'

말할 나위도 없이 에고는 까맣게 모르고 있는 것입니다. 저항을 버리고 연약해 보이는 상태가 될 때만 난공불락의 요새를 쌓을 수 있다는 것을.

# 질병에서 깨달음으로

누군가 중병이 들어서 자신의 처지를 완전히 인정하고 그 병에 자신을 내맡긴다면, 건강을 되찾으려는 의지를 포기하는 것 아닌가요? 그 사람에게는 질병과 싸우겠다는 각오가 더 이상 없는 것 아닌가요?

내맡김은 지금 있는 그대로를 아무 조건 없이 기꺼이 받아들이는 것입니다. 우리는 지금 삶의 조건이나 환경에 대해서가 아니라 생명에 대해 이야기하고 있습니다. 이 점에 대해서는 앞에서도 이야기한 바 있습니다.

질병이란 무엇일까요? 질병은 삶의 상황을 이루는 일부입니다. 그러니 질병에는 과거가 있고 미래가 있습니다. '지금'의 치유력이 당신의 의식적인 현존을 통해 활성화되지 않는 한, 과거와 미래는 방해받지 않고 계속 이어집니다. 당신도 알다시피 삶의 상황은 시간 속에서 존재하고, 삶의 상황을 구성하는 수많은 조건 밑바닥에는 더 깊고 더 본질적인 무언가가 흐르고 있습니다. 그것이 무엇일까요? 당신의 생명, 시간 없는 '지금' 속 당신의 존재 자체입니다.

'지금' 속에는 아무 문제가 없으므로 병 또한 없습니다. 누군가가 당신의 조건에 갖다 붙이는 이름표에 대한 믿음이 그 조건을 그 자리에 있게 합니다. 거기에 힘을 부여해서 일시적인 불균형을 굳어진 현실처럼 보이게 만듭니다. 그럼으로써 병이 확고한 현실이 되고, 예전에는 갖고 있지 않았던 시간의 연속성을 갖게 되는 것입니다. 이 순간에 초점을 맞추고, 병이라는 이름표를 붙이지 않으면, 그것은 그저 나타난 증상 몇 가지로 축소됩니다. 육체의 통증이나 허약함, 불편함, 기능 장애 등에 지나지 않게 되는 것입니다.

지금 그런 현상에 당신 자신을 내맡기십시오. 병이라는 관념에 내맡겨서는 안 됩니다. 고통과 하나가 되어 현재 순간에, 강한 의식적 현존 상태에 들어가도록 하십시오. 고통을 허용하십시오. 깨달음을 위해 고통을 이용하십시오.

내맡긴다고 해서 지금 있는 것을 변화시킬 수 있는 것은 아닙니다. 적어도 직접 변화시키는 것은 아닙니다. 내맡김은 당신을 변화시킵니다. 당신이 변화될 때, 당신의 세상 전체가 변화됩니다. 왜냐하면 세상이란 하나의 반영에 불과하기 때문입니다. 그 점에 대해서는 이미 이야기한 바 있습니다.

거울에 비친 모습이 마음에 들지 않는다고 해서 거울을 향해 공격한다면 그 사람은 분명 제 정신이 아닙니다. 내맡기지 않은 상태에서 하는 모든 행동은 그와 같습니다. 당신이 거울 속의 이미지를 공격한다면, 그것은 당연히 당신에게 반격할 것입니다. 어떤 이미지라도 그대로 받아들이고 다정하게 대하면, 그것도 우리에게 다정해질 수밖에 없습니다. 이것이 바로 세상을 변화시키는 방법입니다.

병은 문제가 아닙니다. 에고의 마음에 지배받고 있는 당신 자신이 문제입니다. 병이 나거나 불구가 되더라도, 어떤 식으로든 실망하거나 자책하지 마십시오. 불공평한 삶이라고 탓하지 마십시오. 자기 자신도 탓하지 마십시오. 그 모든 것이 저항입니다. 중병을 앓고 있다면 깨달음을 위해 그것을 이용하십시오. 살다가 나쁜 일이 생기면 깨달음을 위해 그것을 이용하십시오. 질병으로부터 시간을 철수시키십시오. 거기에 과거나 미래를 부여하지 마십시오. 강한 현존의 깨어 있음 속으로 들어가는 기회로 삼도록 하십시오. 그리고 무슨 일이 생기는지를 보십시오. 연금술사가 되십시오. 쇳덩어리를 황금으로, 고통을 깨어 있는 의식으로, 재난을 깨달음으로 바꾸십시오.

중병을 앓고 있는데 이런 말을 들으니 화가 나십니까? 그러면 그것은 그 병이 당신의 일부가 되었다는 증거입니다. 그래서 당신 자신의 정체성을 보호하고 있는 것이고, 질병 자체를 옹호하고 있는 셈입니다. 병이라고 이름표가 붙은 그 조건은 진정한 당신 자신과는 아무 상관이 없습니다.

# 재난이 닥쳤을 때

깨어 있지 못한 대다수 무의식적인 사람은, 심각한 한계 상황에 부딪혔을 때에야 비로소 에고의 딱딱한 껍질을 부수고 내맡김을 통해 깨어날 수 있습니다. 천재지변이나 깊은 상실을 경험할 때, 이 세상 전체가 산산조각나서 더 이상 의미가 없어진 듯한 고통이 닥쳤을 때 한계 상황이 오게 됩니다. 심리적인 것이든 육체적인 것이든 죽음과 만나게 되는 것입니다. 그런 상황이 닥치면 이 세상을 만들어내는 에고가 붕괴됩니다. 그때야 비로소 낡은 세상의 잿더미 속에서 새로운 세상이 태어날 수 있습니다.

한계 상황에서조차 꼭 그렇게 된다는 보장은 없지만 적어도 가능성은 항상 있습니다. 어떤 사람들은 한계 상황을 만나도 있는 그대로에 저항함으로써 상황을 더욱 악화시키고 지옥을 만듭니다. 그런가 하면 부분적이나마 내맡기는 상태를 경험함으로써 예전에는 느껴보지 못했던 삶의 깊이와 평정을 찾게 된 사람들도 있습니다. 에고의 껍질 일부가 깨지면 마음 너머에 있는 광휘와 평화가 조금이나마 뚫고 들어오게 됩니다.

한계 상황은 수많은 기적을 탄생시켜 왔습니다. 처형을 기다리던 살인자가 마지막 남은 몇 시간 동안에 무아(無我)의 경지에서 깊은 기쁨과 평화를 경험한 사례도 있습니다. 자신의 처지에 대한 내부 저항이 너무 강한 나머지 참을 수 없는 고통을 겪지만, 거기에서 탈출할 방법도 마음이 투사할 수 있는 미래도 없습니다. 그러니 어쩌겠습니까. 어쩔 수 없이 내맡길 수밖에 없습니다. 그런 내맡김 상태에서 은총을 경험하고, 구원을 받고, 과거로부터 완전히 해방된 것입니다. 은총과 구원의 기적을 위한 여지를 만드는 것은 말할 나위도 없이 삶의 한계 상황이 아니라, 모든 것을 온전히 내맡기는 행위입니다.

그러므로 재난이 닥치거나 심각하게 일이 잘못되었을 때, 병에 걸리거나, 불구가 되거나, 집과 재산, 사회적인 지위를 잃거나, 가까웠던 인간 관계가 깨지거나, 사랑하는 사람이 죽거나 고통을 받거나, 자신의 죽음이 임박했을 때 한 발짝만 다가서면 거기에 또 다른 가능성이 있다는 것을, 고통과 괴로움이라는 쇳덩어리를 황금으로 바꾸는 연금술과도 같은 무언가를 만날 수 있다는 것을 기억하십시오. 그 한 발짝이 바로 내맡김입니다.

그런 상황에서도 행복할 수 있다는 뜻이 아닙니다. 행복할 수는 없을 것입니다. 하지만 두려움과 고통은 아주 깊고 현시되지 않은 세계로부터 솟아나는 내면의 평화와 고요로 변화될 것입니다. 그것이 모든 이해를 뛰어넘는 '신의 평화'입니다. 거기에 비하면 행복은 아주 피상적인 것입니다. 마음의 차원이 아닌 깊은 내면에서부터, 당신은 파괴될 수 없으며 죽을 수 없는 존재라는 깨달음이 빛나는 평화와 함께 찾아옵니다. 이것은 믿음이 아닙니다. 외부적인 증거나 이차적인 증명을 필요로 하지 않는 절대적인 확신으로서 다가오는 진실입니다.

# 고통에서 평화로

고대 그리스 스토아 학파의 어느 철학자는 아들이 사고로 죽었다는 소식을 듣고 "그 아이가 영생할 수 없다는 것을 알고 있었다"라고 말했다고 합니다. 그것이 내맡김인가요? 만일 그렇다면 나는 그것을 원치 않습니다. 내맡기는 것이 부자연스럽고 비인간적인 상황일 수도 있기 때문입니다.

　느낌이 차단된 상태가 내맡김은 아닙니다. 우리는 그 철학자가 그런 말을 했을 때, 그의 내면 상태가 어떠했는지 알 길이 없습니다. 극단적인 상황에서는 '지금'을 받아들이기가 불가능할지도 모릅니다. 하지만 당신에게는 언제나 내맡길 수 있는 기회가 두 차례 주어집니다.

　첫 번째 기회는 매 순간을 그 순간의 현실에 내맡기는 것입니다. 지금 있는 것을 원상태로 돌릴 수 없다는 것을 알고 기왕지사로 받아들이는 것입니다. 일어난 일은 이미 일어난 일로, 일어나지 않는 일은 일어나지 않는 일로 받아들이는 것입니다. 그 상황에서 해야 할 일을 하십시오. 만일 이렇게 수용하는 상태로 산다면 당신은 더 이상 부정적 감정을, 고통이나 불행을 만들지 않게 됩니다. 당신은 저항하지 않으면서 은총과 빛 속에서 투쟁으로부터 자유로운 상태로 살게 됩니다.

그러나 그 기회를 놓치는 이유는 무엇일까요? 습관적이고 무의식적인 저항 유형이 일어나는 것을 막을 수 있을 만큼 충분히 의식적으로 현존하지 못하기 때문일 수도 있고, 지나치게 극단적인 상황이어서 완전히 받아들일 수 없기 때문일 수도 있습니다. 그러면 당신은 어떠한 종류의 것이든 고통이나 아픔을 겪게 됩니다. 마치 그 상황이 고통을 만들어내는 것처럼 보이지만 사실은 모두 당신의 저항이 만들어내는 것입니다.

두 번째 내맡김의 기회는 '지금 여기'입니다. 당신이 만일 외부에 있는 것을 받아들일 수 없다면 내면에 있는 것을 받아들이십시오. 외부적인 조건을 받아들일 수 없다면 내부적인 조건을 받아들이십시오. 이는 자신이 느끼는 고통에 저항하지 말라는 뜻입니다. 고통을 거기 있도록 허락하십시오. 슬픔, 절망, 두려움, 외로움 등 어떤 형태의 고통이든 거기에 당신 자신을 내맡기십시오. 거기에 이름표를 붙이지 말고 지켜보십시오. 그것을 다정하게 껴안으십시오.

그러면 내맡김의 기적이 뼈저린 고통을 흔들리지 않는 깊은 평화로 바꾸는 것을 보게 될 것입니다. 이것이 당신의 십자가입니다. 당신의 십자가를 당신의 부활과 승천으로 이어지게 하십시오.

어떻게 고통에 나를 맡길 수 있는지 모르겠습니다. 당신이 앞서 말했듯이 고통은 내맡기지 않는 것입니다. 내맡겨지지 않는 것을 어떻게 내맡길 수 있단 말인가요?

내맡김에 대해서는 잠시 잊어버리십시오. 심각한 고통을 겪을 때는 내맡긴다는 것이 어떻게 가능하겠느냐면서 부질없고 의미없는 시도가 될 게 뻔하다고들 이야기할 것입니다. 고통이 깊으면 거기에 순응하기보다는 탈출하고 싶은 강한 충동이 일어날 것입니다. 지금 느끼는 것을 느끼고 싶지 않을 것입니다. 당연합니다. 하지만 거기서 탈출할 방법은 없습니다. 일이라든가 술, 마약, 분노, 은폐 따위의 여러 가지 방법으로 거짓 탈출을 할 수는 있겠지만, 그렇다고 고통에서 벗어나지는 못합니다. 고통은 당신이 눈을 감는다고 해서 강도가 줄어들지 않습니다.

감정적인 고통을 부정하면, 당신이 행동하고 생각하는 모든 것뿐 아니라 당신의 인간 관계까지 오염시키게 됩니다. 당신이 발산하는 에너지가 알게 모르게 다른 사람들에게 전달되는 것입니다.

그 에너지를 받은 사람들이 깨어 있지 못한 사람들이라면, 그들은 거기에 반응해서 어떤 식으로든 당신을 공격하거나 괴롭히고 싶은 충동을 느낄 것입니다. 당신이 자신의 고통을 무의식적으로 투사함으로써 그들을 괴롭힐 수도 있습니다. 당신은 자신의 내면 상태에 부합되는 것을 끌어들이기도 하고 표출하기도 합니다.

빠져나갈 방법이 없을 때도 뚫고 나갈 수 있는 하나의 길은 항상 있습니다. 고통을 외면하지 마십시오. 그것을 마주 보십시오. 그 고통을 완전하게 느끼십시오. 느끼되 거기에 대해 생각하지 마십시오. 필요하면 거기에 대해 표현해도 좋지만, 마음속으로 각본을 만들지는 마십시오. 고통의 원인으로 보이는 사람이나 사건, 상황이 아니라 고통 자체에 주의를 집중하십시오. 마음이 그 고통을 이용해서 당신 자신을 희생자로 만들지 않도록 해야 합니다. 신세 한탄을 하고 넋두리를 늘어놓으면, 계속해서 고통 속에 처박혀 있게 될 것입니다.

고통의 느낌에서 벗어나는 것은 불가능하기 때문에 변화할 수 있는 유일한 가능성은 그 속으로 들어가는 것입니다. 그렇지 않으면 아무것도 변화되지 않습니다. 그러므로 자신의 느낌에 완전히 집중하면서, 마음이 거기에 이름표를 붙이지 못하게 하십시오. 느낌 속으로 들어갈 때는 정신을 바짝 차려야 합니다. 처음에는 그곳이 어둡고 무서운 장소처럼 보일 수 있으며, 거기서 되돌아 나오고 싫어지기도 하겠지만 계속 지켜보면서 어떠한 행동도 하지 마십시오. 고통에 주목하면서 계속해서 슬픔, 두려움, 공포, 외로움 등을 느끼십시오. 주의력을 집중하고 몸의 구석구석까지 완전하게 현존하십시오. 그렇게 하면서 당신은 어둠 속으로 빛을 가져가는 것입니다. 이것이 바로 의식의 불꽃입니다.

이 단계에서는 더 이상 '내맡김'에 대해 신경 쓸 필요가 없습니다. 당신은 이미 내맡긴 것입니다. 어떻게? 완전한 집중은 완전한 수용이며 내맡김입니다. 완전하게 집중할 때, 당신은 '지금'의 힘, 현존의 힘을 사용하고 있는 것입니다. 그 안에서는 한 줌의 저항도 살아남을 수 없습니다. 현존은 시간을 몰아냅니다. 시간이 없으면 어떠한 고통이나 부정적 감정도 살아남을 수 없습니다.

고통을 받아들이는 것은 죽음 속으로 들어가는 여행입니다. 고통을 마주하고 그것을 허락하면서 주의를 기울이는 것은 깨어 있는 상태에서 죽음으로 들어가는 것입니다. 이러한 죽음을 경험하면 당신은 죽음이 없다는 것을, 그래서 두려워할 것이 없다는 것을 알게 됩니다. 죽는 것은 에고입니다. 한 줄기 햇살이 태양과 떨어질 수 없는 일부라는 것을 잊어버린 채 생존을 위해 태양과 싸우고, 태양이 아닌 다른 것에 의지해야 한다는 착각에 빠져 있다고 상상해 보십시오. 그러한 착각이 죽는다면 진정 자유롭지 않겠습니까.

편안한 죽음을 원하십니까? 고통 없이, 아무 번민 없이 죽고 싶은가요? 그렇다면 지나간 모든 순간을 떠나보내고 현존의 빛을 비추어 '나'라고 생각했던 고통스럽고 시간에 속박된 자신을 날려버리십시오.

# 십자가의 길

깊은 고통을 통해 하느님을 찾았다고 말하는 사람이 많습니다. 기독교에는 '십자가의 길'이라는 표현이 있는데, 내 생각에는 같은 이야기인 것 같습니다.

우리가 의도하는 방향과는 다릅니다. 엄격히 말하자면, 그들은 고통을 통해 신을 발견한 것이 아닙니다. 고통은 저항을 의미하기 때문입니다. 그들은 강렬한 고통에 떠밀려 그 속으로 들어감으로써, 어쩔 수 없이 내맡김으로써, 있는 그대로를 완전하게 수용함으로써 신을 만났던 것입니다. 어떤 의미에서는, 그들은 자기들 스스로 고통을 창조했다는 것을 깨달았음에 틀림없습니다.

그렇다면 내맡기는 것과 신을 발견하는 것이 같은 것이란 말인가요?

저항은 마음과 떨어질 수 없는 것입니다. 그러므로 저항을 버리면, 당신의 주인 노릇을 해 오면서 당신을 가장하고, 거짓 신을 연기해온 마음의 역할이 끝납니다. 모든 판단과 모든 부정성이 녹아 버립니다. 그러면 마음에 의해 가려져 있었던 '존재'의 영역이 활짝 열립니다. 갑자기 내면이 더없이 평온해지면서 무한한 평화를 느낍니다. 그 평화 속에는 더할 나위 없는 기쁨이 있습니다. 그 기쁨 안에는 사랑이 있습니다. 그리고 내면의 가장 깊은 중심핵에는 측량할 길 없는 신성이 자리하고 있습니다. 그것은 이름 붙일 수 없는 것입니다.

나는 그것을 '신의 발견'이라고 부르지 않습니다. 도저히 잃어버릴 수 없는 것, 자신의 생명 자체를 어떻게 발견한단 말입니까? 신이라는 단어는 수천 년 동안 잘못 이해되고 오용되어 왔습니다. 뿐만 아니라 신이라고 하면 자기 자신이 아닌 뭔가 다른 실체를 암시합니다. 신은 하나의 존재가 아니라, '존재 자체'입니다. 주체와 객체의 관계도 아니고, 이원적인 것도 아니며, 당신이 있고 신이 따로 있는 것이 아닙니다. 신을 인식하는 것은 아주 자연스러운 일입니다. 당신이 신을 의식할 수 있다는 것이 놀랍고 이상한 일이 아니라, 당신이 신을 의식하지 못한다면 그것이 오히려 놀랍고 이상한 일입니다.

당신이 말한 '십자가의 길'은 깨달음에 이르는 오래된 방법이며,

최근까지는 그것이 유일한 길이었습니다. 그것을 버리지도 말고 그 영향력을 과소평가하지도 마십시오. 그 방법은 아직도 유효합니다.

'십자가의 길'은 내맡김의 과정과는 정반대입니다. 그것은 당신 자신을 내맡김 속으로, '죽음' 속으로 밀어넣음으로써, 당신 자신을 억지로 무(無)가 되게 함으로써, 가장 나쁜 일을 일찍이 없었던 가장 좋은 일로 바꾸는 것입니다.

대다수 무의식적인 사람에게는 여전히 십자가의 길밖에 없습니다. 그들은 오로지 고통이 더 깊어져야만 깨어날 것이고, 인류의 집단적인 깨달음은 엄청난 천재지변이 일어나야만 가능할 것입니다. 이 과정은 의식의 성장을 주관하는 어떤 보편적인 법칙의 작용을 반영하는 것으로, 몇몇 선지자가 예견한 바 있습니다. 요한묵시록에는 아리송하고 불가해한 상징으로나마 거기에 대해 묘사되어 있습니다. 이러한 고통은 신이 아닌 인간들이 스스로에게 또는 서로에게 가하는 것이며, 살아 있고 지성을 가진 유기체인 지구가 인간 광기의 습격으로부터 스스로를 방어하는 것입니다.

그럼에도 오늘날 점점 더 많은 사람의 의식이 충분히 진화하고 있어서, 깨달음을 얻기까지 더 이상 고통을 필요로 하지 않게 되었을 정도입니다. 여러분도 그들 중에 속해 있을 것입니다. 고통을 통한 깨달음인 십자가의 길은, 발버둥치고 비명을 지르면서 천국에 들어가는 것입니다. 더 이상 고통을 참을 수 없어서 내맡기는 것입니다. 하지만 고통은 극에 달할 때까지 지속될 것입니다.

　의식적으로 깨달음을 선택하는 것은 과거와 미래에 대한 애착을 버리고 '지금'을 당신 삶의 구심점으로 만드는 일입니다. 시간보다는 현존 상태 안에서 거주하기로 선택하는 것입니다. 있는 그대로를 받아들이는 것입니다. 그러면 당신은 더 이상 고통을 필요로 하지 않습니다. 여러분은 과연 언제쯤 "나는 더 이상 고통과 괴로움을 만들지 않겠어"라고 말할 수 있을까요? 얼마나 더 고통을 겪어야 그런 선택을 할 수 있을까요?

　여러분이 시간이 더 필요하다고 생각하면 시간이 더 걸릴 것이고, 더 많은 고통이 따를 것입니다. 시간과 고통은 불가분의 관계입니다.

# 선택의 의미

실제로 고통을 원하는 것처럼 보이는 사람들도 있습니다. 내 친구는 남편에게 육체적으로 학대당하고 있으며, 그 이전 관계도 그와 비슷했습니다. 그녀는 왜 그런 남자들을 선택하고, 왜 그런 상황에서 나오기를 거부하는 것인가요? 많은 사람이 실제로 고통을 선택하는 이유는 뭔가요?

신세대가 즐겨 사용하는 말 중에는 '선택'이라는 표현이 있습니다. 하지만 그 친구의 상황에는 전혀 맞지 않는 말입니다. 누군가가 자신의 인생에서 부자연스러운 관계나 부정적인 상황을 '선택'했다고 말할 수는 없습니다. 선택은 높은 수준의 의식 상태에 있어야만 가능합니다. 그렇지 못하면 선택을 할 수 없습니다. 선택은 당신이 마음과 마음의 틀에 박힌 유형에서 독립하는 순간부터, 현존하는 순간부터 시작됩니다. 그 지점에 이르기 전까지는 영적인 의미에서 무의식적이라고 할 수밖에 없습니다. 어쩔 수 없이 마음이 시키는 방식에 따라 생각하고 느끼고 행동하는 것입니다. 그래서 예수는 말했습니다.

"저 사람들을 용서하여 주십시오! 그들은 자기들이 무슨 짓을 하는지 모르고 있습니다."

영적인 무지란, 일반적인 의미에서 똑똑하거나 그렇지 못한 것과는 관계가 없습니다. 나는 아주 똑똑하고 많이 배웠으면서도 완전히 무의식적인, 그러니까 완전히 자신의 마음과 동화되어 있는 사람들을 수없이 만났습니다. 실제로, 정신적인 발달과 지식 수준이 높은 사람이, 그에 걸맞는 의식의 성장을 이루지 못하면 불행과 재난을 당할 가능성이 매우 높아집니다.

당신의 친구는 남편에게 학대받으면서 그대로 살고 있으며, 그런 일이 처음이 아닙니다. 왜 그럴까요? 그것은 선택이 아닙니다. 과거를 답습하는 마음은 언제나 이미 알고 있고 익숙한 것을 되풀이하려고 합니다. 고통스럽지만 적어도 익숙하기는 하기 때문입니다. 마음은 언제나 알고 있는 것에 집착합니다. 모르는 것은 통제할 수 없기 때문에 위험을 느낍니다. 마음이 현재 순간을 싫어하고 무시하는 것도 그 때문입니다. 현재 순간을 인식하면 마음의 흐름뿐 아니라 과거와 미래를 연결하는 연속성에 틈새가 생깁니다. 정말 새롭고 창조적인 것은 무한한 가능성의 공간을 열어주는 그 틈새를 통과하지 않고서는 이 세상에 들어올 수 없습니다.

당신의 친구는 자신의 마음과 동화되어 있기 때문에, 애정과 학대가 뗄 수 없이 이어져 있었던 과거를 되풀이하고 있는 것입니다. 그렇지 않으면, 어린 시절에 자신이 아무짝에도 쓸모 없으며 벌을 받아 마땅하다고 배운 마음의 낡은 방식을 연출하고 있는 것일 수도 있습니다. 혹은 고통을 먹고 살아가면서 언제나 더 많은 고통의 먹이를 찾아 헤매는 업장에 매여 살고 있는지도 모릅니다. 그래서 그녀의 남편이 드러내는 무의식적인 패턴이 그녀의 무의식적인 패턴을 보완해주고 있는 것입니다. 물론 그녀의 상황은 자기 스스로 만든 것이지만, 그녀의 무엇이 그것을 만드는 것일까요? 두말할 필요 없이, 과거의 정신적·감정적 패턴입니다. 무엇 때문에 그런 것들을 만드는 것일까요?

당신이 그 친구에게 그녀 스스로 그러한 조건이나 상황을 선택했다고 말해준다면, 당신은 마음을 자신과 동일시하도록 그녀를 더욱 부추기게 됩니다. 하지만 그녀의 마음 씀씀이가 진정한 그녀는 아닙니다. 그녀가 살아온 과거의 방식이 진정한 그녀인 것도 아닙니다. 사고와 감정의 뒤안에 있는 것을 지켜보는 법을, 현존하는 법을 그녀에게 가르쳐 주십시오. 업장에 대해서, 그리고 업장에서 벗어나는 방법에 대해서 말해 주십시오. 내면의 몸을 인식하는 방법을 가르쳐주십시오. 현존의 의미를 설명해주십시오. 그녀가 '지금'의 힘에 접근해서 틀에 박힌 과거를 깨고 나온다면, 그때는 그녀 스스로 선택할 수 있을 것입니다.

어느 누구도 부작용, 갈등, 고통을 선택하지는 않습니다. 아무도 광기를 선택하지는 않습니다. 과거를 녹여버릴 만큼, 빛이 어둠을 몰아낼 만큼 여러분이 충분히 현존하고 있지 않기 때문에 그런 일들이 일어나는 것입니다. 여러분은 지금 여기에 완전히 있지 못합니다. 여러분은 아직 완전히 깨어나지 못했습니다. 틀에 박힌 마음이 여러분의 삶을 지배하고 있습니다.

마찬가지로, 만일 당신이 부모와 갈등이 있다면, 부모가 당신에게 한 일에 대해서나 해주지 않은 일에 대해서 원망하는 마음을 품고 있다면, 당신은 아직도 부모에게 선택권이 있었다고 믿고 있는 셈입니다. 부모가 달리 행동할 수도 있었다고 믿고 있는 것입니다. 저마다 자기 인생을 자기가 선택한다고 생각하지만 그것은 착각입니다. 마음이 당신의 삶을 움직이는 한, 당신이 당신의 마음으로 있는 한, 무슨 선택을 할 수 있겠습니까? 할 수 없습니다. 당신은 존재하지도 않는 것입니다.

마음과 동화된 상태는 엉망진창입니다. 일종의 광기 상태에 있는 것입니다. 정도만 다를 뿐 거의 모든 사람이 이 병을 앓고 있습니다. 당신이 이 사실을 깨닫는다면, 원망은 더 이상 자리할 데가 없게 됩니다. 누군가가 병이 난 것을 어떻게 탓할 수 있겠습니까?

자비심만이 그에 대한 가장 적절한 반응입니다.

그러면 그들이 그렇게 된 데 대해 아무도 책임이 없다는 말인가요? 그런 생각은 마음에 들지 않습니다.

당신이 마음에 의해 움직인다면, 당신이 선택한 것은 아니라고 해도 무의식의 결과로 인해 고통받게 될 것이며, 더 많은 고통을 만들어낼 것입니다. 두려움, 갈등, 문제, 고통의 짐을 져야 할 것입니다. 그런 고통이 쌓여서 결국 당신은 무의식 상태에서 나오지 않을 수 없게 되는 것입니다.

당신이 '선택'에 대해서 한 말은 '용서'에도 해당되는 것 같습니다. 완전히 깨어 있고 온전히 내맡긴 후에야 용서도 할 수 있습니다.

'용서'라는 말은 2,000년 동안이나 사용되어왔지만, 대부분 사람은 그 말을 매우 제한적인 의미로 이해합니다. 과거로부터 자의식을 끌어내는 한, 당신은 자기 자신이나 다른 사람들을 진정으로 용서할 수 없습니다. '지금'의 힘에 접근해야만 진정한 용서가 가능합니다. 그러면 과거가 무력해지고, 당신 스스로 했던 일이나 당했던 어떠한 일도 당신 자신의 찬란한 본질을 털끝만큼도 건드릴 수 없다는 것을 깊이 깨닫게 됩니다. 그때는 용서라는 개념 자체가 불필요해집니다.

그런 깨달음의 지점에는 어떻게 도달하나요?

있는 그대로에 내맡겨 완전히 현존하면, 과거는 힘을 잃게 됩니다. 당신에게는 과거가 더 이상 필요하지 않게 됩니다. 현존이 열쇠입니다. '지금'이 열쇠입니다.

온전히 내맡겼다는 것을 어떻게 알 수 있죠?

그때는 더 이상 질문할 필요가 없을 것입니다.

**추천의 글**
# 생생한 경험에서 나온 깨달음의 지혜

    짙푸른 하늘에 휘감긴 오렌지빛 저녁 노을이 유난히 아름다운 장관을 연출할 때, 우리는 잠시 넋을 잃고 바라보게 된다. 그 아름다운 광경은 우리를 압도해서 우리 마음이 끊임없이 재잘거리는 소리를 멈추게 하고, 지금 여기가 아닌 다른 곳에 정신을 팔 수 없게 만든다. 마치 언제나 거기 있지만 좀처럼 볼 수 없는, 찬란한 빛으로 감싸인 문이 또 다른 현실을 향해 열리는 듯하다.

    에이브러햄 마슬로우는 그런 순간 우리가 세속적이고 일상적인 틀에서 벗어나 한없이 날아오르는 듯한 기쁨을 맛본다고 해서 '절정의 경험'이라고 불렀다. 또한 인식이 확장되면서 존재 자체의 영원한 영역을 살짝 일견한다는 뜻으로 '엿보기 경험'이라고도 했다. 그때 우리는 잠시나마 진정한 자기 자신으로 돌아가 있게 된다.

    어떤 사람은 안타깝게 한숨을 짓는다.

"오, 정말 대단해. 이런 상태로 계속 지낼 수만 있다면! 어떻게 하면 영원히 여기 머물 수 있을까?"

지난 10년 동안 나는 그 방법을 찾는 일에 전념해왔다. 그러면서 의학, 과학, 심리학, 경영, 종교, 영성, 잠재 능력 연구 등의 분야에서 가장 용기 있고 선구적이며 통찰력을 지닌 우리 시대의 '모범적인 개척자들'과 대화를 나누는 영광을 가졌다. 그 다양한 분야의 권위자들은 한결같이 인간의 의식이 지금 그 진화 과정에서 비약적인 발전을 하고 있다고 입을 모았다.

이러한 변화는 또한 '사물들의 존재 방식'에 대해 우리가 갖고 있는 밑그림, 즉 세계관의 변화를 동반한다. 세계관은 기본적으로 두 가지 물음, '우리는 누구인가?'와 '우리가 살고 있는 우주의 본질은 무엇인가?'에 답하고자 하는 것이다. 이러한 물음에 우리가 어떻게 답하는지에 따라 우리의 가족, 친구, 노사 관계, 더 나아가서는 우리 사회 전체의 질과 특성이 결정되는 것이다. 따라서 최근에 일어나고 있는 세계관은 당연히 다음과 같은 서구 사회의 통념들에 대해 의문을 표시한다.

**통념1** 인류의 발전은 그 정상에 도달했다.

에살렌 연구소의 공동 설립자인 마이클 머피는 비교종교학, 의학, 인류학, 스포츠 연구를 통해 인간의 능력이 더 높은 단계까지 발전할 수 있다는 흥미로운 주장을 하고 있다. 사람의 영적 성숙도가 일정 수준까지 도달하면 사랑, 활력, 인격, 신체적인 자각, 직관, 이해력, 교류, 의지력 등에서 비상한 능력이 꽃피기 시작한다는 것이다. 그러자면 무엇보다도 보통의 상태를 뛰어넘는 그런 단계가 존재한다는 사실을 인정해야 한다. 하지만 대부분 사람은 그렇지 못하다. 발전의 가능성을 남겨놓아야만 그 길로 가기 위한 방법론도 가능한 것이다.

**통념2** 우리는 서로에게서, 자연과 우주로부터 완전히 분리되어 있다.

전쟁과 지구의 황폐화, 인간의 모든 방종과 만행은 '나와는 별개의 것'이라는 잘못된 개념에서부터 비롯된다. 우선 제정신을 가진 사람이라면 다른 사람들이 자신의 일부라는 것을 알면서도 그들을 해치지는 않을 것이다. 초상(超常) 의식 상태에 대해 연구하고 있는 스탠 그로프는 "몸으로서의 자아와 전체로서의 자아 사이에는 절대적인 경계가 없기 때문에 우리 각자의 정신과 의식은 결국 '존재하는 모든 것'과 함께 한다"라고 요약해서 말한다.

래리 도씨 박사가 한 사람의 사고, 태도, 치유 의도가 다른 사람의 생리 기능에 영향을 줄 수 있다고 하는 제3기 치료(제2기 치료에 비해 심신 치료를 주로 한다)는 기도의 치유력에 대한 과학적 연구들이 이루어지면서 그 효과가 충분히 입증되고 있다. 이는 기존의 물리적 현상과 전통 과학의 세계관에 위배된 현상이지만 긍정적인 증거가 우세하다.

**통념3** 물질 세상이 전부다.

물질에 국한된 전통 과학은 실험실에서 측정할 수 없고 시험할 수 없는 것, 또는 우리의 오감이나 발전된 기술력으로 규명할 수 없는 것은 존재하지 않는다고 단정짓는다. 그런 것은 실재하지 않는다는 것이다. 그 결과 모든 현실은 물질적인 현실 속에 묻혀버리고, 영적 또는 비물질적 현실 차원은 이 세상에서 자취를 감추었다.

그러나 서로 다른 세대, 종교, 전통, 문화에 걸쳐 면면이 이어지는 철학적 교감, 즉 '구원의 철학(여러 학설의 표면상 모순과 대립에도 불구하고 철학 그 자체는 본질적인 면에서 영원히 사라지지 않는 인류의 학문이라는 뜻으로 영원의 철학이라고도 한다)'은 우리를 소위 물질 세계라고 불리는 가장 불투명하고 무의식적인 차원에서부터 영성이라고도 말할 수 있는 가장 투명하고 가장 의식적인 차원으로 끌어올린다.

한편 잭 스카페티 같은 양자론 학자들이 초광속 이동을 설명하면서 확장된 다차원 현실 모델을 제시하고 있는 것도 흥미롭다. 그는 속도의 최고 한계인 광속보다 빠른 이동을 설명하기 위해 또 다른 현실 차원을 전제로 하고 있다. 또한 전설적인 물리학자 데이비드 봄의 물질과 비물질로 이루어진 다차원 현실 모델에 대한 연구도 생각해볼 수 있다.

이러한 연구들은 단순히 이론으로만 끝나지 않는다. 1982년 프랑스에서 실시한 구조 실험에서는 연결되어 있는 두 개의 양자를 멀리 떼어놓아도 어떤 식으로든 계속해서 교류가 이루어진다는 것이 밝혀졌다. 하나의 입자가 변화하면 다른 하나도 그 즉시 변화하는 것이다.

과학자들은 광속보다 더 빠른 이러한 이동이 어떻게 가능한지에 대해 모르고 있지만, 일부 이론가들은 그러한 연결이 더 높은 차원으로 들어가는 문을 통해 일어난다는 암시를 주고 있다. 그러므로 전통적인 모형에 충실한 사람들이 생각하는 것과는 달리 내가 함께 만나서 이야기한 사람들은 인류의 발달이 아직 정상에 이르지 않았으며, 우리가 서로 분리되어 있는 것이 아니라 모든 생명체와 연결되어 있고, 완전한 의식의 범위는 물질적인 현실과 비물질적 현실을 모두 포함한다고 느끼고 있다.

결론적으로 이러한 새로운 세계관은 우리 자신과 다른 사람들,

그리고 모든 생명을 시간 속에서 태어나고 시간 속에서 사는 우리의 세속적인 눈을 통해서가 아니라 영혼과 존재와 참된 우리 자신을 통해서 바라본다. 지금 사람들은 하나둘씩 더 높은 궤도를 향한 도약을 시도하고 있다.

에크하르트 톨레는 이 책을 통해 이러한 선구적인 세계의 지도자들과 뜻을 같이 한다. 그는 마음 자체에 깊이 뿌리박고 있는 것이 우리 인간의 문제라고 이야기한다. 다시 말해 우리가 마음과 잘못 동화되어 있다는 것이다.

우리의 의식은 현재 순간에 완전히 깨어 있지 못하고 이리저리 부유하면서 쓸데없는 일들을 만들어낸다. 우리의 마음은 우리가 필요할 때 사용하는 도구이지만 오히려 주인 행세를 하면서 그 대가를 톡톡히 치른다. 나비가 이 꽃에서 저 꽃으로 날아다니듯이 마음은 과거의 경험을 되새기고 스스로 활극을 꾸며내고 미래를 앞질러 예상한다. 그 결과 우리는 '지금 여기'의 깊은 대양에서 편안히 쉬는 때가 거의 없다. 우리가 진정한 자신을 발견할 수 있는 '지금'과 '여기'는 물질적인 몸과 변덕스러운 감정과 수다스러운 마음 너머에 있기 때문이다.

사유하고 생각하는 능력은 우리를 동물과 구분시켜 주지만 인간은 그것을 넘어서야만 비로소 한껏 발전하는 영광을 누릴 수 있다. 지성은 본능처럼 하나의 과정에 불과하다. 최종적인 목적은 우리가 본질적인 존재와 다시 연결되고 일상적인 물질 세계 속에서 매 순간 비범하고 신성한 실재를 드러내는 것이다. 말하기는 쉽지만 그만큼 멀리 도약하는 사람은 드물다.

다행히 우리를 그 길로 안내하고 지도해주는 스승들이 있다. 안내자이자 지도자로서 에크하르트가 갖춘 능력은 재미있는 이야기를 들려주고 추상적인 것을 구체적으로 표현하고 유용한 방법들을 가르쳐주는 숙련된 말솜씨에 있는 것이 아니다. 그의 힘은 깨달은 사람으로서의 개인적 경험에서 나오는 것이다. 그래서 그의 말 뒤에는 가장 잘 알려진 영적 지도자들에게서 느낄 수 있는 힘이 있다. 그는 스스로 '더욱 위대한 현실' 속에 살면서 다른 사람들이 합류할 수 있는 통로를 열어준다.

다른 사람들이 모두 함께 깨달음을 얻는다면 어떻게 될까? 분명 지금보다 나은 세상이 될 것이다. 존재의 소용돌이 속에 두려움의 잡동사니가 휩쓸려 내려가면서 가치관이 변화될 것이다. 새로운 문명이 태어날 것이다.

'더욱 위대한 현실'이 있다는 증거가 뭐냐고 여러분은 물을 것이다. 나로서는 예를 들면서 비유를 하는 수밖에 없다. 한 무리의 과학자가 모여서 우리에게 바나나 맛이 쓰다는 사실에 대해 과학적으로 설명해준다고 하자. 그러나 우리가 해야 할 일은 직접 맛을 보는 것이다. 그래서 바나나에는 다른 면이 있다는 것을 깨닫는 것이다. 궁극적인 증거는 지적 논쟁이 아니라 신성함을 직접 체험해 보는 것이다. 에크하르트 톨레는 우리에게 그러한 가능성을 멋지게 열어 보인다.

러셀 E. 디카를로
《신세계를 향하여》의 작가

내 안의 거대한 나를 찾아서 떠나는 여행
## 지금 이 순간을 살아라

개정판 1쇄 발행일 2025년 4월 21일

저자 | 에크하르트 톨레
옮긴이 | 노혜숙 · 유영일
펴낸이 | 김현중
디자인 | 박정미
책임 편집 | 황인희
관리 | 위영희

펴낸 곳 | ㈜양문
주소 | 01405 서울 도봉구 노해로 341, 902호(창동 신원베르텔)
전화 | 02-742-2563
팩스 | 02-742-2566
이메일 | ymbook@nate.com
출판 등록 | 1996년 8월 7일(제1-1975호)

ISBN 979-11-986702-5-0 03840
* 잘못된 책은 구입하신 서점에서 교환해 드립니다.